Que el dolor no te robe el amor

Que el dolor no te robe el amor

Mercedes Vallenilla de Gutiérrez

QUE EL DOLOR NO TE ROBE EL AMOR POR
MERCEDES ISABEL VALLENILLA GUTIERREZ
Copyright © 2015 por Mercedes Isabel Vallenilla
Gutiérrez. Todos los derechos reservados.
Que el dolor no te robe el amor

Corrector: Osvaldo Moreno Sotelo / Paola Onorato Urosa
Diseño de portada: Isabel Alcocer Delgado
isabelalcocer13@gmail.com
Imágenes de portada: banco de Imagen Shutterstock

Publicado para Psicología Católica Integral ®
por Mercedes Isabel Vallenilla Gutiérrez
Primera Edición: Agosto 2015
Todos los Derechos Reservados

Impreso en México
ISBN- 978-607-00-9680-8

10 9 8 7 6 5 4 3 2 1

Para información sobre este libro:
informes@psicologiacatolicaintegral.org
www.psicologiacatolicaintegral.com

**Disponible también en versión digital en Amazon.com y en la
tienda Ibooks de Apple Store desde cualquier parte del mundo.**

Índice

Este libro se terminó de escribir en
Mérida, Yucatán, México
El 25 de noviembre del 2012
Solemnidad de Cristo Rey

Himno

Cuando me acose el hastío,
Cuando el corazón me duela,
Me acogeré a ti Dios mío
Sólo tu corazón me consuela.

Cuando me hiera el zarpazo
de la ingratitud Señor
Me refugiaré en tu abrazo
Que no hay refugio mejor.

Cuando me dejen a un lado
Como a un viejo trasto más
Tu Señor tan olvidado
Sé qué no me olvidarás.

Cuando vacile mi paso
Tras el último arrebol
Sé qué detrás del ocaso
Me estará esperando el sol.

Y sé que allí en la frontera
Del último más allá
Donde nadie nos espera
Aunque nadie nos quisiera
Tu amor me recibirá.

Amén.

Dedicatoria

En Memoria de Salvador Cors Caballero
Quien se purificó en el dolor y al ofrecerlo,
llevó muchas almas a Dios.

Agradecimiento

A mis amores: Carlos, Lau y Andy.
Por alimentarme el alma todos los días.
Su amor y sus sonrisas me motivan a continuar.
Mi fe y mi familia, mi mayor tesoro.

A todos esos ángeles del camino
que nos han brindado su mano.
Ellos son esos pocos pero valiosos amigos del camino.
A aquellos quienes han sido un signo visible del amor
de Dios para nosotros.
A aquellos por medio de los cuales,
El nos han manifestado su paternal cuidado
con tanta fidelidad y amor.
A aquellos por medio de los cuales la providencia se
ha manifestado.
A todos ellos, gracias. Ellos saben quiénes son.
A la familia Herrera Septién por
estar siempre a nuestro lado

A Mi Señor. Mi Buen Pastor.
Porque por medio del dolor,
he experimentado su misericordia y su amor.
Porque su amor le da sentido a toda mi vida.
Porque me enseño que el dolor también es amor.

Prólogo

Este libro, no es cualquier libro. En cada una de sus páginas lleva plasmado el sufrimiento y el amor. Este libro está escrito por mi mamá y narra su historia junto a la de mi familia donde encontrarás sufrimiento, amor y además, muchas visitas al hospital.

Antes de que inicies, me gustaría que te tomaras un momento y hagas una breve reflexión de la vida, de tu propia vida. En esa reflexión sugiero que te preguntes ¿cuál es tu herida más dolorosa y cómo la has sobrellevado? Si es que has logrado hacerlo.

El día que yo nací, se enfermó mi mamá. Es difícil vivir con una realidad así. Aún cuando no te culpen ni seas culpable de ello, terminas sintiéndolo de tal forma. Para mí ha sido un gran dolor en mi vida que me llevó muchas veces a preguntarme, ¿qué sentido tiene vivir una vida así?

Por muchos años, la vida tuvo un significado amargo para mí. Encuentro curioso como divagamos en ella. Luchamos contra ella, lloramos con ella, reímos con ella y muchas veces huimos de ella y de su significado. Lo más irónico de todo, es que somos uno con ella y si es así entonces ¿por qué razón huimos de ella?

La vida se puede parecer a veces a un cuarto sin ventanas, sin oxígeno y sin luz. Un lugar donde no hay espacio para enfrentar aquello que nuestro corazón desconoce y le desconcierta y lo cual produce un inmenso miedo. Tristemente, muchos seres humanos viven actualmente en un cuarto como ése. Cuando estamos en él, nos preguntamos ¿cómo fue que llegué aquí?

Tres cuartas partes de lo que llevo vivo, estuve buscando respuestas. Las busqué en muchos lugares, sin darme cuenta que las tuve frente a mí todo el tiempo.

Y entonces, ¿qué fue aquello que causó tal búsqueda en mi corazón? Por suerte, es algo tan común e inherente a la condición de ser humano, como el cielo y las estrellas. Se llama "dolor"

Mi corazón adolecía. Era tal el sufrimiento en mi interior, que preferí no sentir. Preferí negar cualquier tipo de afecto que pudiera recibir, aún aunque viniera de las personas que más me aman. Decidí, negar lo que soy: un ser humano que siente y que padece.

Poco a poco con el paso del tiempo, podía sentir como algo dentro de mí iba consumiendo mi ser; pero también podía sentir que algo nunca me iba a dejar caer y se resume en una sola palabra: amor.

De pronto un día, todo fue más claro. Me habían hablado de él toda la vida, lo había vivido toda mi vida. Estuvo frente a mi siempre. Es la única razón por la cual vine a este mundo, pero el dolor me había cegado lo suficiente como para no verlo. Su nombre es amor.

Lo irónico de todo esto, es que el amor había estado presente durante toda mi vida, incluso en los momentos más difíciles y yo no lo veía. Ese amor, estaba en todo mí alrededor. Me encontraba encerrado en mi dolor, en mi sufrimiento, creyendo que no existía cura a lo que estaba viviendo, que yo era un desdichado y que si esto era el significado de la vida, entonces ¿para qué vivir?

Culpé mucho a Dios. Fue en Él, en quien descargue todo mi rencor, mi enojo, mi odio, mi tristeza pero sobre todo, mi dolor. Le reprochaba y le rechazaba. Para mí, Él siempre fue el causante de mi sufrimiento y la vida de sacrificios que llevábamos en familia. A pesar de todo esto, me puedo dar cuenta de que Él siempre se ponía en mi lugar, para que yo no sufriera, pero yo no lo podía ver.

Hoy entiendo que el dolor, es mucho más que un sufrimiento. El dolor en el fondo, también es amor. Porque cuando a uno le duele el corazón, generalmente es porque alguien a quién uno ama con el corazón se encuentra sufriendo. Un día me di cuenta, que el amor es mucho más de lo que yo pensaba que era. Es algo mucho mas grande y trascendente. Algo que está por encima de uno mismo.

El mismísimo amor vino a este mundo. Y si quieres saber quién es, carga una cruz con tres clavos y porta una corona de espinas. Para mí no hay más grande ejemplo de amor, que aquel que da su vida por quien ama.

Esta historia no se entiende sin él. Así que te pido que abras tu corazón para que puedas comprender. Él vino a enseñarnos algo muy importante a este mundo. Nos enseñó a amar y nos lo enseño entregando su propia vida.

El camino del amor, no es un camino sencillo. La invitación a descubrir el amor por medio del dolor, es para todos. Sin embargo no todos la aceptan, ya que hay que tener un corazón dispuesto. La única certeza, es que es el camino en el que más paz y felicidad encuentras.

Amar es para valientes. Es para aquellos que pueden tocar el corazón de otros y ver el dolor que hay ahí dentro y transformarlo. Es para aquellos que están dispuestos a sufrir, pero otorgándole un sentido a ese sufrimiento, porque el sufrimiento sin amor, es como vivir sin un corazón.

Querido lector. Me es imposible escribir este prólogo y no narrar lo que yo sentí en mi corazón, porque en algún momento de mi vida, el dolor intentó robarme el amor.

Después de que leas esta historia, no puedes dejar que esto te suceda; porque la vida es bella y porque no vale la pena huir de ella. La invitación es a buscar abrazarla y aferrarnos a ella, sencillamente porque el creador de tal deleitante belleza, fue el mismísimo amor.

En este libro, encontrarás una historia donde el amor triunfó. Encontrarás como fue que todo este camino sucedió. Este libro no representa solamente palabras sinceras y bonitas. Expresan cada página un sufrimiento con significado. Aquí hay vida. Hay fe viva. Hay esperanza. Hay respuestas. Hay amor.

Esta historia representa cómo nos hemos forjado cada uno y en familia por medio del dolor. Está historia representa como Dios, escribe las historias de las personas que se dejan guiar y se entregan en totalidad a Él. Esta historia representa, como el dolor, no nos robó el amor.

Laureano José Gutiérrez Vallenilla
21 años / 2014

Introducción

Yo no soy escritora. No tengo un estilo literario. Solo soy un instrumento de Dios que desea corresponder a su amor y compartir todo lo que Él me ha enseñado por medio del sufrimiento y del dolor.

Cuando en 1999 un sacerdote amigo me pidió escribir mi primer libro, creí que era una idea totalmente desproporcionada a mi capacidad. En este día, me parece mentira mirar atrás y encontrarme escribiendo mi tercer libro. Y no es que ahora haya cambiado de opinión.

La razón por la que lo hago es muy simple. He encontrado en la escritura un medio muy eficaz para gritarle al mundo que Dios existe y que debemos abrirle las puertas de nuestro corazón. Porque cuando el dolor es compartido, es que es comprendido, no solo por el que sufre sino por los que nos rodean.

Nunca imaginé los frutos que mi primer libro tendría. El sacrificio que para mí implicó hacer de mis experiencias personales y familiares del dominio público. Todo ha quedado totalmente en un segundo plano ante los frutos de conversión que el mismo libro ha tenido. Ésta ha sido una prueba fehaciente del "ciento por uno" aquí en la tierra que Cristo nos ha prometido dar, a aquel que desea cumplir su voluntad. No me queda duda alguna, que es Dios quien dirige nuestras vidas y a mí no me queda más que agradecerle a través del compartir de mis experiencias con el mundo, lo mucho que nos ha regalado y lo poco que nosotros hemos sido capaces de devolver.

Nací en Caracas, Venezuela. Tenía una vida bastante ideal y perfecta, llena de muchas probabilidades de tener un futuro de éxito. Ese "éxito" humano que la sociedad nos impone como estereotipo de vida: una buena casa, un nombre, un apellido, un puesto en la sociedad. Un club, amigos, casa y jardín. Un buen futuro por delante. Pero un día, Dios tocó a nuestra puerta para llamarnos a dejar las redes y seguirlo. Como a Zaqueo, me subí al árbol a ver a aquel del que todos hablaban. A aquel que conocía muy poco o quizás de una manera abstracta, pero que un día su mirada me cautivó. Él, nos llamó por nuestro nombre y ese día visitó nuestra casa. Dentro de nosotros todo estaba muy bien, pero había un deseo en el interior de algo grande. De que Él hiciera algo grande con la vida que nos había regalado. De tener una vida trascendente y llena de sentido. De aquello que no se compra con un poco de dinero. Sino de aquello que cala profundamente, que dura para siempre, que te hace feliz; pero sobre todo, que hace a otros felices.

El Señor ese día se paró a vernos con esa mirada profunda de amor. Con esa mirada que penetra y que conoce todo: esos anhelos profundos del corazón. Esa mirada que no solo ve, sino que conoce todo tu ser. Una mirada que nos conquistó el corazón. Ese día en que Jesús nos llamó, decidimos dejarlo todo y seguirlo a donde Él nos necesitara. ¡Hasta la China! Y Él nos tomó la palabra y nos envió a Manila como misioneros. Vivimos allá un año y tres meses confiando solo en la providencia: sin sueldo, sin seguro médico, sin casa. Solo confiando en el Señor. La decisión más trascendente de nuestras vidas tomada en profunda libertad pero solo de cara a Dios. Gracias a la generosidad de muchas personas, pudimos estar allí por espacio de año y medio en lo que ahora llamo la "universidad del apostolado" hasta que una enfermedad llegó a mi puerta y tuvimos que ir a Ciudad de México.

Cuando partimos de Filipinas después de haber vivido muchas pruebas de amor a Dios de una manera extrema, sentía un gran alivio pues pensaba que las pruebas que habíamos vivido desaparecerían y que de ahora en adelante podríamos seguir amando a Dios sin tantos contratiempos, sino con aquellos que cualquier familia normal vive en su crecimiento humano y espiritual.

Una noche antes de partir, un sacerdote diocesano muy amigo nos comentó que lo que habíamos vivido en Filipinas era solo una preparación espiritual para todo aquello que viviríamos en México y por el resto de nuestras vidas. Que todas las pruebas que habíamos vivido eran solo el prólogo del resto del libro de nuestras vidas, pues estaba convencido que Dios nos estaba preparando para grandes frutos regados con la sangre de nuestro propio sacrificio. Filipinas, solo había sido el arado de la tierra donde Dios en un futuro sembraría.

Debo confesar que este comentario no me gustó en lo absoluto. Para mi esposo y para mi aquello significaba un muy mal presagio. Acaso ¿no habíamos sufrido ya lo suficiente?, ¿no habíamos purificado nuestra intención?, ¿no habíamos -en cierto modo- probado las intenciones más profundas de nuestro corazón?, ¿no habíamos demostrado lo mucho que amábamos a nuestra Iglesia?, ¿no habíamos regado suficiente sangre?, ¿no habíamos hecho suficientes sacrificios?

Luego de esto, pensamos que el comentario del sacerdote era un poco cruel. Después de todo lo que habíamos sufrido en Filipinas viviendo como unos verdaderos misioneros católicos dependiendo de los donativos y la generosidad de las personas, confiando solo en Él, nos parecía aquel comentario todo un chiste cruel. En mi mente pensaba que Dios no permitiría más sufrimientos en nuestra vida. Creíamos que había llegado -en cambio- nuestro tiempo de descansar, de servir a Dios sin sobresaltos, de estar tranquilos.

Han pasado ya casi 20 años de nuestra partida de Venezuela. A lo largo de estos 19 años en México, nos hemos dado cuenta de las palabras tan proféticas que este sacerdote diocesano nos comentó el día antes de nuestra partida de

Filipinas. Con ello, hemos intentado aceptar con amor que el carisma de nuestra vocación como cristianos que desean ser santos en este siglo usando jeans y comiendo palomitas como dijo el Santo Padre Juan Pablo II, es vivir en medio de las pruebas, a veces constantes, a veces no entendibles a la razón, con las que Dios ha querido purificarnos y regar los frutos a nuestro alrededor con la sangre de nuestro propio sacrificio.

Hemos vivido durante estos años, como muchos han sido testigos, innumerables pruebas: enfermedades, accidentes, sacrificios materiales, en ocasiones, un profundo sentimiento de abandono humano pero de gran cercanía con Dios; fuertes tentaciones del demonio, persecuciones y críticas, desprendimiento de todo, etc. Muchas veces me he sentido como el santo Job, no solo por las pruebas que Él ha permitido en nuestras vidas, sino por la confianza extrema que nos ha pedido vivir.

Durante todos estos años, al ver todas las pruebas que Dios ha permitido hemos escuchado infinidad de comentarios tales como: "qué mala suerte tienen", o "por qué no se toman las cosas con más calma" o "están salados" o "por qué no dejan ya de jugar a la Iglesia" o "Ya basta" o "Dios no les pide lo que ustedes dicen que les pide" o "su primera vocación es el matrimonio no ayudar tanto a los demás". Ninguno de estos comentarios han estado impregnados de fe. Desde el punto de vista humano, no se entiende cómo alguien puede haber dejado todo, habiéndolo tenido todo. ¿Cómo se puede ir tantas veces a un hospital? ¿Cómo pueden suceder tantos accidentes? ¿Cómo se pueden hacer tantos sacrificios y a la vez, ser tan feliz? ¿Cómo se puede ser desprendido e intentar ser generoso? ó el ¿cómo se puede buscar la felicidad en lo espiritual y no tanto en lo material? Incluso, ¿cómo puede nuestra felicidad estar basada en la felicidad de otros que a veces ni conocemos? ¿Cómo puede llenarnos tanto el simple hecho de dar amor en cualquier circunstancia de vida o el que otras personas, no tan afortunadas como nosotros, encuentren a Dios?

¿Cómo amar a Dios y solo a Dios en todo lo que Él permita, puede ser el motor que impulse una vida, un matrimonio, a una familia?

Desde el punto de vista de la fe, se entiende perfecto este camino. Se entiende que, todo lo que aquí voy a compartirles y que constituyen experiencias reales de vida, forman parte de la purificación interior que Dios nos ha pedido; simplemente porque desea hacernos solo suyos, desea purificarnos por dentro, vaciar nuestro interior para llenarnos de su amor, desea arar la tierra donde sembrar, desea trabajar a través de nuestra frágil humanidad, desea acercar almas a su corazón a través de nuestro humilde testimonio de vida. Siempre sabiendo que la vocación, el llamado a seguir a Cristo, nunca es iniciativa de la persona, sino solo de un Dios Padre quien desde la eternidad nos pensó para esta vida: la fidelidad a ese amor, a ese llamado también ha sido un don de Dios. Todo ha estado cimentado en un querer de Dios. Todo es y ha sido iniciativa suya y no un mérito propio o un fruto del esfuerzo personal.

Con el paso de los años mi esposo y yo hemos aceptado con alegría este carisma. Esto no significa, que no hemos tenido momentos humanos muy oscuros, difíciles, llenos de incomprensión en algunos momentos de la voluntad de Dios. Muchos de ellos, lleno de tentaciones humanas y algunas veces, de temor.

Muchas veces ese dolor que hemos experimentado ha intentado robarnos el amor. Ese amor que un día decidimos demostrarle a Dios por medio de la entrega de nuestras vidas, por medio de ayudar a otros a encontrar el amor de ese ser supremo, creador, mucho más grande que nosotros mismos, que nuestro propio ser, aquel que tiene todos los cabellos de la cabeza contados, que no sucede nada sin su permiso. Ese amor que nos prometimos un día en el altar. Ese amor que estamos llamados a entregarle a nuestros hijos, a las personas que nos rodean.

Es solo la fe, lo que nos ha sostenido todos estos años, pero no solo nos ha ayudado a cargar con la cruz como un lastre pesado que irremediablemente nos ha tocado vivir, sino como una muestra de amor y que al final nos ha hecho muy libres y profundamente felices. Este dolor, nos ha permitido a lo largo de nuestra vida, donarnos a aquellos que sufren y que no saben como hacerlo porque no tienen fe. O aquellos que sufren y que si tienen fe, pero no saben como ponerla en práctica. Como hacer de su fe una fe viva, operante y eficaz en medio de un mundo que ha decidido vivir sin fe.

Aquellos que la vida un día los sorprendió con un hecho traumático, la muerte súbita de un familiar, una enfermedad, una traición, un abuso, la pérdida de sus seguridades humanas, una noticia devastadora, la sorpresa de un día descubrir que alguien en quien confiabas no era lo que creías. Ha sido muy útil para nosotros, el compartir todas esas experiencias de dolor que hemos vivido, para poder ayudar a otros a sanar. Para que el dolor, no les termine robando el amor. El amor a Dios, a sus familias, a sus seres queridos, a sus parejas, a sus hijos. El amor diario que estamos llamados a vivir y a profesar entre unos y otros como verdaderas comunidades fraternas de amor. El amor que es la fuerza que está llamada a mover al mundo. Porque al final de nuestras vidas, solo seremos juzgados por el amor.

Estamos seguros que las pruebas no han disminuido ni tampoco disminuirán en el futuro. Estamos convencidos que a través de todas y cada una de estas pruebas, es que hemos podido arrancarle gracias a Dios para nuestra misión de vida, por las almas que hemos podido acercar a Dios, por el gran amor que nos tenemos como esposos y como familia, por los frutos que vemos en nuestros hijos, por el crecimiento humano y espiritual que gracias a todo ello hemos logrado, por todas las bendiciones y cosas buenas que a diario nos suceden, por el amor que Dios nos manifiesta de forma descarada en nuestros corazones y en muchas circunstancias de vida. Por todos aquellos ángeles que nos han ayudado a perseverar.

Este libro busca compartir con ustedes esas experiencias de dolor que Él nos ha regalado en nuestro caminar hacia Dios. Son pruebas de amor, regalos de Dios, lecciones de amor, que en algunas ocasiones nos hemos tardado en aceptar, pero que hoy una vez más cobran vida. No es un libro que agrupa una serie de teorías del dolor, pues ni siquiera soy una tanatóloga. Es un simple compartir ese camino del dolor y lo que hemos aprendido a través de él. Cómo nos hemos podido sobreponer a un dolor constante y lleno de matices.

El otro día escuchaba en una homilía a un sacerdote que decía que si alguno de los feligreses había visto alguna vez en un entierro detrás de la carroza fúnebre un camión con la casa, los coches, los lujos, las bolsas y todo lo material que tenía el difunto, que por favor levantara la mano. Y me reía pensando que era una manera muy creativa de decirnos que no podremos llevarnos nada a la tumba y menos cargar con una mochila de joyas al cielo. La verdad no lograba imaginarme el féretro bajando en mi entierro y encima mis zapatos, mis bolsas o mis cosas materiales. Pero en cambio, si me emocionaba mucho el solo pensar que quizás en el cielo conoceré a algunas personas que solo por mi entrega lograron alcanzar el gozo de la presencia de Dios. Porque es un hecho que solo nos llevaremos al cielo, las obras de amor. Lo que hemos sido capaces de hacer de bueno. Y seremos juzgados por ello.

Confío en que estas experiencias que Dios nos ha seguido regalando en esta "aventura divina" puedan ayudarles a crecer en su amor a Dios. Con este espíritu de fe, es que te pido leas este libro. Pensando que es Dios quien ha permitido todo en su inmenso amor.

Con el mismo entusiasmo con que muchas personas se están dedicando a hacer el mal; a estrellar aviones en los rascacielos, a poner bombas en los trenes, a atacar a la Iglesia Católica siendo parte de ella, a destruir la investidura del sacerdocio, es que deseo con esa misma intensidad, hacer el bien.

Este libro al igual que los otros dos que he escrito son un tributo a Dios Nuestro Señor por tantos regalos que inmerecidamente hemos recibido en nuestras vidas y que se han convertido en verdaderas lecciones de amor por lo que deseo puedan serlo para la vida de otros.

Como dijo una vez la Madre Teresa de Calcuta: "Sin una mano dulce dispuesta a servir y un corazón generoso dispuesto a amar no creo que se pueda curar esta terrible enfermedad que es la falta de amor". Con este libro espero poder brindar una mano generosa para que el dolor no te robe el amor.

Capítulo 1
Un solo corazón

A los trece años de edad, me encontraba sumergida en un mundo muy materialista. Una tarde al salir del colegio mis primas me dijeron que un grupo de amigos iría a casa de una amiga. Me preguntaron si yo quería tener mi primer encuentro con un grupo de jóvenes. Muy emocionada me cambié. Recuerdo perfecto lo que me puse: un pantalón de pinzas fucsia con cuadritos negros y una blusa blanca de encajes. Era tan sólo una niña.

Llegamos a casa de mi amiga y muy nerviosas procedimos a poner en la mesa refrescos y unas papitas fritas. Al cabo de un rato llegaron los famosos galanes: uno de ellos me pareció muy bien parecido y con una gran personalidad, otro muy simpático y el tercero, que parecía un verdadero loco, tenía la cara llena de "agujeros" por las marcas de un fuerte acné, al igual que los jeans y los tenis. Se comportaba de forma extraña. Durante toda la tarde, este tercer joven fue el centro de atención.

Después de este día no volví a ver más a este joven, quién después de muchos años se convirtió en mi esposo y en el padre de mis hijos. Esta historia está basada en la historia de nuestro amor, de nuestra vocación y de nuestra entrega. Una historia llena de dolor, pero también de un profundo e inmenso amor.

Un domingo cuando tenía dieciocho años de edad y mientras caminaba por el club con la carriola de mi sobrino, vi a un joven muy bien vestido, que con un grupo de amigos me estaba mirando y riéndose pues les comentaba que "yo sería su esposa".

Al anochecer me fui a mi casa y al llegar vi, que había un coche en el garaje que no conocía. Me parecía extraño encontrar una visita en mi casa un domingo a las 8 de la noche. Cuando entré me sorprendí mucho. Me encontré al joven del club, sentado comiendo pastel con mi mamá y mi tía. Al verme se levantó con una gran sonrisa mientras mi tía me decía: "Merce, éste es Carlos, te conoció hace muchos años en casa de tus primas, te vio hoy en el club y decidió venir a visitarte para invitarte a salir".

El tiempo transcurrió mientras las idas a restaurantes aumentaban. Al parecer, me estaba enamorando de aquel loco, el cual tenía una personalidad explosiva, extrovertida y muy sociable.

A pesar de ello, nos hicimos novios. Durante todo ese período intentaba conocerlo y amarlo integralmente y no en facetas. Intentaba conocer su espiritualidad que prácticamente era nula: ¿qué quería y esperaba de la vida?, ¿a dónde quería llegar?, ¿cómo estaba formada su jerarquía de valores?, ¿cuál era el fin que perseguía en la vida? Trataba de vivir un noviazgo no basado en las banalidades, sino en las profundidades; trataba de que aquello no fuera un enamoramiento sino un amor que evolucionara en su profundidad, un amor de cimientos y no construido sobre arena.

Durante año y medio todas estas peleas estaban inmersas en un gran marco de inmadurez y una gran falta de respeto; eran más que todo por insignificancias. Había demasiado orgullo junto y nuestro amor debía recorrer un trecho muy largo en la maduración de su capacidad de amar.

Luego de vivir unos meses así, decidimos terminar. Lloré mucho ese día, pero también sabía que no llegaría a ninguna parte con un hombre así, que no tuviera los mismos valores aparentemente y que no quisiera luchar por llegar a un mismo fin.

Un día cuando ya la tristeza había desaparecido por completo por la ruptura de mi noviazgo, sonó mi línea privada de teléfono como a las cuatro de la mañana. Al atender escuché la voz de Carlos. Me dijo que necesitaba hablar conmigo. Que él sabía que me había hecho sufrir mucho, pero que yo era la mujer de su vida y con la que quería compartir el resto de sus días.

Al levantarme, fui a hablarle a mi mamá y le comenté lo que había pasado, le dije que había sentido un miedo muy grande en mi interior y que en verdad no quería saber nada más de él. Mi mamá viéndome a los ojos me dijo: *"Hija, ¿todavía lo quieres?"* Me le quedé mirando y le dije que sí, pero que no quería saber nada de él. Mi mamá viéndome fijamente a los ojos me dijo: *"Mi amor, dale una oportunidad pues él en el fondo tiene un alma buena y pura, sólo que está perdido, quizás Dios quiere salvar su alma a través de ti".*

Estas frases me marcaron profundamente. Nunca antes alguien me había hablado de la *"salvación de un alma"*, así que me impactó mucho el pensar que Carlos podría acercarse a Dios a través de mí. Esa fue la primera vez que intentaba ver el fondo del alma de alguien. Ver aquello que en todo ser humano esta tatuado en el fondo de su alma: el rostro de Cristo. Tratar de ver lo bueno que todo ser humano tiene, pues todos hemos sido creados a imagen y semejanza de Dios, en independencia a lo que hayamos hecho o a lo extraviado que estemos en ese momento o en el pasado. Ese era mi primer contacto con la palabra "misericordia de Dios".

Después de meditar en esto de buscar ver siempre "el fondo del alma", fue cuando comprendí que para volver con él debíamos necesariamente acercarnos a Dios de una manera radical. Sabía que Carlos se encontraba en el borde de un abismo y que su única salvación estaba en unirse a Cristo y tener una verdadera conversión de vida.

Llegué al parque donde habíamos concertado la cita y nos sentamos en el pasto a platicar. Me dijo que quería volver conmigo y que estaba cansado del mundo vacío y materialista en el que estaba, especialmente del libertinaje de las jóvenes tan diferente a lo que yo le había enseñado. En eso y luego de escucharlo y verlo llorar, tomé dos ramitas de pino del pasto y se las puse una al lado de la otra, unidas sólo por un extremo, pero separadas por el otro extremo al final. Le dije que cada rama representaba la vida de cada uno y que no importaba que el origen estuviera uno al lado del otro, si no teníamos a Dios en nuestras vidas, al final del camino se separarían por completo. Por esta razón, para que pudiéramos ser felices ahora y por siempre, debíamos necesariamente compartir lo mismo: compartir el amor de Dios. Y esto, sería la clave para estar el resto de nuestras vidas juntos y felices. Después de esta conversación le puse puntos muy prácticos por donde debíamos comenzar. En primer lugar, debía acudir a este congreso de jóvenes. En segundo lugar, debía hablar con un sacerdote y en tercer lugar, ir a misa conmigo y rezar lo más que pudiera. Él, dócilmente hacía todo lo que le decía, con tal de no perderme. Sentía un poco de miedo de que no pudiera cambiar, pero sabía que sólo Dios Nuestro Señor podría lograr su conversión. Y me repetía siempre: "Ve el fondo de su alma. Allí tiene tatuado el rostro de Cristo. Tienes que verlo con los ojos que Dios lo ve".

Luego del congreso, en enero preguntó ahora que más quería que él hiciera, que ya había hecho todo lo que yo le había dicho y que todavía no tenía el gusto de conocer *"a mi Dios"*. En eso le dije que tendría direcciones espirituales semanales con un sacerdote y que eso lo ayudaría mucho a conocer a mi *"buen amigo Dios"*.

Durante las cuatro semanas siguientes estuvo cancelando las citas porque siempre le sucedía algo urgente e importante en la oficina. La cuarta vez que canceló la cita, le dije que sólo le daba una oportunidad más, y que si volvía a hacerlo ese mismo día terminaríamos.

El jueves llegó y acudimos puntuales a la cita. Estaba absolutamente segura que las mismas serían trascendentes para su conversión. Había tanto camino por recorrer, que a veces sentía mucha pereza; pero no me cabía la menor duda de que Carlos o se salvaba o se perdía. Y siempre me repetía: "El fondo de alma. Ve solo su fondo de alma. Tienes que verlo con la mirada de Dios"

Al llegar a la cita estacionó el coche y se colgó su pistola. Al verlo le dije que "bajo ningún concepto" iba a hablar con un sacerdote cargando una pistola en el pecho. En eso se me quedó viendo y me dijo: *"Merce, tú sabes que esta pistola es mi alma gemela, no me separo nunca de ella; si quieres que me baje a hablar con el curita, lo haré con la pistola colgada en el pecho"*. Dada la insistencia preferí no polemizar con él, así que solo le pedí que se cerrara la chamarra para que no quedara al descubierto.

Al entrar en la casa estaba sumamente nervioso. En ese momento vi claramente la lucha interior que tenía por dentro: su rebeldía y la guerra que se había desatado en su interior y cómo Dios en verdad tenía un gran plan para su alma. Al entrar, todos los jóvenes estaban en *"Hora Eucarística"*, casualmente cantando el *"Tantum Ergo"* (canto de alabanza en Latín al Santísimo Sacramento que está expuesto) así que Carlos con cara de sorprendido se volteó y me dijo: *" Te lo dije, todos estos son -una cuerda de tontos- cantando cosas de mujeres; te lo advierto, yo no me voy a poner a cantar eso nunca"*.

La verdad es que al oír este tipo de comentarios me daba tanta rabia que se me antojaba ahorcarlo, pero prefería hacerme la loca y fingir que no me importaba la cantidad de barbaridades que decía. Y me repetía: "Merce ve solo el fondo de alma. En su fondo de alma tiene tatuado el rostro de Cristo".

Al cabo de un rato salió el sacerdote y nos saludó muy efusivamente. Nos pidió que pasáramos a su oficina y que nos sentáramos un rato. Al entrar y cuando aún no me había sentado, Carlos con una fuerte mirada y con los dedos señalando al Padre en la cara le dijo: *"Mire Padrecito, ningún sacerdote ha podido conmigo, Ud. no va a ser la excepción; yo estoy aquí sólo para complacer a Merce, así que dígame lo que me tiene que decir para poderme ir"*. Al terminar se abrió de inmediato la chamarra, se sacó la pistola y se la puso muy fuerte al Padre en el escritorio, al punto que pensé se saldría una bala. El Padre y yo no salíamos de nuestro asombro, y con la cara roja a punto de encenderse en fuego el Padre me pidió que lo dejara a solas con él.

La cita duró por espacio de dos horas. Mientras tanto yo esperaba afuera con muchas ganas de vomitar del susto que sentía. No podía creer que Carlos hubiera hecho eso, ¡ponerle una pistola así a un sacerdote! Esta actitud iba más allá de la razón y la cordura. Realmente estaba completamente loco, tenía una personalidad demasiado explosiva y arrolladora para mi gusto. Así que solo pensé que, si lograba conquistar su interior para Cristo, sería en definitiva un gran apóstol; pero que Dios nos debía dar una inmensa ayuda para lograr esto.

Salió de la cita y hubo algo que no me permitió terminar el noviazgo. Había una fuerza mayor a mi humanidad que me impulsaba a continuar intentando ver el rostro de Cristo en el fondo de su alma. A pesar de que tenía razones de mucho peso para terminar todo allí, algo me lo impidió.

El tiempo comenzó a correr y Carlos seguía acudiendo a sus citas con el sacerdote amigo. Creo que no vi un cambio drástico y rápido en su interior, pero definitivamente Dios estaba trabajando en él.

Al cabo de varios meses lo invitaron a su primer retiro. Él me prometió que iría, pero que llegaría un poco tarde puesto que no podía dejar la oficina tan temprano. Le dije que me prometiera que llegaría, puesto que la puerta de la casa de retiro la cerraban a las 10 de la noche y que si no llegaba temprano las monjitas la cerrarían. Unos años después, Carlos me contó sus verdaderas intenciones, las cuales eran sentarse a tomar cerveza en un restaurante muy cerca de la casa de retiro, hacer tiempo para que le cerraran la puerta y luego dejarle una nota al Padre diciéndole que lo habían dejado por fuera pues se había encontrado tráfico en el camino. Así mostraba sus intenciones de haber querido ir. Quedaba bien conmigo y con el Padre pues dejaba con la nota una evidencia. Sus planes fueron llevados a cabo. Llegó y tal como lo había planeado la puerta estaba cerrada, así que se bajó del carro a dejar la nota en el buzón cuando escuchó que súbitamente prendieron todas las luces y le abrieron la puerta eléctrica del garaje. En eso, salió la madre superiora y le dijo: *"¿Tú eres Carlos Gutiérrez? El Padre te está esperando en el auditorio y no quiere irse a acostar hasta que tú no llegaras"*. Mi esposo se bajó del carro y con mucha impresión entró a la casa (oliendo a cerveza). El Padre estaba esperándolo en el auditorio y al verlo le dijo: *"Por fin llegó mi oveja perdida, ahora si puedo comenzar"*. Muchos años después, esta frase de ser la "oveja perdida" tomó un significado muy trascendente en mi vida espiritual. Desde ese momento, el Buen Pastor sin darme cuenta comenzó a ser parte de mi vida.

Ese fin de semana mi novio y actual esposo se convirtió, pero no por un convencionalismo social o por una presión de mi parte, sino por una convicción de que Cristo sería el único que cambiaría su vida. El celo apostólico del sacerdote por su alma, lo había marcado profundamente, *¿cómo podría alguien interesarse por mí de esta forma?*, *¿qué es lo que Dios quiere de mi vida?*, eran las preguntas que más se hacía.

A partir de allí, comenzamos a experimentar la felicidad que uno siente cuando Cristo es el motor de una vida. Era algo que no podría describir, mi felicidad era tan plena que nunca antes la había experimentado. Muchas veces pensé que algún día me levantaría y que esta felicidad ya no estaría, volviendo todo a ser igual. Pues así había sido siempre mi vida. La verdad es que me sentía como poseedora de un gran secreto: yo sí había descubierto el tesoro más grande de la vida y debía por tanto hacérselo saber a los demás.

Después de haber vivido tres años de noviazgo y en una unión espiritual muy profunda, mi esposo me pidió matrimonio. Preparamos la boda con un año de antelación. Con mucho amor y entusiasmo. Asistimos a platicas formativas espirituales con el sacerdote que había ayudado a Carlos en su conversión una vez a la semana.

El día de mi boda le ofrecimos nuestro matrimonio y nuestras vidas a la Virgen de Guadalupe. Le pedí que nunca dejara que nos apartáramos de Dios y sólo le pedía que nos ayudara a *"Ser fieles a la voluntad de Dios por siempre"*. No sé por qué, pero siendo venezolana me encomendé a la Virgen Guadalupana. Entré con una medalla grande en mi cuello. Al estar parada en la entrada de la Iglesia a punto de comenzar a caminar, tome con la mano mi medalla y le dije a la Virgen que le entregaba mi matrimonio para que siempre velara por nosotros. Que nunca nos dejara abandonados en la fe. Quien iba a pensar que terminaría viviendo en México y siendo madre de una hija mexicana.

Comenzamos nuestra vida matrimonial muy unidos a Dios. Apenas teníamos 22 años y 24 años. Éramos solo unos niños queriendo amarnos y amar a Dios con la misma pasión con que descubríamos el amor esponsal.

Dentro de esta atmósfera llegó nuestro primer hijo. Salí embarazada a los dos meses de casada. Así que tan solo 11 meses después ya estábamos experimentando el ser padres por primera vez. Fue una experiencia tan profunda, el ver aquella cosita tan pequeña salir de mi ser, fruto del amor que nos teníamos, que sólo éramos capaces los primeros días de abrazarnos mientras lo veíamos dormir.

Al poco tiempo, entregué mi tesis de grado de Lic. en Psicología Social. Había recibido "de boca" algunas propuestas de trabajo muy interesantes en donde me ofrecían puestos muy desproporcionados a mi edad comparados con los de una recién graduada y además con un salario extraordinario.

Una mañana mientras rezaba y me regocijaba por mis logros como estudiante y futura profesional, al ir al Santísimo, sentí rezando que me pedía que dejara todo y lo siguiera. Esto me pareció fuera de lugar así que traté de ignorarlo al máximo. Día tras día sentía un fuerte llamado de Dios a una mayor entrega por medio de la oración. No entendía cómo Dios me pedía más. Nosotros éramos un matrimonio joven bueno, muy comprometidos con su fe. Rosario diario, misa, comunión y compromiso apostólico. ¡Que más podía Dios pedir!

Pasaban los días y Él insistía en la oración. Trataba de ignorarlo, pero esta moción en mi espíritu y en todo mi ser, se convirtió en una pesadilla que no me dejaba sola ni un minuto. En esa semana sentí mucha angustia por pensar que había enloquecido pues Dios me pedía algo que no estaba en mis posibilidades de dar. Un día, experimenté el llamado en frente al Santísimo después de escuchar el pasaje del evangelio de "Zaqueo". Pensaba en cómo este hombre de baja estatura había dejado todas su comodidades siendo un recaudador de impuestos rico para salir de su casa cuando escuchó que Jesús, el Nazareno, iba entrando a su pueblo "Jericó" rodeado de una multitud. Como Zaqueo, estaba cómodamente en su casa, con sus lujos y sus vestidos elegantes de seda. Cómodo con su trabajo y su dinero pero salió en busca del Maestro, porque algo había en su interior que le faltaba. Como él, se abrió campo entre la muchedumbre que seguía a Jesús quien iba camino a la Pasión porque había un "algo" que le movía por dentro. Y ese "algo" lo hizo subirse con sus elegantes vestidos en un árbol porque él era de baja estatura y no alcanzaba a abrirse paso para ver el rostro de Jesús. De aquel, que se decía ya había hecho muchos milagros. De este ser extraño, sencillo, pero diferente, que curaba y predicaba con ejemplos. Vestía como pescador, pero hablaba sabiamente. Aquel que lo seguían multitudes y que predicaba de la misericordia y del amor.

En esa exposición del Santísimo, meditaba en todo lo que Zaqueo debió de hacer para poder alcanzar a ver el rostro de Cristo y pensaba que así había sido mi pasado: una búsqueda constante para encontrar a aquel que un día me llenó por completo de una manera como nunca antes nada me había llenado en toda mi vida. Como esa baja estatura puede significar también lo pequeño que a veces somos cuando Dios nos pide algo. Lo poco que somos. La baja estatura que tenemos en cuanto a nuestra generosidad. Como no alcanzamos a mirar a Cristo por encima de nuestros gustos, nuestros placeres, nuestros proyectos. Nuestros intereses. Nuestro egoísmo. Como tenemos esa mirada muchas veces, sobre nosotros mismos y como no dejamos de vernos.

Ese día en que Zaqueo se subió al árbol cambio su vida por completo. El Señor – a pesar de la multitud- miró a Zaqueo fijamente a los ojos. Con esa mirada que solo Él sabe expresarnos. Una mirada que no solo ve, sino que penetra y conoce lo más profundo de nuestro interior. Que nos consuela. Nos anima a continuar. Que conoce todo: nuestros anhelos y preocupaciones. Nuestras luces y sombras. Nuestras luchas y caídas. Todo.

Ese día el maestro se detuvo. Vio a Zaqueo y lo llamó por su nombre. Y sentía que Jesús estaba haciendo lo mismo conmigo: me estaba llamando por mi nombre. Y yo pensaba: "Señor, he enloquecido ¿Y Carlos y el bebé? No es tiempo de llamarme. Estoy felizmente casada con mi alma gemela. Con el que tengo una comunión de alma y cuerpo; con el cual me he hecho una sola carne con tu voluntad". Pero el Santísimo seguía invitándome a dejar todo y seguirlo.

Seguía meditando en Zaqueo. Pensaba como su nombre que es abreviatura de Zacarías, significaba "hoy se ha acordado de mí y ha tenido misericordia conmigo" se estaba fijando en mí. Se me escurrían las lágrimas de tanto amor por parte de Dios. Y pensaba: "Señor, no ha sido suficiente ser un matrimonio bueno que reza y se entrega en el ministerio, que te busca constantemente. Que ha formado un matrimonio desde el día uno fundado en tu amor. Acaso no es suficiente".

El Señor le contesta a Zaqueo: "Yo soy a quien buscas". Y Zaqueo sucumbe ante aquel diálogo de miradas, al igual que yo lo estaba haciendo con el Señor expuesto en el Santísimo Sacramento. Sabía en esa fracción de segundo, que el Señor quería algo más de mí, de mi matrimonio, de nosotros como familia. Algo especial y único. Algo diferente. El Señor me llamaba por mi nombre como a Zaqueo. Que en contexto bíblico llamar por el nombre significaba "adueñarse o apropiarse". Y Jesús le dice: "Baja a prisa, que hoy quiero hospedarme en tu casa".

El Señor tenía prisa de hospedarse en nuestra casa desde ese momento y para siempre. Pensaba como uno primero experimenta ese amor de Cristo y Él se atreve, por amor a llamarnos aunque hasta ese entonces no hayamos hecho nada bueno, nada excepcional, nada especial. Y como uno cambia cuando se siente amado de esta forma tan especial y única por parte del Señor.

El Señor tenía prisa de hospedarse en mi casa. En mi pequeña alma. Y yo tenía una certeza de que me estaba llamando. Pero no tenía cara para sentarme a hablar con mi marido. Sentía que había enloquecido completo y esto me generaba mucha inquietud interior.

Con esta angustia me fui una mañana con mi mamá a un retiro. Llegué al retiro y sentí que todo iba dirigido a mí. El Padre hablaba de la vocación de los matrimonios, que la Iglesia necesitaba de apóstoles convencidos que decidieran dar su vida por Dios. Y luego, el pasaje del evangelio era el del "Joven Rico". Y el Señor diciéndome: "¿Hasta cuando te vas a seguir comportando como el jóven rico?

Salí de allí conmocionada. Decidí como fruto de mi retiro, que hablaría con Carlos. Estaba segura que él me diría que había enloquecido. Fui a la capilla haciendo la firme resolución ante el Señor de que al llegar a casa hablaría con Carlos para que él me quitara esto "del llamado y de la vocación" en cinco minutos otra vez. Llegué a la casa y mi sorpresa fue encontrarme con que Carlos había llegado temprano de la oficina. Nos sentamos formalmente en la mesa del comedor después de haber acostado a nuestro bebé. Me temblaban las piernas. Le dije todo lo que estaba sintiendo. Que el Señor me estaba llamando a dejar todo y seguirlo. Le conté lo del texto de Zaqueo, el Santísimo. El retiro. Después de eso: "Vete a Nínive" y "El joven rico" que no quería dejar sus posesiones por seguir a Cristo.

Todo mi discurso iba orientado y manipulado para que Carlos me dijera que yo estaba loca y que me había fanatizado. Eso era lo que yo estaba queriendo escuchar por lo tanto acomodé todo el discurso esperando su comentario de que definitivamente me había vuelto loca.

A medida que yo hablaba él sonreía plácidamente y yo comencé a angustiarme más y más. Intentaba convencerlo de que era una locura lo que Dios me estaba pidiendo. Creo que mientras más hablaba, más me hundía con mis propias palabras.

En eso, se quedó callado un rato y con una sonrisa me dijo que él estaba sintiendo lo mismo. Que se había venido temprano del trabajo porque quería decirme lo mismo. El mundo no lo llenaba, ni el trabajo que hacía y que únicamente deseaba trabajar por Cristo todo el día. Luego me tomó la mano con una gran sonrisa llena de paz y amor. Me dijo: "Merce, la única forma como tengo para agradecerle a Dios el regalo de haberlo conocido y salvarme de la vida que llevaba, es con mi propia vida. No puedo pagarle a Dios con unas horas de apostolado a la semana, ni siquiera siendo bueno y rezando, sino con mi vida. Y si tú quieres hacer eso conmigo, vamos a cambiar nuestro proyecto de vida por el de Dios. Con mi propia vida es como quiero pagarle el favor que me ha hecho de haberlo conocido".

En ese instante me quedé helada y muda. Tenía muchas ganas de llorar. Eso no era lo que humanamente yo quería escuchar. Ahora la rebelde era yo. Y nuestros planes. Y mi súper oferta posible de trabajo. Y mi éxito profesional futuro. Y mis sueños de ser una alta ejecutiva católica exitosa. Y mi potencial profesional. Y el club, Caracas. Todo, dónde quedaba todo eso.

Aquello era muy extraño. Un loco plan de Dios que humanamente no se entendía si lo comparábamos con los grandes planes que teníamos para nuestras vidas. Pero a la vez, me embargaba una profunda paz. Aquello era una gran paradoja. Sentía que eso era lo que decía Sócrates cuando trato de explicar el dialogo socrático: La verdad de cada uno, esta oculta en nosotros mismos. En nuestro interior. Y al parecer, esta verdad estaba aflorando sin ponernos de acuerdo. Dos almas sintiendo lo mismo en el mismo momento, sin nunca habernos puesto de acuerdo.

Durante varios meses trabajamos mucho en la oración y la vida de sacramentos, pues queríamos descubrir qué era lo que Dios quería de nuestras vidas. El poder discernir, pero un discernimiento desde el espíritu, no racional.

Llegó un día que le dijimos al Padre que ya sabíamos lo que Dios quería y era que nos fuéramos a trabajar por Él, donde nos necesitara. Recuerdo que le dijimos al Padre que nos mandara *"A la China"* si era necesario, que nos pusiera donde Cristo nos necesitara, pero de inmediato.

El Maestro había prendido un fuego interior. Tenía un incendio dentro de mí. Quería irme ya. Veía todo con ojos diferentes. Sabía que ya no pertenecía allí. Ni siquiera mis planes ejecutivos ni la casa, ni los coches, nada me ataba a cumplir ese profundo deseo interior de cumplir la voluntad de Dios. Había tanta paz entre nosotros, tanta armonía, tanta comunión, tanta certeza desde este inicio que solo podía venir de la mano de Dios.

Los meses pasaron. Vendimos todo para podernos ir con los ahorros en el bolsillo. A los pocos meses, partimos a Manila como unos verdaderos misioneros modernos. En ese período, fue difícil intentar explicar algo nuevo que ni siquiera existe en el Derecho Canónico.

El día que partí de Venezuela iba con las maletas y poco de dinero en el bolsillo, pero con la cruz en la mano. Todo lo material había perdido sentido: mi casa, los coches, la ropa, el club, el rancho en la playa, el jardín, las fiestas, la sociedad, el apellido. El súper puesto que posiblemente tendría como ejecutiva. Todo había perdido sentido ante el valor de la llamada que el Señor nos había hecho. Sabía que ahora viviríamos con otros ideales: más altos, más trascendentes. Más de cara a la eternidad y no a una sociedad.

Al despegar el avión supe que era para nunca más regresar. Al ver por la ventana a mi amada patria "Venezuela", se me salían las lágrimas de dolor pero de amor. En ese momento, agarrados de las manos con lágrimas en los ojos me sentí como San Pablo, pero con una mezcla de Saulo de Tarso. Quería ir por el mundo entero predicando el evangelio. Quería viajar por todo el mundo montaba en mi caballo -que serían los aviones- para decirle a la gente que Él existe. Que su misericordia y su amor, siempre es más grande que el pecado. Que nunca debemos de poner las dos cosas en una balanza porque no se pueden comparar. Uno es limitado y finito, la misericordia de Dios es infinita. No tiene límites. No se puede medir. Obra milagros en las almas. Había sido testigo de eso en mi propio esposo.

Después de cruzar la mitad del mundo y llegar a Manila vivimos muchas experiencias muy profundas y purificadoras. El confiar en la providencia a extremo fue una experiencia que nos hizo madurar mucho en la fe, pero sobre todo en la confianza en Dios. Vivimos de la providencia por mucho tiempo. Una vida llena de milagros diarios del amor y predilección de Dios.

Un día, estando muy ocupados dirigiendo un ministerio de misiones para los jóvenes, comencé a sentirme muy mal. Así estuve por espacio de una semana hasta que Carlos vio que estaba gravemente enferma.

Al cabo de varios días fuimos a buscar los resultados de la tomografía. La verdad es que íbamos muy tranquilos y confiados en Dios. Me bajé y acudí a la caja indicada, me dieron un sobre que espontáneamente abrí. Al leer lo que decía me quedé paralizada: *"Micro adenoma hipofisario estadio I, no muestra calcificaciones ni ramificaciones"*.

Al día siguiente fuimos a consulta. Al ver las placas me mostró mi pequeño tumor. Al decirle a los doctores que iría a mi casa y regresaría mañana para ver a mi hijo, me dijeron que no estaba comprendiendo lo grave que estaba. Si salía del hospital, podía morir.

Esta fue la primera vez, que escuche algo que escucharía varias veces en mi vida. Es algo aterrador y que nunca quisieras escuchar.

Mi caso fue visto por cinco médicos durante esa semana de hospitalización. Recuerdo que muchas veces debía quedarme sola en el hospital porque mi esposo se iba a jugar con mi hijo.

Parece mentira, pero esa semana comprendí lo que el sufrimiento significaría para mí; ya que, aunque las circunstancias humanas eran muy adversas, puesto que estaba muy enferma en un país tan lejano, sin familiares que me consintieran, a pesar de todo ello, ha sido la semana que más cerca de Cristo me he sentido en toda mi vida.

Esa serenidad que había en mi interior, la paz y tranquilidad y por qué no, la gran felicidad que me llenaba plenamente, era exactamente la paradoja de la cruz encarnada en mi vida: a través del sufrimiento se conoce más a Cristo y es sólo a través de la cruz como podemos ser verdaderamente felices. Primero hay que pasar por la pasión para luego llegar a la resurrección.

Y recordé a mi querido San Pablo. Pero ya no con la fuerza del rebelde Saulo, sino como el gran apóstol San Pablo: "Completo en mi carne lo que falta a los padecimientos de Cristo para bien de su Cuerpo, que es la Iglesia" (Col. 1,24) La alegría de encontrar el sentido al sufrimiento personal, el cual ofrecido por un sentido redentor: la salvación de las almas, pero ya no en el sentido en que lo había pensado por medio del apostolado en misiones, sino por medio de mi cuerpo enfermo.

Todo esto que descubrí en esos días, me hizo sentir la persona más feliz y más amada del mundo. *¿Cómo se puede sentir tanta paz y serenidad en medio de un gran sufrimiento? ¿Cómo se puede ser tan feliz en medio de tanta soledad?* Estas eran las lecciones de amor que Dios me daba en medio del dolor y el sufrimiento, en medio de la prueba.

Esa semana comprendí el camino de redención por el que Dios me había llevado. También viene a mi mente cuando en una dirección espiritual expresé que no estaba segura de poder ofrecerle mi vida aunque sabía que Él así lo quería, puesto que mi mayor temor era que Él lo tomaría en serio y que de seguro me llamaría a su lado o *"me mandaría una enfermedad"*. Me impresionaba mucho pensar en este acontecimiento, pues cuatro años después Dios me había tomado la palabra al pie de la letra, así que pensé que Dios nos prepara para lo que nos va a pedir en el futuro por medio de la acción del Espíritu Santo, quien nos comunica el mismo espíritu de Dios. Creo que allí fue cuando comencé a descubrir cómo obra. Cómo trabaja. Cómo prepara al alma. Cada cosa, tiene un sentido si nos ponemos ante Dios con el alma desnuda y abierta.

A la mañana siguiente entraron los cinco médicos a mi habitación y con mucha seriedad rodearon mi cama. Me dijeron que ya habían tenido una junta médica y que habían estudiado muy bien todos los exámenes que durante la semana me habían hecho, que ya tenían un diagnóstico médico final. Me dijeron que padecía de Síndrome de Sheeham y que ésta era una enfermedad que se da en el momento del parto. Me explicaron que como había llegado a dar a luz con la hemoglobina muy baja y no me habían puesto transfusión de sangre, al llegar a seis, me había faltado oxígeno al cerebro y mi hipófisis se había necrosado. Con el paso del tiempo, y dada la demanda hormonal que mi organismo no producía, se reprodujo una célula en forma de tumor, todas las funciones hormonales de mi organismo habían cesado y por ello tenía un desbalance hormonal que ya había llegado a un extremo. Me dijeron que debía comenzar a controlarme con pastillas diarias y que todos trabajarían en conjunto para ayudarme a encontrar el balance de nuevo.

Salí de allí más feliz que nunca a abrazar a mi pequeño bebé. Había pasado un gran calvario, pero al menos sabía qué sucedía en mi organismo.

Durante esa semana comprendí que mientras más amados nos sintamos por Dios en este tipo de circunstancias es cuando de verdad podremos trascender todo este sufrimiento. Nunca debemos pensar que Dios nos ha abandonado, sino por el contrario tener la certeza de su cercanía. Esta cercanía buscada a través de los sacramentos

A partir de allí pasé a ser oficialmente, una persona enferma. Lo que yo experimenté ese día, es algo que solo los que hemos pensado estar cerca de la muerte hemos experimentado: el saber que puedes morir de una manera concreta, es una sensación aterradora.

Ese día no sabía la historia que viviría y todo lo que Dios tenía planeado enseñarme. No ha sido fácil. Ha sido un aprendizaje que todos en mi familia hemos tenido que hacer. Hemos intentado acoger su voluntad sobre nuestras vidas con profunda humildad sabiendo que solo ese padre amoroso sabe lo que necesitamos.

Una enfermedad tiene un gran poder de redención. En mi caso, ha sido la gran bendición de mi vida porque he aprendido a ser una mejor persona. He aprendido a darme a los demás. He aprendido a ser más sensible antes las necesidades del mundo. He aprendido a valorar lo que tengo, en vez de pensar en lo que no tengo. He aprendido a dar gracias por los minutos de vida que Dios me brinda. He aprendido a decirle a la gente que me rodea, que los amo.

No pedí nada de lo que viví; sin embargo, Él me ha regalado todo lo que necesitaba para estar cerca de su corazón.

Como me dijo mi amado esposo Carlos, solo con la entrega de nuestras vidas es que hemos decidido corresponder al Señor por tanto amor. Pues, el amor, con amor se paga. Es la propia certidumbre que hay en ese núcleo del alma que no se logra explicar con las palabras, porque el vocabulario ante eso es muy pobre para expresar la propia experiencia del amor de Dios. Por eso, un solo corazón, una sola fe unen nuestras almas. Es una misma esperanza la que nos abraza a diario hasta que nos toque partir a la eternidad.

> *"Quien no es tentado no es probado*
> *y quien no pasa por la prueba,*
> *no adelanta".*
>
> *San Agustín*

Capítulo 2
El ciento por uno

Después de haber estado hospitalizada en Manila y de haber sido oficialmente diagnosticada como una persona enferma con diez años de "vida útil" según el último doctor que me trató, decidimos ir a vivir a México luego de haber estado seis meses en cama esperando a que la terapia de reemplazo con medicamentos funcionara.

Fueron días difíciles por los efectos del tratamiento que no me permitían ni siquiera estar de pie. En esos meses en Manila, pude experimentar un gran alivio por saber el nombre de lo que tenía. Al menos, la comprensión de lo que padecía, era el primer paso para poder aprender a sobrellevarlo. No solo mi fe, sino mi profesión como psicóloga, me ayudaban a comprender y a aceptar esta nueva realidad.

En esos días, me habían dado un medicamento muy fuerte para intentar "inactivar" el microadenoma hipofisario (el pequeño tumor) que estaba activo en lo que quedaba de la hipófisis en mi cerebro. Los efectos del medicamento eran tan fuertes, que no podía levantarme de la cama ni para lo esencial. Menos podía ir a jugar al playground. Esta fue la primera vez que comencé a experimentar la paradoja de la cruz encarnada en mi vida. Había pasado de la felicidad y de la paz de haber sido diagnosticada, a la frustración de no poder servir como madre, de estarle faltando al ser que más amaba en el mundo: mi pequeño bebé. Sumado a ello, mi marido tenía que salir a diario a llevar los pequeños ministerios que habíamos iniciado. Además de intentar seguir consiguiendo donativos para seguir viviendo. Todos los días tenía que llegar a la casa a levantarme de la cama para ayudarme a bañar.

Todo esto comenzó a llenarme de amargura y frustración. La campeona de tenis del pasado, la que lo tenía todo en la mano, con figura esbelta y con el mundo a sus pies, ahora se había convertido en una persona que no reconocía ni en el espejo: hinchada de tantos medicamentos, con muchos kilos de más, sin tener ropa que ponerme, inútil e incapaz de darse un baño. Todo el día estaba mareada y con muchas náuseas por los medicamentos, con un fuerte dolor de cabeza y sin poder abrir los ojos del malestar. Todo vivido en un país hermoso, pero que no era el mío y con el profundo sentimiento de una misión de vida truncada en sus orígenes.

En esos días, solo pensaba que Dios no podía haberse equivocado más. Recordaba y paseaba en mi cabeza la certeza de aquel llamado: el pasaje de "Zaqueo", el "Joven Rico" y "Vete a Nínive" venían a mi mente con una gran fuerza. En mi interior, estaba segura que Él no se había equivocado, pero la realidad decía otra cosa. Dios no comete errores. Recordaba esa certeza del llamado que me hizo el propio Santísimo expuesto en vivo y directo y como al llegar a mi casa después de debatirme por sentirme una "fanática" mi marido estaba esperando para decirme lo mismo: "quiero entregarle mi vida, mi matrimonio a Dios. Y si tú estás de acuerdo con eso, es lo que quiero que hagamos por el resto de nuestros días".

Esto era lo que pensaba mientras estaba en mi cama sin poderme levantar o hablar. La fragilidad de un cuerpo muy enfermo y un espíritu que quería volar para amar a Cristo y llevar almas al cielo. La verdad, es que lo de menos era si eran asiáticas o mexicanas, yo solo quería amar a Cristo. Ser un consuelo a su corazón, pero no de esa forma, sino con la fuerza y el ímpetu de Pablo de Tarso, montada en su caballo recorriendo el mundo convirtiendo a las almas con la fuerza del amor de Dios que todo lo puede. Pero, aquello estaba muy lejos de mis sueños e ideales de convertir al mundo.

De ser un cirineo para los demás. De llevar la misericordia de Dios. Pero ¿dónde había quedado la fuerza física de la campeona de tenis que tantas medallas había conquistado? ¿Dónde quedaba mi valentía al pasear horas a caballo a tan corta edad por medio de los parajes en el rancho de toros de mi papá, viendo como las patas del caballo pisaban las piedras que se caían a los precipicios? ¿Dónde quedaba la fuerza de esa niña que a tan solo 12 años de edad, toreó una vaquilla con un torero español y gritaba "ole"? ¿Dónde estaba, la niña que esquiaba slalom en agua y se golpeaba duro por la alta velocidad a la que iba? ó ¿la adolescente que se iba en el sunfish sola con mucho viento a navegar? Esa persona, estaba perdida en un cuerpo enfermo pero con un alma intacta que quería volar. Me sentía atrapada en un cuerpo enfermo, sin fuerzas para caminar. Sumida en una cama.

El contraste entre mis deseos espirituales y los apostólicos me generaban mucha amargura interior. Me sentía como un pájaro queriendo volar pero con las alas atrofiadas y metido en una jaula. Un espíritu que estaba ardiendo en fuego de amor por Cristo y las almas; y un cuerpo enfermo incapaz de levantarse de la cama. Humanamente esto era para mí una situación muy injusta y me debatía entre la certeza en mi corazón y que Dios no podía haberse equivocado. Fe vs razón.

Esos meses la pasé con mucha amargura interior principalmente por verme tan disminuida en poder cumplir con mis necesidades básicas de bañarme y vestirme, así como la de poder jugar con mi pequeño niño.

Una tarde mi marido regresaba de misiones muy cansado. Llegó a la cama y me ayudó a levantarme para ayudarme a bañar. Al salir de la regadera, se agachó para secarme. Luego intentó ponerme la pijama. En ese momento, me puse furiosa: no me había secado aún la espalda y la tenía toda mojada. En ese momento, él estaba agachado intentando vestirme. Subió su mirada llena de cansancio y dolor mientras me dijo:

"Merce, mi amor, ¿dónde te has metido? No te reconozco, te quiero como estés, solo quiero que estés viva. Te amo y me casé contigo para toda la vida, estoy aquí a tu lado y nunca te voy a dejar. No quiero que *el dolor, te robe el amor* ".

Luego de esto me puse a llorar. Creo que tanta amargura salió de una sola vez. En ese momento decidí hacer un pacto con el Señor. Ese día, me fui al Santísimo y le dije al Señor que quería hacer un trato con Él. Que yo aceptaba todo lo que iba a tener que sufrir con esta enfermedad, pero que necesitaba que Él me diera un sentido trascendente a sus ojos para ofrecerlo toda mi vida. Esto me estaba costando demasiado; sobre todo, el escuchar todo lo que sufriría. Como los órganos se dañarían por falta de hormonas que los regulen. El que no podría tener más hijos. Ese diagnóstico de los médicos de "tienes diez años de vida útil" que con tanta propiedad me habían dado.

Había visto lo que sería mi vida en los próximos 10 años. Veía como mi cuerpo se iría deteriorando, envejeciendo prematuramente. Tan solo tenía 25 años cuando escuchaba lo que parecía una sentencia de muerte en cámara lenta. Así que le dije al Señor que estaba lista para aceptar y amar mi cruz, pero que Él me tenía que decir por qué quería que ofreciera toda la vida una enfermedad que no tenía cura y que viviría toda mi vida, pues no iba ser capaz de nada. Pero si Él me daba un sentido, estaba segura que podría ayudarme junto con la gracia y mi fe, a sobrellevar todo ese dolor que viviría siempre. La respuesta fue sencilla. "Quiero que lo ofrezcas por la fidelidad de los sacerdotes y las vírgenes consagradas". En ese momento, abrí los ojos furiosa. "Señor: ¡que desperdicio! Cómo quieres que tire a la basura algo que me va a costar la vida. Ellos no necesitan que ofrezca todo esto por ellos. Los sacerdotes y las vírgenes consagradas ¡ya son santos! Rezan todo el día. Viven en conventos y se entregan por ti ¿No crees que sea mejor que lo ofrezca por los niños de Etiopía o los de África o por los moribundos de las calles de la India? Señor, dame algo proporcional a mi sufrimiento" La respuesta volvió a ser muy sencilla: "Por la fidelidad de los sacerdotes y las vírgenes consagradas Mercedes. Ahora no lo comprenderás, pero no dejes de hacerlo. Esa es tu misión". Respondí en mi oración como una pequeña niña: "Bueno, Señor. Si eso es lo que tu quieres, eso haré".

Salí de la iglesia un poco consternada por esta petición ¡Él siempre me hablaba tan claro en la oración! Que nunca quedaba un margen de duda en mi interior. No estaba nada convencida porque en esa época pensaba que ellos (as) no necesitaban oraciones ni sacrificios, pero salí con la firme decisión de nunca dejar de hacerlo. Y es lo que he hecho por 20 años de enfermedad como lo verán expresada en cada una de estas líneas.

Llegué a México después de haber estado 6 meses recuperándome en casa.

Cuando despegó el avión pensaba que allí estaba dejando la mitad de mi corazón, pero sobre todo veía en la tierra la sangre que había derramado. Dios también la estaba viendo. También pensaba que Pablo sembró, Apolo regó, pero era solo Dios quien iba a hacer crecer esa semilla. En su tiempo y por medio de otras personas. Como San Pablo, había corrido una agotadora carrera, pero que habíamos conservado la fe en medio de circunstancias muy adversas, pero nunca estas circunstancias nos habían hecho perder la fe.

Llegue a México muy contenta. Con el diagnóstico final de tener una enfermedad incurable. Como me habían dicho los médicos, con 10 años de vida útil, con un diagnóstico entre otros, de infertilidad. Pensaba que era una bendición el que existiera la adopción y que sería una madre adoptiva pues no solo tenía una pobre posibilidad de salir embarazada, sino porque si por alguna razón salía embarazada, podría ocasionar que el microadenoma que estaba inactivo en el cerebro se volviera a activar poniendo en riesgo mi vida.

Pasaron los meses y escuché que venía un retiro. Fui al retiro y en una misa una persona me dijo que pidiera por mi sanación. Yo me arrodille. Me dio pena ver a esta persona hincada pidiendo con tanta confianza por mi. En ese momento, cerré los ojos después de haber estado "espiando" a esta persona quien pedía por mí. Y pensé que así era yo. Una rebelde sin causa. Y me reía del contraste: ella pidiendo muy místicamente por mi sanación y yo espiándola por el refilón de los ojos analizando su misticismo.

En eso cerré los ojos con una sonrisa. Le dije a Jesús que ella estaba pidiendo por mi sanación pero que yo en verdad no quería ser curada. Solo dije: "Ella está pidiendo para que me cures de mi enfermedad, pero yo no quiero que nadie me cure porque he palpado que esta enfermedad que me ha costado la vida ofrecer ha sido y tengo la fe que será la gran bendición de mi vida. Solo te quiero pedir que si me permites, yo quiero tener un hijo más, ver a mi hijo crecer y ver cuál es el plan de Dios en sus vidas. Solo quiero llegar a viejita con mi gran amor Carlos. Aunque sea en una silla de ruedas quisiera vivir".

Cuando desperté de esa petición, sentí una gran paz. Algo muy especial pasó dentro de mí. Sentía que algo había sucedido. Sentí como si un gran nudo se hubiera desatado en mi interior. Pensaba que quizás, con esa petición el proceso de adopción podría acelerarse para tener a ese hermoso bebé en casa.

El día que nos regresábamos del retiro me sentí muy mal. No podía levantarme para regresarnos. Tenía la presión muy alta. Mi sistema reproductivo y endocrinológico, no estaban funcionando bien. Había quedado una evidencia ante mis amigas de esto.

El ginecólogo, decidió cambiarme de nuevo de medicamentos pero con la advertencia de que todo apuntaba a que tendría que quitarme la matriz. En realidad, cuando salí de Filipinas no solo tenía al diagnóstico de "Síndrome de Sheeham" que era mi enfermedad principal, sino que habría generado otro síndrome de ovarios poliquísticos. Aparentemente, mi sistema reproductivo, ya no funcionaba.

Estuve en casa sintiéndome muy mal esperando a que la nueva medicina hiciera efecto. Era el mes de noviembre de 1997. En diciembre de ese mismo año, una noche me desperté a las tres de la mañana. Y comencé a pensar en ese extraño retiro al que solo había ido a sentirme mal. Luego pensé que no había hecho nada más que sentirme mal y que no sabía para que Dios me había hecho asistir. Luego, pensé que lo único "místico" vivido había sido realmente mi petición a Dios de no querer curarme y repasé una a una mis palabras.

Mientras me burlaba de mi misma cuando recorría mi vida pensaba como en mi corta vida espiritual Él siempre me concedía todo al pie de la letra.

Luego terminé pensando: "Pedí solo que pudiera tener otro hijo y que no me importara terminar en silla de ruedas" En ese instante se me erizo toda la piel porque sentí que estaba embarazada. No sé cómo explicarlo, era una certeza muy fuerte en mi interior.

Al día siguiente la idea no dejaba mi mente. Me sentía muy desequilibrada de pensar que estaba embarazada cuando me habían dicho que no podía tener hijos. Esa noche no pude dormir de la impresión. Pero no sabía cómo decírselo a Carlos. Así que pasaron los días entre un gran dilema: ciencias vs fe. Recordaba la cara del doctor en Manila diciéndome que no podría tener más hijos. Los médicos en México. Mi petición ante el altar. Estaba abstraída de la realidad pensando todo esto, hasta que decidí hablar con Carlos. Una vez más, él me ubicaría en el contexto "tierras es igual a realidad".

Me armé de valor y comencé a explicarle todo aquello que al escucharme yo misma parecía inexplicable. A Carlos esta vez se le fue transformando el rostro en horror. Acabé de hablar y me dijo muy cariñosamente que lo estaba preocupando. Que él creía que no había aceptado del todo mi enfermedad porque era imposible que yo estuviera embarazada. Que no me preocupara, que el bebé que estábamos adoptando pronto nos lo iban a dar. Y yo comenzaba a enojarme cuando lo escuchaba decir esto. Le decía que no me estaba entendiendo. Y me comenzaba a sentir muy frustrada porque yo sentía que ya tenía un ser latiendo dentro de mi.

Viví las vacaciones de diciembre convencida en mi interior de estar embarazada. Tanto fue mi terquedad, que mi marido se comenzó a preocupar de que yo estuviera perdiendo la cabeza. Pasaron los días y mi esposo comenzó a desesperarse. Así que llegó con dos pruebas de embarazo para convencerme de que no estaba en estado. Al rato, comencé a brincar de la emoción: "positivo". Carlos todo serio me dijo que el "PhD" de las medicinas, había alterado las pruebas, que yo era infértil.

Nos fuimos de vacaciones en enero a Puerto Vallarta, México. Comencé a obsesionarme con la idea de que estaba embarazada. Decidí que no iba a tomarme mis medicamentos porque sino se iba a afectar "al bebé". Carlos ya estaba un poco desesperado con mi "locura" e insana terquedad. Y es que tenía razón. Me estaba portando como una verdadera desequilibrada. De solo recordarlo, me da mucha risa.

Se desató un dilema dentro de mí al ver las cajas de mis medicamentos: todos decían "prohibido tomar en el embarazo". Algunos días, al pensar en mi fe y lo espiritual, no me tomaba mis medicinas sin que Carlos supiera. Pero, al pensar en la ciencia y recordar a los doctores informándome que no podía tener hijos, me las tomaba. Así estuve por espacio de una semana viendo en todas las cajas de medicamentos la advertencia de "prohibido tomar en el embarazo". Hasta decidí no correr olas porque estaba embarazada.

Amaneció y mi marido le marcó al doctor. El le dijo que era muy poco probable que estuviera embarazada, casi imposible. Que seguramente los meses de retraso se debían a los medicamentos y al mal funcionamiento de mi sistema reproductivo. Que eso era normal en mí pues así había pasado todo el tiempo desde que me había enfermado.

Llegamos a México después de varios días de vacaciones y mi esposo volvió a llamar al doctor dado que a mí no se me quitaba la idea de que estaba embarazada. El doctor pidió hacerme una prueba de sangre. Al cabo de unos días salió "positiva".

Salimos corriendo al doctor. No cabía en mí de la felicidad. Mi marido del espanto. Estaba desencajado. El doctor nos dijo que era muy extraño, pero que iba a remitirme a un ginecólogo a ver que decía. Llegué al consultorio y fui recibida como la "famosa señora que nadie sabía cómo se había embarazado". Yo me reía. Muy diferente el recibimiento del otro famoso doctor que me había dicho que me olvidara que tenía un "embrión" dentro de mí.

El doctor me revisó y me dijo que tenía preclamsia (hipertensión arterial descontrolada). Era muy peligroso para mí y para el bebé que tan solo tenía dos meses. Luego, me pasó a su consultorio y nos dijo con mucha sinceridad que si veíamos esa cruz que estaba colgada allí. Él realmente no tenía explicación de cómo me había embarazado. Había aceptado el caso pero que realmente no encontraba explicación. No había bibliografía de otros casos que con mi enfermedad hubieran salido embarazadas, realmente no sabía si lo íbamos a lograr y tampoco sabía cómo iban a afectar los medicamentos que tomaba al bebé. Pero que aquí estábamos ante algo que nos superaba a todos y era la cruz de Cristo.

Todos los jueves acudí formalmente a mis citas. Era todo un reto no preocuparse cuando escuchaban el corazón del bebé. Y cuando veían si habían controlado mi presión arterial. De tan solo caminar, me subía la presión. Cada vez que iba, también tenía que escuchar lo mismo: "No sabemos cómo afectan los medicamentos al bebé. Cuando abra tu vientre, será como una caja de pandora. Acuérdate que no sabemos qué va a salir de él". Y nosotros siempre contestábamos lo mismo: "Doc, este bebé ya es nuestro. Yo lo amo desde que supe que estaba dentro de mí. Lo que venga es mío. Así venga sin manos, sin pies, sin nada.

Llegué al quinto mes. Si lográbamos llegar al sexto mes, el doctor pensaba que podíamos salvarla. El doctor comenzó a explicarnos los preparativos del nacimiento. Nos dijo que tenía que ser por cesárea pues sino, me subiría más la presión y además podía activarse el microadenoma en el cerebro. Sería demasiada presión para mi cabeza. Luego nos comenzó a explicar el número de doctores que asistirían. En total eran como unos ocho doctores, ayudantes y enfermeras.

Durante esos momentos tan angustiantes no solo por la salud del bebé, sino por la mía propia, solo nos quedaba el don de la fe para abrazarnos de ella. Con la fe, lograríamos resolver todo aquello humano que no tenía explicación: cómo afectarían las medicinas a la bebé, si se activaría o no el pequeño microadenoma de nuevo, si se rompería una vena en la cabeza, si la presión arterial subiría, si mi corazón aguantaría, cómo harán para controlarme el balance hormonal que tanto ha costado. ¿La bebé resistirá? Eran demasiadas preguntas sin respuestas. Demasiadas razones para estar angustiada. Demasiadas razones de peso para no creer. Para no esperar con confianza. Aquí recordé, que los miedos son osos polares que fabricamos en la mente porque proyectamos el futuro para adivinar el porvenir y así poderlo controlar. Intentaba no hacer el truco prismático que es cuando la mente proyecta del futuro un "Everest" y como nos terminamos sintiendo "hormigas" sin posibilidad alguna de escalar ese "Everest" que proyectamos en la mente. Solo tenemos hoy y solo podemos vivir el hoy. Intenté poner en práctica mis propios consejos y comprender que todo estaba en manos de Dios desde la eternidad. Y que íbamos a estar bien.

Al llegar el octavo mes comenzaron los preparativos. El equipo de ocho doctores además de las enfermeras, estaba listo para el parto. Me informaron que durante tres viernes me harían una prueba y que dependiendo el resultado, decidirían si a las dos horas me harían la cesárea de emergencia.

La fecha para el nacimiento fue pautada para el 15 de agosto, día de la asunción de la Virgen María al cielo. Esto me emocionaba profundamente. Otra gran prueba del amor de Dios. Aunque humanamente esperaba que no fuera el día en que alguna de las dos partiría al cielo: mi niña o yo.

Aún cuando la fecha no llegaba, fui al doctor para un chequeo. A la semana 36 de embarazo, tuve una fuerte crisis de hipertensión descontrolada sin posibilidad de seguir controlándola con los medicamentos que tomaba. Me tuvieron que hospitalizar de emergencia. Era un 5 de agosto. Aún faltaban 10 días para la fecha pautada para el nacimiento.

Al entrar al hospital me colocaron un monitor para escuchar el corazón de mi bebé, a quien le habíamos puesto el nombre de Andrea. Se dieron cuenta de que la hipertensión estaba haciendo que la bebé fuera "poco reactiva". Es decir, estaba un poco pasiva. Me indicaron que la bebé estaba en posición "podálica" que significa estar sentada. Así había estado todo el embarazo, sentada cómodamente, pero como era por cesárea no iba a representar una complicación más.

Estaba mi marido durmiendo al lado mío esa noche en el hospital. Yo no podía dormir. Intentaba no pensar en todo el riesgo que ambas correríamos en la mañana. La hora de la verdad había llegado. Son de esos momentos en la vida, que quisieras pasar dormida y despertarte después.

Alrededor de las 3 de la madrugada, vino el médico residente a prender de nuevo el monitor. Yo seguía rezando. En eso, al prender la máquina algo estaba diferente. El corazón de Andy, no se escuchaba. El doctor tocó el botón de emergencia y vinieron otros a ver que sucedía. Con voz "entrecortada" el doctor residente le dijo al médico de guardia que "el corazón de la bebé estaba poco reactivo" para decir elegantemente que no es escuchaba nada.

En ese minuto, mi marido ya estaba sentado con las manos en la cara. Yo sentía un gran hueco dentro de mí. Un nudo en la garganta. Mientras las lágrimas se escurrían de mí. Cómo habíamos llegado a este momento para que justo unas horas antes de nacer, mi pequeña bebé no hubiera aguantado. Todo el calvario, la espera, los sufrimientos. Todas las noches pensando que no resistiríamos. Todos los sueños e ilusiones que habíamos puesto en esta nueva vida se habían esfumado en un par de horas. Toda la confianza en Dios se había ido en minutos. ¿Por qué haber vivido todo aquello, para que unas horas antes se apagara la llama de esta pequeña vida? Dios no comete errores, pero esto parecía el error más grande de toda mi existencia. Un plan muy cruel de parte de Dios.

En ese momento quise morir con ella. Quería abrazar a mi pequeña bebé que aún no conocía, pero que amaba tanto e irme al cielo con ella. Esto parecía ser mi mejor opción. En mi interior había un gemido que decía: "Mi amor, llévame contigo. Tómame de la mano y vamos juntas al cielo. No me dejes aquí después de que hemos compartido tanto juntas. Después de tantas noches de insomnio juntas. Andy, llévame contigo" De mi ser solo salían lágrimas en medio de ese profundo silencio interior y exterior. Las palabras sobraban. Llamaron a mi médico de cabecera quien se había ido a dormir para poder estar descansado para la cirugía que se iba a llevar a cabo a las 8 de la mañana. En esos momentos, yo solo lloraba "serenamente" con un profundo dolor en mi interior. Mientras pensaba, que mi segunda bebé que había perdido antes de irme a Manila con 4 meses de embarazo, seguramente la recibiría en el cielo. Mientras mi marido me tomaba la mano sin decir palabra.

Al colocar el cinturón como mi doctor indicaba, se comenzó a lo lejos a escuchar el corazón de mi pequeña bebé. En ese momento, comencé a llorar desconsoladamente. "Está viva. Andy está viva" mientras en mi corazón le decía: "Resiste mi niña, falta poco para que veas la luz de este mundo. No dejes de luchar mi niña. Faltan solo 5 horas para que nazcas. Mami está orgullosa de ti". Mi marido y yo llorábamos juntos. Fue un momento que de solo recordarlo se me escurren las lágrimas. No sé cuánto duro aquello, pero pienso que una eternidad.

Después de ese momento, no me quitaron más el cinturón así que no pude conciliar el poco sueño que me quedaba. Creo que hasta que no amaneció no deje de rezar y de contar cada latido de su corazón, que se escuchaba espaciado y débil a medida que pasaban las horas.

A las siete de la mañana me llevaron al quirófano. Mientras iba por el pasillo viendo el techo del hospital, se me comenzaron a escurrir las lágrimas. La hora de la verdad había llegado. Mientras me repetía las palabras del doctor: "No sabemos que saldrá de tu vientre. Es como una caja de pandora. No sabemos cómo las medicinas han afectado al feto". Me repetía: "Jesús en ti confío y nunca dejaré con tu gracia de confiar. Lo que venga es mío. Lo amaré y tú me darás Señor la fortaleza para sacarla adelante"

Entré al quirófano mientras veía a mucha gente apurada con caras de preocupación. "Llegó la famosa señora". Las bolsas de sangre a un costado. Me acostaron en la mesa de operaciones y me amarraron los dos brazos como Cristo en la cruz. En eso, me conectaron al monitor para escuchar mi corazón. Al ver que tenía la presión en 98/120 pulsaciones por minutos, comencé a preocuparme mucho. Estaba realmente hipertensa. Y me preguntaba cómo iba a aguantar la operación. Mi corazón, estaba a punto de explotar. Esto hizo que comenzara a angustiarme mucho y comencé a llorar.

Al instante de haber comenzado a llorar escuche una voz. Vi una cara con un tapa boca de doctor que se me puso detrás a la altura del hombro y me dijo: "¿Tú crees en Dios?" en seguida intenté subir la mirada y solo alcanzaba a ver una mirada de mucha serenidad que se expresaba con los ojos. Le respondí: "Si, yo no solo creo en Dios, sino que amo a Dios con todo mi ser, con toda mi alma, con toda mi vida". Y él me contestó: "Entonces no tienes nada que temer. Jesús está aquí, contigo. Solo confía". Después de esas palabras quedé profundamente en paz mientras intentaba ver quien era. Le pregunté: ¿quién es usted? Me respondió: "un doctor más". Mientras yo le decía: "¿usted es el anestesiólogo?" pero no recibí respuesta.

Al poco tiempo entraron todos los doctores que se veían afuera reunidos. Parecían un equipo de americano definiendo la estrategia. Entró con ellos, mi doctor de cabecera, mi endocrino quien ha sido un ángel en nuestras vidas: mi querido Doc. Al voltear, vi los ojos de mi San José, quien estaba todo vestido de doctor y sentadito a mi lado. Me puso la mano en el hombro y me dijo con esa hermosa mirada de amor que un día me conquistó: "Mi Merce, aquí estoy contigo. No tengas miedo mi amor. Vamos a afrontar esto juntos como lo hemos hecho siempre"

De repente y escuché la voz de "aquí viene" y al rato escuche a mi pequeña bebé llorar. Vi como se la llevaban a un lado los dos pediatras. Después de revisarla, me la pusieron a mi lado y explotó un llanto profundo desde todo mi ser. Parecía un angelito.

En eso escuche al doctor diciendo: "ya logramos a la niña, ahora vamos a sacar adelante a Doña Meche". Yo no paraba de llorar mientras veía el monitor del corazón donde mi presión que seguía subiendo. Al menos ya mi bebé había logrado sobrevivir. Ahora me entregaba a Dios totalmente.

Mientras los doctores terminaban conmigo, recuerdo que estaba tan conmovida que comencé a repetir en voz alta las alabanzas de desagravio: "Bendito sea Dios. Bendito sea tu santo nombre. Bendito sea Jesucristo, verdadero Dios y verdadero hombre. Bendito sea el nombre de Jesús. Bendito sea su sacratísimo corazón. Bendita sea su preciosísima sangre. Bendito sea Jesús en el santísimo sacramento del altar. Bendito sea el nombre de Jesús" Esto lo repetía una y otra vez mirando la cruz.

Llegué al cuarto muy cansada. Había sido demasiada tensión acumulada en muchos días. Mi familia me decía que había visto muy brevemente a la bebé y que era hermosa. Se la habían llevado a hacerle muchos estudios. Yo pensaba "pobre de mi niña". Apenas conoce el mundo y a la vez las jeringas. Todo sea para que esté bien.

Mientras estaba en la habitación le conté a mi mamá que había lamentado que no hubiera nacido el día de la asunción de la Virgen María que era una fecha tan especial. Luego le conté lo que me había pasado en el quirófano con el que pensaba era el anestesiólogo y que al escuchar esas palabras tan alentadoras que me había dicho, sentía que el mismo Cristo era el que me estaba hablando. Y que eso me había llenado de profunda paz en mi interior a pesar del dolor y de los nervios de ver la hipertensión que tenía.

Después de contar mi historia del quirófano con mucho esfuerzo, mi mamá comienza a sonreírse. "¿Hija, no sabes qué día es hoy verdad?" Le dije que no sabía ni siquiera que día era, solo que era martes. Me dijo: "Hija, hoy es 6 de agosto el día de la transfiguración del Señor".

Ese día me trajeron a mi gorda. La veía y no lo creía. Era demasiado bella. Los pediatras nos dijeron que estaba muy intoxicada de medicamentos, especialmente de hormonas. Sus niveles eran como de una persona adulta mayor. Y que estaba un poco "pasiva". La hipótesis era que ella a medida que fuera creciendo iba a desintoxicarse de todos esos medicamentos. Pero que en las pruebas, había salido todo normal.

A la semana fuimos al consultorio a quitarme los puntos de la cirugía. El doctor nos comentó que si yo no había sentido durante la madrugada antes del nacimiento un fuerte dolor dentro de mí. Le comenté que no había sentido nada. En eso nos dijo que si me acordaba como a las 3 de la mañana lo había llamado porque el corazón del bebé aparentemente no latía. Le comentamos "como olvidar aquel momento" y nos dice: "miren es que en los ultrasonidos que se le hicieron a la bebé nunca se mostró un movimiento extraño del feto. Resulta que ella estuvo en posición podálica todo el embarazo y lo demuestra lo que pasó con el monitor. Todos los doctores sabíamos que estaba sentada, pero cuando abrí el vientre, la bebé estaba de cabeza. Todos nos miramos la cara con asombro porque cuando un bebé está tan grande y se voltea, las madres sienten dolor o al menos se dan cuenta pero resulta que el monitor desde las 3 de la mañana hasta que la llevamos al quirófano nunca se registró un movimiento en el registro de los latidos del corazón que mostrara que se estaba volteando. "¿Segura que no sentiste nada?" Le respondí que no había sentido nada anormal y me sonreí. El doctor estaba verdaderamente asombrado.

Después de haber dado a luz, quedé en una posición muy comprometida con mi salud. Mi recuperación tomó alrededor de 8 meses donde estuve en casa, con mi pequeña bebé admirando la grandeza del Señor.

Andy como cariñosamente le decimos se tardó alrededor de 3 años en sacar todo de su sistema. Al verla crecer y conocer el hermoso interior que posee, no me cabe duda que Dios nunca se deja ganar en generosidad y que hace todo perfecto y completo.

La generosidad de Dios es una expresión de su propio amor y su misericordia infinita. Es tan infinita que no tiene principio ni tiene fin. Con nuestra corta razón nunca alcanzaremos a ver como el poder de Dios obra por encima de uno mismo. De todo y de todos para transformar todo aquello que se deja toda por su gracia y por su amor.

Es un hecho que la fe mueve montañas. Y es un hecho que nada se escapa al poder de Dios que está por encima de nosotros mismos. Pero que somos nosotros los que atamos a Dios con nuestra falta de fe. Le amarramos las manos cuando no creemos y le impedimos que nos muestre esa generosidad cuando perdemos no solo la fe, sino la esperanza de que las cosas pueden estar mejor.

Hay acontecimientos en la vida que nos sobrepasan. Que no logramos explicar con la razón. Para eso, se nos ha regalado la fe. Pero es un don que debemos de pedir, y además cultivar a diario por medio de la oración y la vivencia de los sacramentos.

Con esta historia me recordaba mucho de la vida de San Francisco de Asís. Él, en algún momento de su historia entró en una gran crisis espiritual que lo llevó a aislarse en la montaña en una de sus primeras ermitas. La razón de su crisis era que al regresar de sus viajes misioneros, se topó con que su congregación de seis mil hermanos estaba dividida entre "los progresistas" que querían cambios en torno a la forma de vivir la pobreza y "los conservadores" que querían mantener el carisma en la forma de vivir la pobreza como San Francisco se lo había enseñado por inspiración de Dios y que además, había sido aprobado por el Papa. En algún momento de su crisis, San Francisco se cuestionó la vocación y la posibilidad de haber tenido una vida con una familia y con hijos. Sentía, que antes que ver a su congregación dividida y no fiel a lo que Dios le había inspirado, hubiera preferido no haberla fundado. En esa crisis interior estuvo alejado en la montaña. Sus más cercanos colaboradores, estaban muy preocupados. Pasaban las estaciones y San Francisco no aceptada la invitación de su discípula Clara (fundadora de las Clarisas y Santa) para hablar con ella. Hasta que León su fiel amigo lo convence de ir.

San Francisco se pone en camino con su fiel amigo León al convento de San Damián donde vivía Clara. Al verla tuvieron un diálogo profundo que solos dos santos podían tener. Profundo pero muy sencillo. Francisco le expresa su dolor, sus miedos y su frustración. Clara sabiamente le responde con una sencilla anécdota que hará cambiar la forma como el futuro santo estaba percibiendo los acontecimientos. Le dijo que si una hermana viene y le decía que ha roto un bien, ella le preguntará que cómo había pasado y le pondría la penitencia que marca las normas de la orden. Pero si viene una hermana y le dice que acaba de incendiar un monasterio y que desea incendiar otro, la quema de un monasterio es demasiado grande y fuerte como para que ella pueda turbarse.

Hay acontecimientos en nuestra vida que son demasiado grandes como para que podamos nosotros hacer algo al respecto. Muchas veces, nos enfrentamos a la quema de un monasterio y ante eso, no debemos de turbarnos y guardar la serenidad, porque es un hecho que nos sobrepasa humanamente hablando. Y confiando y dejando todo en manos de Dios, haciendo lo que nos toca hacer o solamente lo que podemos hacer, es que dejamos a Dios actuar en nosotros mismos, por medio de nosotros mismos, y por medio de las mismas situaciones de vida que estamos viviendo. Incluso, por medio de otras personas. O peor aún, por medio de nuestros propios defectos y limitaciones.

El Señor de la Misericordia en una visión a Sor Faustina le dijo que lo que más le dolía de los corazones de los hombres no eran sus imperfecciones, sus debilidades, sus limitaciones y sus defectos; sino su desánimo y la inquietud del corazón. Él conoce nuestros corazones profundamente, porque fue Él quien nos creo. Él único que a Él le importa es que en el fondo de ese corazón queramos ser como Él. Si nos inquietamos por nuestras caídas o debilidades, es porque en el fondo confiamos mucho en nosotros mismos y menos en Dios. Necesitamos experimentarnos débiles pues es la manera de poder a la vez experimentar la misericordia y el amor de Dios que viene siempre a rescatarnos.

El mismo Cristo en la oración del huerto de Getsemaní le dijo a Dios que apartara esa cruz si era solo su voluntad. Pedir a Dios es bueno, pero siempre anteponiéndolo a su voluntad. Dios, como es un Padre bueno, grande y bondadoso nos dará lo que le pedimos en el momento que solo Él considere necesario. La razón de esto es muy sencilla: los tiempos de Dios nunca son los tiempos nuestros. Su pedagogía nunca funciona con la lógica humana. Él, no se mide con un reloj en mano.

El profeta menor Habacuc en el Antiguo Testamento expresa uno de los cantos de alabanza más hermosos de la espera de los tiempos de Dios. El libro de Habacuc se inicia con el pesado pesimismo del profeta que se encuentra en un túnel sin salida ante su dolorosa situación. Mientras el profeta buscó una solución racional es decir, se "rompió la cabeza" pensando cómo solucionar su problema, cuestionando lo que le pasaba a Dios, atormentándose de la situación por la que no podía salir, solo logró que su corazón se llenara de amargura y desilusión, de un profundo pesimismo que a su vez, era lo que lo hundía más. Cuando el profeta tomó la decisión de confiar en Dios y esperar la hora de Dios, entonces Jesús iluminó su razón y con ello, cambió totalmente su percepción de lo que le pasaba. Realmente, no era que el problema concreto que lo atormentaba había desaparecido, sino que él había decidido mirarla con la confianza plena en Dios.

A partir de allí, el profeta alzó un canto de alabanza a Dios que decía: "Esperaré tranquilo los tiempos del Señor". Ya no era el inquieto y desesperado profeta le suplicaba a Dios y hasta le exigía una solución instantánea a su problema. Acepta el plan de Dios y acepta sufrir, vivir lo que tuviera que vivir y esperar a que Él obrará en los tiempos que Él dispusiera y eso es lo que lo libera del dolor interior y de la desesperanza que su actitud anterior lo tenían sumido en una crisis interior.

El libro de Habacuc concluye con uno de los cantos de alabanza que más me gusta de la Biblia. Cuando Habacuc decide confiar en Dios, vivir de la fe y no tanto de razón, cambia toda se manera de percibir lo que le sucedía y lo expresa en un profundo canto de alabanza: "Me llenaré de alegría a causa del Señor mi Salvador. Lo alabaré aunque no florezcan las higueras, ni de fruto los viñedos y los olivares, aunque los campos no den cosecha, aunque se acaben los rebaños de ovejas y no haya reses en los establos. Porque el Señor me da fuerzas, da a mis piernas la ligereza del ciervo y me lleva a alturas donde estaré a Salvo" (Habacuc, 3. Antiguo Testamento. Biblia Católica).

Esto espiritualmente no solo es muy importante, sino que a nivel psicoemocional también lo es. Porque en cierto modo, nos ayuda a salir de nosotros mismos, de nuestro problema, de nuestra situación y nos ayuda a transformar nuestra percepción en una manera más positiva de percibir las cosas que nos suceden, lo que Él permite por nuestro bien.

De igual forma, nos ayuda a ver lo que si tenemos y no tanto lo que no hemos solucionado, lo que nos falta, lo que no alcanzamos a tener o a dar. Es voltear un poco el prisma en la manera de percibir la realidad de los acontecimientos y valorar lo que aún si tenemos, lo que Él si nos ha dado. Lo que podemos disfrutar y valorar comenzando por la propia vida, la salud, la familia, el amor. Aquello que aún si tenemos, lo que si somos capaces de hacer. Lo que aún nos hace felices. Valorar los dones que inmerecidamente Él nos ha regalado. Si mantenemos esta postura de pedir y solo pedir, nos roba esa capacidad de contemplar lo que tenemos. Nos roba nuestra capacidad de asombrarnos y maravillarnos por los otros lados, por la otra forma como Dios si actúa. Además, nos ayuda a no estar siempre centrados en nuestros sufrimientos, en exigir de todos lo que pensamos necesitamos. Sino que nos saca de nosotros mismos, de nuestro propio dolor.

La ciencia dio un dictamen con respecto a mi fertilidad. Pero la generosidad de Dios habló más fuerte. Y la fe, movió montañas. Mi fe es el mayor don y tesoro que Dios me ha dado, que le ha dado a mi esposo y que con el tiempo le ha dado a mis hijos. Le fe es ese motor, esa fuerza que nos ayuda a luchar. No para cambiar una situación o para comprender con la razón algo que se escapa a la comprensión humana, sino para aceptar con el corazón aquello que a simple vista no podemos cambiar. Pero esa misma fe, cuando nos abandonamos en manos de Dios, que no significa no seguir luchando, es la misma que hace que todo cambie, todo gire, todo mejore porque allí es cuando ese Dios generoso se desboca de amor, no se resiste cuando nos ve confiar a pesar de las dificultades, a pesar de escuchar el juicio humano. Dios nos da la fortaleza cuando estamos cansados de luchar. Nos da la paz cuando estamos inquietos. Nos brinda la confianza cuando confiamos nosotros primero.

Cuando somos generosos, dejamos a Dios ser generoso con nosotros mismos pero de una manera abundante. El dolor nos sume en una desconfianza. Y la desconfianza nos hace encerrarnos en nosotros mismos. Al optar de esta manera caemos en un profundo egoísmo que me he atrevido a llamar "egocentrismo emocional" caracterizado en una constante centrarnos en nosotros mismos, en nuestros problemas, en lo que nos falta en el futuro que las circunstancias nos proyectan. Y allí es cuando no dejamos a Dios obrar por medio del Espíritu Santo.

San Agustín decía que con esta actitud de vernos solo a nosotros mismos, el hombre se comporta como un "homo incurvatus in se" que significa el hombre que está replegado sobre si mismo, creo que el hombre que solo mira su ombligo: su problema y lo que le pasa perdiendo la capacidad de ver a la periferia. Pero cuando buscamos a Dios, levantamos la cabeza entonces nos convertimos en el "homo erectus" que es el hombre recto, erguido que alza la cabeza con el tronco derecho para ver al horizonte.

Al ver la vida de mi niña y agradecer estos 16 años de su vida, solo puedo alabar a Dios por tanta generosidad. Andy vino a llenar nuestra vida de inmenso agradecimiento a Dios. Los mayores consuelos espirituales los he recibido de ella. Todas las mañanas al recordar esta historia por medio de sus ojos claros transparentes, solo puedo decir "Gracias Señor porque nunca te dejas ganar en generosidad" Él, nos ha prometido el ciento por uno aquí en la tierra y además, la vida eterna a quien confía plenamente en su poder.

"La santidad no consiste en tal o cual práctica, sino en una disposición del corazón (del alma) que nos hace humildes y pequeños en los brazos de Dios, conscientes de nuestra nada y confiados hasta la audacia en la bondad del Padre".

Santa Teresa de Lisieux.

Capítulo 3

El hada madrina

Toda niña de 6 años de edad sueña con tener un hada madrina. Yo no fui la excepción. El haber crecido creyendo que era una princesa, me hizo desear el tener una en la vida real, una que cumpliera todos mis sueños solo con un chasquido de dedos.

Con el paso de los años me di cuenta que este deseo me convertiría en alguien especial entre el mundo de la niñas. La razón es que esto pasó de ser un deseo a convertirse en una realidad. Yo tuve una verdadera hada madrina como cualquier princesa hubiera deseado. Un hada madrina que supo hacer realidad todos mis deseos, que hizo de mi vida todo un Disney World, que supo llenar mi corazón de hermosos recuerdos.

Mi hada madrina se llamó Belén. A ella le decíamos cariñosamente Mía. Ella era la única hermana de mi mamá. La recuerdo siempre gordita, con el pelo canoso, sus ojos verdes y muy sonrientes. Su generosidad iba más allá de lo que he podido alguna vez ver en alguna otra persona. En su corazón no cabía amor para darles a los demás.

Cuando tenía seis años de edad me di cuenta de la maravilla que era el poder contar con esta hada madrina. Ella, me daba todo aquello que mis padres decidían que no era conveniente tener. Recuerdo todavía el jardín de su casa con ese extraño olor a humedad y rocío de la mañana que desprendía el pasto y las hojas de los árboles frutales que caían en él. Su colección de bonsáis, constituía para mi toda una excentricidad al igual que algunos "budas" a los cuales siempre me invitaba -según su creencia para que me diera suerte- a sobarles la panza. Su colección de objetos "raros" de un continente muy lejano desconocido para mí, llamado Asia, robaba toda mi atención y me sumergían en un viaje de inspección por horas revisando cada objeto e imaginando como sería aquel lugar de procedencia tan extraño.

Su casa era todo un enigma pues siempre había por allí algún rincón inhóspito el cual me divertía mucho inspeccionar. Siempre había cajones que revisar, llenos de tesoros desconocidos que me encantaba encontrar. Las salas de su casa encerraban para mí un misterio, me distraía mucho el revisar todos esos objetos antiguos que conservaban y del cual siempre se desprendía una apasionante historia del pasado donde alguno de mis antepasados había estado involucrado. Viene a mi mente con especial nitidez cuando me mostraba con orgullo y cierta presunción, una mesa de condecoraciones que mi abuelo, - embajador por treinta años de Venezuela - había recibido durante su vida. Muchas veces, me quedaba conversando hasta altas horas de la noche con ella, escuchando extasiada todas estas historias de mis antepasados y viendo por el cristal la historia de cada condecoración.

Con todas estas historias, mi madrina se encargaba de trasmitirme ese espíritu de aventura que ha caracterizado a muchos miembros de mi familia y que ha caracterizado muchas de las experiencias que me ha tocado vivir. Siempre me hacía ver, que la vida había que vivirla de forma arriesgada y divertida y que todos estos miembros de la mía se habían atrevido a lanzarse a la conquista de sus ideales, cualquiera que estos fueran, sin importarles lo que los demás pensaran de ellos o lo que las sociedad o un apellido les había estipulado cumplir. Creo que fue allí, sin darme cuenta, donde aprendí a vivir con pasión por mis ideales de vida y a perseguirlos a toda costa. A dejar huella en el mundo haciendo algo trascendente en la historia personal y en la vida de otras personas.

Al terminar mi estadía en su casa, siempre regresaba a la mía con esa sensación de provenir de una familia de gente "importante", personas que habían hecho algo en la vida, que habían dejado huella. Una familia de antepasados que habían vivido vidas llenas de retos y aventuras, de historias que contar. También sentía que regresaba a una vida muy aburrida, pues en la mía no me encontraba con esos retos y aventuras que tanto me habían apasionado. Muchas veces me quedaba toda la noche pensando en estas emocionantes aventuras, y es que yo quería ser como ellos, yo quería prolongar la historia familiar siendo uno de ellos. Marcando historia, dando de que hablar, pasando por este mundo dejando una verdadera huella en todos aquellos que me conocieran.

Durante toda mi infancia siempre estuvo presente mi hada madrina y con ello, ese espíritu de aventura, a veces rebelde y loco que ella me inculcaba. Muchas veces llegué a sentir unas ansias muy grandes, porque me sentía en mi infancia y adolescencia, como un pájaro atado a una cadena y dentro de una jaula, que deseaba crecer para que lo pudieran soltar. Quería comenzar a emprender el vuelo en búsqueda de mis ideales.

Cuando arribé a la adolescencia y con ello, la hora de entrar en la universidad, me di cuenta que mi hada madrina tenía una extraordinaria virtud: su generosidad. Sin embargo, también comencé a darme cuenta que su rebeldía trascendía otros campos de su vida privada y su personalidad. Esto me desconcertaba un poco, ya que según lo que yo había creído, las hadas madrinas eran perfectas y no entendía el por qué ella era una excepción.

La principal limitación que descubrí en su vida, era el que al parecer no creía en Dios. Vivía con una inmensa rebeldía, haciéndonos creer a todos que no creía en Nuestro Señor.

Aún cuando en su familia y en su propia vida nunca perdió la fe, ni los principios morales, mi hada madrina actuaba como si no quisiera a Dios.

Llegó el momento en mi vida en el que me encontré con Dios. Con ello, comencé a conocer a aquel que siempre había sido para mi un verdadero extraño. Cristo, comenzó a convertirse en mi Señor, en mi amigo, en mi hermano. Y ese conocimiento me llevó a experimentar su amor de una forma muy profunda. Él, pasó de ser un simple líder humano que había partido la historia del mundo en dos, a ser mi verdadero amigo. Al fin, después de tantos años de ceguera espiritual, entendía el por qué había muerto en la cruz, entendía que su amor por mí, lo había llevado a clavarse en ese madero. Cristo, ya no era más para mi, una víctima sin sentido. Comencé a amarlo de forma profunda, de una forma diferente, de una forma única.

Ese amor me llevó a querer seguirlo; pues nadie que experimente su amor, puede quedarse indiferente. Quería ser como Él, pensar como Él, sentir como Él. Quería comunicarle a todo el mundo que Él existía y que únicamente en Él se encontraba la respuesta a todo. Ese amor que había descubierto, era para mí el verdadero secreto de la felicidad terrenal y también, de la eterna. Deseaba pararme en el medio de la autopista más concurrida de Caracas con un cartel que dijera "¿Quieres ser feliz?, yo poseo el secreto".

Todo esto que yo había descubierto, me impedía entender el porqué mi hada madrina estaba tan enojada con Él. No entendía como un ser humano para mí, tan perfecto y generoso, no asistía a misa y profesaba abiertamente el no creer en Dios.

Con el paso del tiempo ese descubrimiento de Dios fue, descongelando mi frialdad y haciéndome entender que en la vida lo material no era lo indispensable y que la felicidad vendría únicamente de conocer a Dios. Que lo más importante era en definitiva, trabajar por el ser, y no por el tener. Para mi, lo que había descubierto era el secreto de la felicidad terrenal y de la eterna; por lo tanto, debía de hacer lo imposible para hacérselo saber a todos y sobre todo, a mi hada madrina que tanto había hecho por mí.

Con el paso del tiempo y mientras mi amor a Dios iba creciendo, me di cuenta que era directamente proporcional como crecía en ella su rencor hacia todos nosotros. Por alguna razón, este amor a Dios que yo estaba descubriendo, me separaba de forma proporcional a mi amada madrina. Con este crecimiento espiritual, ya yo no deseaba hacer las cosas que antes hacíamos. Deseaba ardientemente vivir la caridad y dejar de criticar a aquella que no concordaba conmigo. Mi deseo de ser santa, comenzó a apartarme de ella. Comencé a sentir un profundo rechazo hacia ella por la forma como atacaba y criticaba mi fe.

Las visitas a su casa comenzaron a espaciarse. Ya no me atraían las historias del pasado y el gusto de irla a visitar se convirtió en una pesadilla. Cuando intentaba acercarme para contarle lo hermoso que Dios me estaba haciendo ver y la felicidad que yo estaba descubriendo, acabábamos peleando de forma muy agresiva. Siempre, terminaba gritándome que éramos una "cuerda de fanáticos" y que nos habían hecho un "coco wash" (lavado de cerebro que significa estar siendo manipulados) mientras me invitaba a sobarle a buda su barriga.

A pesar de lo mucho que la quería y de los grandes regalos que siempre me dio en la infancia, sentí que mi madrina era un caso perdido. Me dolía de forma muy profunda el constatar que la mayoría de sus problemas se resolvían si se decidía buscar a Dios. Me llenaba de profunda pena, el ver como su rencor crecía y su aparente "odio" hacia Dios y hacía nosotros eran cada día mayor.

Después que me case y tuve a mi primer hijo, mi felicidad llegó a una completa plenitud. Sin embargo, me dolía mucho no poder compartir esta felicidad con ella, pero sobre todo, el verla tan rebelde, tan llena de rencor y de odio hacia Dios.

Como lo narro al inicio de este libro, nosotros libremente nos ofrecimos para ir a trabajar como misioneros en cualquier parte del mundo donde Él nos necesitara. Comenzaron los preparativos de nuestra partida y un desprendimiento mayor a todo lo que Él nos había regalado. Comenzamos a cambiar el proyecto de vida que habíamos construido juntos en Venezuela, por el plan de Dios.

Mientras tanto, la relación con mi hada madrina era muy mala, distante. Si antes no entendía como podíamos amar a Dios, ahora se le hacía totalmente difícil entender el por qué estábamos yéndonos de misioneros. Hablábamos diferentes idiomas y no lográbamos hacernos entender. Ella, nos tachaba de locos y fanáticos. Recuerdo el día que me dijo que estaba desperdiciando mi vida. Que yo era una niña muy inteligente que tenía una carrera exitosa por delante, que yo tenía todo para ser una excelente ejecutiva exitosa de una trasnacional. Esta incomprensión me causó un gran dolor. Para ella, éramos solo unos jóvenes tontos que habíamos sido robados. Sin voluntad ni poder de decisión.

El día de nuestra partida se acercaba. Mi madrina estaba muy aislada y no quería casi hablarme. Sentía que yo la había traicionado. Una niña como yo, como ella misma decía: "con tanto potencial profesional, con un futuro brillante dedicada a Dios, constituía todo un desperdicio".

La noche antes a mi partida no podía dormir. Pensaba en aquellas contradicciones de la vida. Yo estaba dedicando mi vida, el inicio de mi matrimonio para ser una salvavidas de almas y no podía ser salvavidas de mi propia "hada madrina". Sentía un profundo dolor. Me sentía incomprendida e impotente. Pensaba que mi tía no podría llegar al cielo. Al mismo tiempo me impactaba mucho el pensar todo lo que se había perdido, en toda la felicidad que no había experimentado simplemente por no conocer a Dios. Por no haber dejado que Dios entrara en su vida.

En ese momento comencé a repasar el tiempo perdido. Sentí un gran cargo de conciencia de no haber podido entrar en su corazón. Comencé a cuestionarme si había hecho todo lo posible, si realmente había intentado llevarle a Dios.

El tiempo ya se había agotado. Me iría a la mañana siguiente sin haber podido lograr que mi madrina conociera a Dios. En ese momento, deseaba penetrar su alma con mis propias manos, e introducir dentro de ella el corazón apuñalado de mi Sagrado Corazón. Si Cristo se dejaba amar tan fácilmente entonces ¿por qué no había logrado llevarle a Dios? Me preguntaba cómo me había sido imposible hacerle conocer a aquel al que más amaba en mi vida.

En ese instante me levante por una pluma y un papel. Mirando la oscuridad de la noche, comencé a escribirle una carta de despedida. En ella, le trataba de explicar con mucho amor, el por qué estaba yéndome a Filipinas y porque deseaba amar a Dios. Le decía, que lo único por lo que deseaba ser recordada en este mundo, en mi ausencia y después de mi muerte, era por la santidad de mi vida. Ya no deseaba ser recordada por el éxito profesional que quizás lograría, o por las cosas materiales que adquiriría. Por lo único por lo que deseaba ser recordada era por el amor que iba a ser capaz de entregarle a los demás.

Al final, concluí diciéndole que me dolía profundamente estar dedicando mi vida a Dios, para acercar almas a Él, para darles a conocer su amor, y que no había podido hacerlo con ella. Que siempre cargaría por el resto de mis días esa pena en mi corazón y ofrecería toda mi entrega y trabajo en Filipinas por su conversión.

Por último le hablé del gozo que podríamos experimentar en la eternidad o del horror que podríamos experimentar en el infierno sino nos convertíamos. Que a la hora de nuestro juicio final, no estará nadie para defendernos. Que Cristo nos juzgará con esa mano dura de Padre justo. Que nos pedirá cuentas de aquello que dejamos de hacer. Que en ese momento, no habrá nadie para ayudarnos a responder a sus preguntas. Únicamente estaremos solos frente a Él, juzgados por la vida que llevamos y no por lo que pudimos comprar o la fama que pudimos acumular.

Me despedí diciéndole que la amaba profundamente. Que sabía que pasaría mucho tiempo antes de volverla a ver, pero que quería que supiera que estaba muy agradecida con ella por todo lo que había significado para mí. Luego le dije que sentía mucho el que mi amor por Dios nos hubiera separado de esa manera. Finalicé diciéndole: "Mi madrinita querida, mi gordita, gracias por haber sido mi hada madrina. Ojalá y algún día me concedas el mejor deseo de todos. El único deseo que hubiera querido que me concedieras: deseo que conozcas a Dios, deseo que seas profundamente feliz, deseo que cuando tengas que partir puedas llegar al cielo".

Durante la madrugada siguiente me levanté para partir. Tomé a mi hijo entre los brazos y salimos al estacionamiento. Cuando estaba a punto de montarme en el coche para partir y ver mi gran jardín donde había crecido por última vez, salió mi hada madrina corriendo entre la calle que comunicaba a su casa. Estaba llorando desconsoladamente. Sus ojos estaban hinchados y rojos. Entre el llanto me abrazó y me dijo que me amaba. Casi no podía hablar. Con el mismo amor, yo también la abracé. Le dije que la amaba mucho y que nunca la iba a olvidar.

Salimos al aeropuerto a emprender nuestra gran misión. Aunque ya han pasado casi 20 años de este día, nunca podré olvidarlo. Después de un largo viaje y peripecias, finalmente llegamos a Filipinas. Allí, Iniciamos nuestro trabajo al servicio de la Iglesia Católica Filipina. Nos pusimos a disposición del Cardenal Jaime Sin, Arzobispo de Manila. Nunca supe mucho más de mi hada madrina más que lo que me contaba mi mamá.

Al cabo de un año y medio de estar trabajando en Filipinas, tomamos la decisión de partir a México debido a los problemas graves que había estado experimentando con el diagnóstico final del padecimiento de mi enfermedad.

Llegamos a México y al cabo de un año nos vino a visitar mi hada madrina. En esos momentos, no puedo decir que noté una conversión radical. Había en ella cierto cambio. Se denotaba más plácida, menos rebelde. Más tranquila. Mi hada madrina estuvo en la casa con nosotros por espacio de dos meses. Ella no me preguntaba mucho sobre nuestro trabajo, pero tampoco lo criticaba. Se quedaba allí, en mi casa tranquila leyendo, tejiendo, viendo televisión. Había "algo" que no sabía explicar.

Una noche la encontré llorando frente a la televisión. Lady Di, la princesa de Inglaterra había muerto. En ese momento aproveche para hablarle del tiempo y la eternidad. De cómo la fe debe ser nuestro único apoyo en la vida. De lo mucho que no importa acumular cosas si a la hora final y ante los ojos de Dios solo importará lo que hayas decidido hacer por Cristo y por tus hermanos los hombres. Luego, le hablé de lo mucho que Cristo puede llenar tu vida y de cómo solo depende de que le digamos que si. De cómo la felicidad está únicamente en el interior de cada ser humano, en el interior de nosotros mismos, no en el exterior.

Por último le conversé un poco del sentido de la muerte a nivel espiritual mientras ella lloraba a mares viendo el entierro de Lady Di. Le dije que la muerte debe ser fuente de alegría. Pues si realmente tenemos fe, debemos estar seguros que es el encuentro definitivo y final con Nuestro Señor. Le dije que si teníamos una buena vida en el Señor, gozaríamos de la felicidad eterna y que eso todo lo valía. "Mía (como cariñosamente la llamábamos), no solo serás feliz aquí, sino que además gozarás de la vida eterna. La muerte, para nosotros los cristianos, deber ser motivo de alegría". Por último, le comenté que realmente vivimos prestados a diario, que el mundo y su materialismo, no nos permiten darnos cuenta que es Dios, y únicamente Dios quien decide si vivimos o morimos, y que como dice el evangelio, siempre tenemos que tener las alforjas llenas y preparadas para ese viaje.

Ella no decía ni media palabra, solo lo que tenía que ver con las circunstancias del accidente y algunas hipótesis que ella ya manejaba. Estaba profundamente conmovida por la muerte de Lady Di, no sé si mis palabras estaban llegando a su alma.

Después de estos meses, mi Mía partió para Venezuela. Al cabo de un tiempo, mi madrinita comenzó a escribirme con más frecuencia. Me decía siempre que cuando le hacíamos mucha falta, ella miraba al cielo y veía tres estrellas juntas. Que eso éramos nosotros para ella, unas estrellas que estaban volando muy alto, que con su vuelo, animaban a la gente a luchar por ideales más altivos alumbrando la vida de otros. Que nosotros éramos unas estrellas.

Un día recibí una pequeña llamada. Le tendrían que operar de un tumor. La llamada me tomó por sorpresa. Le dije que no se preocupara, que seguro pasaría como la otra vez que habían tenido que operarla de lo mismo. No sería nada importante.

Al cabo de varios días la noticia fue devastadora. Mi madrina tenía cáncer. Esta vez, no se había salvado de la noticia y del irremediable futuro que le esperaba.

Mi querida madrina fue tratada para el cáncer. Sufrió todo lo que un enfermo de cáncer tiene que sufrir. Se le calló el pelo, se adelgazó muchos kilos, vómito sin parar.

En contraste a este gran sufrimiento humano, mi querida madrina decidió abrirle su corazón a Dios a partir de la experiencia del dolor. Ella inicio un proceso de conversión, donde comenzó a encontrarse con Dios y con ella misma. A pesar del sufrimiento que comenzó a experimentar en carne propia, el amor de Cristo crucificado la bañó y abrazó por completo en este trance difícil de su vida.

Al fin, mi hada madrina me estaba concediendo mi deseo, encontrarse con Dios. Al percibir la grandeza de su alma que aquellas líneas reflejaban, me terminé de dar cuenta de la gran formación que ella tenía, el cimiento de sus bases morales y la gran fe que le habían inculcado. Simplemente, había estado perdida durante toda su vida. En algún lugar de su juventud se extravió.

Las cartas iban y venían. Viene a mi mente una en especial, donde le platicaba a mi gordita que los sufrimientos son regalos de Dios y que en definitiva, cuando Dios nos manda una enfermedad nos está escogiendo para darnos un verdadero regalo que es el poder acercar almas a Dios con verdadera eficacia al ofrecer todo nuestro dolor. Ella me respondió esta carta con unos hermosos dibujos para mi hijo que hacía representándonos a nosotros y entre ellos me contó que después de 40 años se había confesado. Me comentaba lo feliz que estaba y lo hermoso que había sido encontrarse con Dios después de tanto tiempo de haber estado perdida y extraviada.

El gozo que sentí después de haberme enterado que se había confesado fue algo que no puedo explicar. Eso valía todo lo que había vivido y sufrido en nombre de Dios. Si Él me llamaba a su lado, ya tendría algo concreto que llevarle en mis manos: la conversión de mi madrina, la conversión de mi hada madrina.

Al cabo de unos meses nació como narro en el capítulo anterior Andy. Mi Mía vino a conocerla cuando apenas era un bebé. Le habían dado un receso en su tratamiento para el cáncer. Todo marchaba bien, demasiado bien. Al llegar a México no lo podía creer. Cuando salió mi madrina del túnel del avión vi a un completo cadáver. Pesaba casi 40 kilos menos, su cara estaba totalmente demacrada y su pelo escaseaba. Caminaba con lentitud y dificultad. Parece que perdió físicamente un kilo por cada año que duro separada de Nuestro Señor.

Llegamos a la casa y su cara irradiaba felicidad. Al fin podía estar con sus amores, como ella cariñosamente nos llamaba. Pasamos unos hermosos días con mi madrina. Ella, acompañaba a mis pequeños hijos mientras me iba a trabajar. Se la pasaba tranquila en la casa, rezando, leyendo, haciendo las tareas con mi hijo. No se quejaba de nada, más bien estaba siempre agradecida con nosotros por la oportunidad que le dábamos de poder compartir con ella nuestra vida familiar.

La fecha de partida de mi Mía ya estaba pautada. Le pedí que se quedara más tiempo, pero con una sonrisa en su mirada y su dulce voz me dijo: "mi amor, mi niña linda, no puedo quedarme más porque tengo que ir a aplicarme la segunda fase de mi tratamiento". Tengo el tiempo contado.

El día de su partida llegó. La fuimos a dejar al aeropuerto. Nos despedimos entre lágrimas en los ojos. Le di las gracias por su conversión y por el hermoso tiempo vivido. Le supliqué que por favor se recuperara rápido para que volviera a nuestro lado. Ella, con una sonrisa y unas resignadas palabras me dijo que si, que no me preocupara. Su voz no le salía del dolor. Justo antes de entrar en la aduana, se volteó a despedirse de mí a lo lejos. Levantó su mano y con los ojos llorosos y una hermosa mirada me dijo: "Te quiero" llevándose la mano al pecho.

Partimos del aeropuerto rápidamente. No podía parar de llorar, al igual que no logro hacerlo cuando escribo estas líneas. Esta escena la recuerdo como si hubiera sido ayer. Tan nítidamente. Carlos mi esposo me decía que por qué lloraba, que tenía que estar feliz porque mi madrina había encontrado a Dios. Le decía que era una mezcla de emociones, que estaba feliz por su conversión pero que sentía que nunca más la volvería a ver. Carlos se quedó mirándome a los ojos y me dijo: "gorda, yo también siento lo mismo, creo que es la última vez que veremos a la madrina". Esta fue la despedida final.

Durante todo el camino de vuelta a casa, estuvimos recordando su forma de ser tan generosa y a la vez rebelde. Dios la había transformado desde el fondo de su corazón. Ahora, era ella la que, con su vida y con su testimonio entraba a mi alma para agradecerle a Dios su infinita bondad. Recuerdo la noche antes de irme a Filipinas y la sensación humana de que ella era un caso perdido. Lloraba a mares recordando su carita diciéndome adiós y mi falta de fe al no creer que Dios era capaz de darle otra oportunidad. Que para Dios nunca es tarde. Que somos nosotros los que por falta de fe, clasificamos a las almas como "casos perdidos" y con estos juicios y clasificaciones humanas, les estamos robando esa mirada de misericordia de Dios y la posibilidad de que la gracia obre y haga milagros.

Pasaron algunos días cuando volví a recibir una nueva llamada. A mi hada madrina se le había esparcido el cáncer por todo el cuerpo. En tan solo unos meses, los tumores se habían regenerado muchas veces más grandes en tamaño y peligrosidad que el anterior.

La operaron de emergencia. Hablé con ella ese día. Estaba tan serena. Mi mamá me contó que cuando le dieron el diagnostico del cáncer le dijo: "hermanita, tengo mucho miedo". Mi mamá la abrazó y le dijo: "Hermana, todos tenemos mucho miedo, pero el miedo proviene de nosotros mismos. Dios te ama tanto y te comprende tanto, que está dándote la oportunidad de que te prepares para este viaje, el más bello y maravilloso que harás. Siempre hemos disfrutado los viajes que hemos hecho, preparando la ropa, los regalos que llevaremos, lo que traeremos. Con la misma alegría prepararemos tu viaje, con esa alegría de que serás eternamente feliz. Ahora tenemos nosotros como regalo este tiempo de preparación que el Señor, en su infinita misericordia te quiere dar y nos quiere dar. Ofrécele a Jesús todos tus temores y dolores, como también lo haremos todos nosotros que nos prepararemos contigo. Recuerdo hermanita como un día tú me tomaste la mano con fuerza y seguridad cuando nos encontramos perdidas en una noche de nieve en Washington. Tuvimos que caminar muchas horas. Yo tenía 10 años. Tú tenías 12. Yo perdía la fuerza y el frío me debilitaba. Tú, con la fuerza del amor me ibas diciendo todo el camino – hermana, un poquito más que ya estamos llegando-. Y así me llevaste hasta que logramos llegar a salvo."

Luego de esto, mi mamá le tomó la mano y le dijo: "Este es el mismo viaje hermana que ahora debemos preparar. Aquí en la tierra hace mucho frío, pero falta poco para llegar a la verdadera felicidad, la eterna, la que nunca acabará. Tú y yo recorreremos de nuevo este camino juntas. Tu mano sobre la mía. Prepararemos tu maleta, pero esta vez la llenaremos con alabanzas, con bendiciones, con acciones de gracia, con oraciones y con sacrificios. Con dolores e incomodidades. La llenaremos de gozo y alegría de todo lo que nos tocará vivir, para cuando te vayas a montar en ese avión que te llevará a tu último viaje al cielo, tendrás un boleto de primera y tu visado ya sellado. Solo debes entregarte en las manos amorosas de María Santísima. Recuerda que somos hijas de María, viviremos en su compañía lo que nos toque vivir, tu en primera persona y yo a tu lado".

Los preparativos del viaje no fueron fáciles para ninguno de nosotros. Cada quien vivió su cuota de sacrificios. Mi familia en Caracas viéndola sufrir, con un infierno de dolor y de angustias humanas. En México estuve sin poder acompañarlos y apoyarlos. Ofreciendo el dolor que me causaba el no poder estar con ella. Pidiéndole a Dios para que todo fuera en paz.

Ella me llamaba de vez en cuando. Sin embargo, me tuvieron escondida la gravedad de su situación. Mi corazón no estaba muy bien y mi salud había empeorado. Mi esposo quiso ahorrarme la angustia de su calvario para que mi salud no empeorara más. Solo me enteraba de las noticias de forma matizada; sin embargo, sabía que mi hada madrina estaba muriendo a esta vida y comenzando a nacer a la vida eterna. Sabía que estaba partiendo a la casa del Padre.

Un día en la noche recibí otra llamada. Escuche una pequeña vocecita que estaba ya a punto de apagarse. Me dijo: "Mi muchachita, solo llamo para despedirme de ti. Yo estoy bien, en paz, no quiero que te preocupes por mí. No llores mi amor. Estoy feliz. Te amo mucho. Cuida a mi Carlitos, a mi Nano y a mi pelusita (como cariñosamente le decía a Andrea). Ahora es a ti a la que te tocará ver al cielo y cuando encuentres la estrella más brillante, debe recordarte que yo que estaré desde el cielo velando por ti y orgullosa de lo que son. Te amo mi amor. Gracias por haberme ayudado a encontrar a Dios. Los quiero mis amores".

Después de esto, mi cuñado tomó el teléfono y me dijo que ella estaba agonizando y que había suplicado hablar conmigo. Que desde hace un tiempo solo pedía poder despedirse de mí.

Colgué el teléfono y no paré de llorar. La voz no me salía. Me encontraba sola en mi casa, sin amigas y sin nadie a quien llamar y con quien compartir esa pena tan grande. Deseaba estar a su lado para abrazarla y decirle lo mucho que la amaba. Mi salud me impedía estar allí. Así que recordé que estábamos unidas por el Sagrario y que el no poder estar allí constituía solo un pequeño impedimento ante la maravilla de poder encontrarnos en el cielo.

Mi hada madrina murió en santa paz. Ella tomó su rosario desde el día que la diagnosticaron y nunca lo dejó hasta que cerró sus ojos a este mundo y los abrió a la eternidad.

Unos días antes de morir, fue un sacerdote quien la confesó de nuevo y le dio la Unción de los enfermos. Ella estaba plenamente lúcida. Ganó la indulgencia plenaria porque estábamos en año santo. A los pocos días se fue al cielo. Mi nanita que tiene más de 30 años de conocernos, estuvo con ella en su momento final al igual que mi papá. Dicen que murió con una gran paz, se quedó dormida en sus brazos. Su cara irradiaba una gran paz y felicidad. Al día siguiente de su muerte, mi mamá volvió a ganar la indulgencia plenaria por ella. No nos quedaba duda alguna de que estaba ya en el cielo con Nuestro Señor.

Mi cuñada hizo unas tarjetitas de la Virgen con un pequeño texto de San Agustín que decía: "Cuando tenga que dejarte por un corto tiempo, no te abraces a tu pena a través de los años. Al contrario, vive tu vida con alegría y en mi memoria comienza con más fuerza. Recuerda que yo estaré esperándote en el cielo".

Mi hada madrina llenó su maleta y entró al cielo por la puerta del amor. Reparó en sus últimos momentos lo que tuvo que reparar y todos en la familia estamos seguros que Jesús fue fiel a sus promesas.

Aprendí una gran lección de amor de Dios que en esta oportunidad estaba centrada en la conversión, la esperanza y la misericordia de Dios. Cuando creía que todo estaba perdido mi querida hada madrina inicio ese camino de su conversión. A veces nuestra fe es tan pequeña que pensamos que todo esta perdido y no nos damos cuenta que Dios es omnipotente, Señor de todas las cosas y que para Él, nada es imposible, incluso hasta la conversión del más rebelde.

La llamada a la conversión no solo de mi madrina, sino de cualquier persona es una llamada a salir, a distanciarse, a desapegarse del propio yo, para ponernos en un camino de acercamiento, de dialogo con Dios. Pero que importante es tener el alma abierta para que esa gracia pueda penetrarnos, iluminarnos la razón e inflarnos el corazón con su paz. Y de igual forma, que importante es que no nos cerremos a dar por perdida a una persona. Pues, para Dios, no hay imposibles. Somos nosotros los que etiquetamos de "imposibles" a otras personas. Y si hacemos eso, los estamos condenando. Estamos robándole la oportunidad, de que la gracia los transforme.

Mi madrina sintió un llamado de Dios a cambiar. Desde lo más profundo de su corazón ella reconoció ese mal no solo del mundo, sino del interior de su corazón y se cuestionó que tanto tenía que ver ella con ese mal existente. Ella experimentó la mano de Dios misericordiosa y de perdón, su conversión siempre apuntó a Jesucristo, la llevó y la condujo a Él.

Aprendí que lo que puede mover a una persona a cambiar no es el pecado en si mismo sino la esperanza de encontrar en Cristo, la salvación. Aprendí que, muchas veces la gente no se convierte porque nosotros los damos por perdidos. Que somos nosotros los que no somos perseverantes cuando se trata de la conversión de una persona. Nos gusta el camino fácil, nos gusta no incomodar. Nos gusta "respetar".

La conversión de mi hada madrina no se debió únicamente y en exclusiva a la carta que le dejé el día de mi partida a Filipinas. Su conversión se debió únicamente a la misericordia de Dios que siempre está allí esperándo para amarnos, para perdonarnos, para consolarnos sin importar aquello de lo que hemos sido capaces de hacer. Él siempre estuvo esperando por ella, así como estará esperando por tantos otros que nos rodean. Quizás, como está esperando por ti. Únicamente necesita de alguien que lo ayude a acercar a esa alma a su corazón. O simplemente que esa alma decida abrir su corazón.

La conversión de mi madrina fue producto de un hermoso trabajo en equipo, donde Dios fue el motor y nosotros su equipo. Yo rezando por ella y ofreciendo todos mis sacrificios y entrega a Dios. Arrancándole gracias para su conversión. Mi familia con su testimonio de paciencia, soportando sus ataques, sus agresiones, su rebeldía, sus oraciones con amor. Todos trabajamos en conjunto para que ella se encontrara con Dios.

No pude ir a su entierro por razones de salud. Sin embargo, mi fe me reconforta al saber que algún día me encontraré con ella en el cielo. Sé que esto es solo una separación momentánea y que cuando me toque a mi preparar la maleta para mi viaje, ella estará al lado mío como lo estuvo alguna vez al lado de mi mamá para darme la mano y llevarme a mi encuentro con Dios.

Otra lección de amor de Dios que recibí este día es lo que realmente significa la confesión. Bien llamado sacramento de la reconciliación. Mi madrina no solo se reconcilió con Dios, sino con la Iglesia y con ella misma. Esto fue lo que le permitió morir en dignidad, en plena felicidad, con completo convencimiento de que esto le permitiría encontrarse en el cielo con Dios.

La paz es un don que Dios Padre nos regala a través del Espíritu Santo. Es un regalo que a diario podemos recibir si le abrimos nuestro corazón de par en par y se lo pedimos con la profunda confianza de que Él todo lo puede remediar y consolar. Pero no solo necesitamos tener confianza en Dios, sino estar reconciliados con Dios, con nosotros mismos y con los demás. Esta es la condición necesaria para vivir en paz en medio de las tribulaciones. Estar reconciliadas con nuestras propias heridas. Con aquello que nos dolió de nuestro pasado, de nuestra propia historia personal. Estar reconciliados con los demás. Para que finalmente, podamos estar reconciliados con Dios.

Para Dios siempre hay oportunidad de cambiar. Como siempre digo, a Dios no le importa mucho lo que hayas sido ayer, incluso, lo que hayas sido esta mañana. A Dios solo le importa lo que serás a partir de mañana si decides encontrarte con Él. Solo le importa lo que es capaz de hacer a través de ti si decides entregarle tu vida. Estoy segura que Dios tomó en cuenta las intenciones de mi madrina en sus ultimas momentos y no tanto la rebeldía que vivió durante toda su vida. Estoy segura que Él, supo purificar su corazón a través de la vivencia de su enfermedad.

Todo este ejemplo de conversión, me ha motivado a amar en profundidad y a valorar más el sacramento de la confesión. Para mi, es un momento hermoso donde arrodillada no solo le pido perdón a mi Señor, sino que constituye un verdadero encuentro donde una y otra vez renueva mi intención de ser mejor y me da las fuerzas y las gracias necesarias para salir adelante a luchar por mi ideal de santidad. Y cuánto valora Dios lo pronto que buscamos, cuando hemos caído, restaurar esa gracia en nuestros corazones.

La confesión es la medicina para el alma herida. Es como dice el Santo Padre Francisco, el lugar de la misericordia, no el tribunal de justicia. Eso fue para ella la confesión que realizó después de 40 años. Porque Cristo no vino a llamar a los justos sino a los pecadores. A través de la confesión puedo mejorar el conocimiento de mi misma. Es el primer paso para la superación personal y para dejarnos conquistar por aquel que nos creó.

Cuánta humildad le requirió a ella verse una criatura necesitada de Dios, creadas por Dios, y se dio la oportunidad a percibirse de esa manera para auto explorarse y dejar entrar la gracia a pesar de sus años y de sus mañas, se reconoció como debemos reconocernos: débiles, necesitados de Dios, pecadores, incapaces de perseverar en los propósitos que nos planteamos incluso en los buenos y santos propósitos. La confesión significó el desarraigo de sus pecados y faltas. El arma para enfrentar la tibieza y el miedo que su enfermedad le imponía. La llenó de su gracia.

La confesión concede esperanza y alegría, esperanza de mejorar, de llegar a ser santos. Acrecienta la propia dignidad humana, nos hace más mujer, más hombres. Nada nos hace más nobles que arrodillarnos a pedirle perdón a Dios. Santa Teresita del Niño Jesús decía que los niños cuando se caen, no se hieren y se levantan rápido. En cambio, si nosotros nos caemos desde la altura de nuestro orgullo y autosuficiencia, nos golpeamos fuerte y nos cuesta levantarnos porque nos creemos perfectos y no nos reconocemos débiles. Y si no nos reconocemos débiles, pecadores, necesitamos de la gracia de Dios, cómo puede venir el Señor a nuestro auxilio. Cómo dejamos que nos rescate. Cómo podremos experimentar su misericordia y amor, si con nuestra autosuficiencia le decimos "ocúpate de otros que te necesiten más porque yo puedo solo". Por parte mía, prefiero decirle al Señor cada mañana, que me reconozco débil, imperfecta y muy necesitada de su amor. Para que por favor, venga a auxiliarme. A consolarme. A ayudarme con mi debilidad y mi pobreza. Y cuando caigo, no me golpeo duro en mi orgullo, sino que logro levantarme rápido con su auxilio y su amor. El amor, que me expresa cada vez que voy al confesionario.

Con esta lección de amor de Dios, he aprendido a agradecerle el don de la confesión y la conversión. Su amor se manifiesta grandemente en el perdón. Esto es amor del bueno, pues El está dispuesto a perdonarme una y mil veces si yo así lo deseo.

Mi Mía recorrió su camino al cielo con valentía. Entendió que iba camino a su juicio final, que Jesucristo era el juez que se había quedado en la Eucaristía, que me perdona a cada minuto, aquel por quien vivo, por quien lucho, por quien trabajo, por quien renuncio, me esfuerzo y me sacrifico.

Ella, se dio cuenta al final de su vida del amor personal que Cristo sentía por ella. Ella mantuvo en su recta final un hermoso dialogo lleno de confianza y gratitud con Nuestro Señor. Se dio cuenta que aún tenía tiempo para enmendarse. Cristo, hoy, nos ofrece le oportunidad de cambiar.

Mientras mi mamá y mi tío esperaban a solas a que vinieran a buscar a mi hada madrina después que ella falleció, mi tío le comentó: "Hermana, mira como se sonríe". Mi mamá le contestó: "Así es hermano... ¿y quién no sonríe cuando está entrando al cielo?

"La confesión restaura la unidad donde hay división. Derrama luz donde hay oscuridad."

San Juan Pablo II

Capítulo 4

Nadando en lo profundo del mar

En el año de 1999 asistimos a un evento católico en Estados Unidos. Al día siguiente de haber llegado a México, tuvimos que llevar a mi mamá al aeropuerto ya que tenía que regresarse a Caracas. Ella, me había estado cuidando a los niños mientras me había ido de viaje.

Regresamos del aeropuerto a dormir de nuevo. Siento que no lográbamos recuperarnos de tanto agotamiento que habíamos vivido en el evento.

Esa noche, salté de la cama como un resorte. Creo que había estado tanto tiempo con tanta actividad, que mi cuerpo se resistía a descansar. Como a las dos de la mañana me puse a caminar por mi casa. Una vez más, terminé en el oratorio platicando con mi Sagrado Corazón. Luego, abrí la lap top sin pensarlo mucho y escribí el siguiente poema que aparece en la primera página de mi primer libro:

"Señor, nunca apartes el sufrimiento de mi vida,
Fuente de verdadera purificación interior,
Felicidad plena y eterna.
Para que, a través de él,
Muchas almas puedan llegar a ti".

Cerré la computadora y me acosté a dormir con esa extraña sensación que otras veces he sentido: una inmensa paz que llena todo mi ser. Una alegría del alma. Un no se qué.

Fuimos a comer al día siguiente. Carlos iba un poco dormido. Me quité el cinturón para voltear a darle la botella a mi bebita, cuando sentí que estábamos chocando. Salí disparada contra el techo del coche. Fue tan fuerte el golpe que la cabeza se me torció perpendicularmente al techo. Carlos frenó de inmediato, por lo que me fui para adelante hacia la ventana de enfrente y al caer en el asiento de nuevo me golpeé muy fuerte en la espalda.

El coche casi no andaba. En seguida sentí un dolor muy fuerte en la espalda, algo caliente corría por ella. El cuello me dolía mucho. Esto pasó en tan solo unos segundos.

Subí directo a la cama. No aguantaba el dolor en la espalda y en el cuello. A la semana siguiente me tocó irme a trabajar a otro proyecto. Recuerdo que trataba de escribir y no aguantaba el dolor en el cuello. Pasaron los días y el dolor incrementaba en intensidad. Una mañana tuve que irme de la oficina a la casa a descansar. El dolor empeoró, por lo que tuvimos que ir al hospital.

Llegamos al hospital y de inmediato me internaron. El dolor en mi espalda era inaguantable. Comenzaron a hacerme innumerables estudios. Las lágrimas se me salían del dolor. Solo repetía en mi mente el discurso de ofrecimiento que tantas veces atrás he recitado en circunstancias similares: por la fidelidad de todos los sacerdotes y de las vírgenes consagradas. Por mi familia de sangre, para que les concedas las gracias que más necesitan en esos momentos. Por mis hijitos, por que quiero verlos crecer, para que te incluyan en sus vidas y descubran tu plan en sus vidas.

La primera noche, mientras mi esposo se organizaba en la casa, tuve que dormir sola en el hospital. Esta fue una muy dura experiencia, que me hizo sentirme humanamente muy sola, como un animal desamparado. Las pocas personas que conocíamos tenían algún inconveniente personal. Recuerdo que cuando mi esposo se fue a estar con mis niños, me puse a llorar. No era tanto el dolor físico el que me hacía llorar. Era el dolor moral de la soledad. La soledad del dolor, duele a veces mucho más que el dolor físico en sí mismo. Me sentía tan sola. Que difícil es vivir circunstancias adversas lejos de la patria. Solo los que hemos tenido que emigrar, sabemos lo que esto significa. Vivir tus penas sin tu familia extendida, es muy duro.

Esa noche me recordé que por algo Dios permitía las experiencias pasadas y era precisamente para prepararnos por las futuras. De la misma forma como sucedió en Filipinas, me tocaba quedarme sola en el hospital en un país diferente al mío, en un lugar extraño, sin mis seres queridos que me apoyaran y me sostuvieran pero con la profunda compañía del Señor. Me estaba quedando de nuevo "a solas con Dios".

El recordarme la experiencia que había vivido en Filipinas estando en el hospital, me hacía sentir un poco mejor. Me hacía sentir mejor, porque me di cuenta que esto también formaba parte del plan de Dios en mi vida. Él, una vez más, deseaba desarraigarme de todo, quitarme todas mis seguridades humanas para estar cerca de Él. Romper con esas seguridades humanas que son buenas pero el dejarlas ir me hacían sentir la compañía de Dios. Cristo me quería solo para Él. Recordé como Dios siempre me había despojado de mis seguridades humanas, siempre imperfectas y como deseaba que solo aprendiera a confiar en Él, el único sistema seguro que nunca falla.

Luego me acordé de nuevo del fantástico poema que le había escrito a Dios la noche antes del pequeño accidente que me había llevado a estar allí. Luego, comencé a reírme. Una vez más, me di cuenta que parecíamos dos personas: una la que pedía en la oración y otra persona la que se revelaba humanamente hablando cuando Dios concedía lo que en la oración pedía. Comprendí que así es como somos: una parte que viene de Dios, esa parte buena y santa donde hemos sido creados a imagen y semejanza de Dios de donde emanan todas estas buenas intenciones y deseos de estar unidos a Él, a la vida; y esa parte humana que responde impulsada por el pecado original, que se rebela ante el sufrimiento y que es hedonista: huimos del dolor y buscamos todo aquello que nos brinde placer, satisfacción. Y en este combate me encontraba inmersa.

Tomé mi libro de oraciones y comencé a rezar todo lo que no había rezado en mi vida hasta que me quedé dormida en la oscuridad de aquella habitación del hospital, con el timbre de la enfermera en la mano y el rosario en la otra. Humanamente sola, espiritualmente con Dios. Allí en la soledad de mi habitación, decidí guardar todo aquello en mi corazón. En ese silencio del corazón donde le ofrecí todo mi dolor por aquella intención. Creo que me dormí repitiendo: por la fidelidad Señor de tus sacerdotes y de sus vírgenes consagradas.

El dolor físico que experimenté esos días fue bastante grande. La soledad humana también. Pero una vez tengo que reconocer, que Dios es más grande que todo y Él, supo llenar mi vacío humano con su amor. Suena muy fácil decirlo, pero vivirlo es complicado, pues hay que encarnar todo ese sufrimiento en uno mismo. Hay que tener mucha fe, la suficiente para darte cuenta de que todo lo que Él permite en nuestras vidas es por nuestro propio bien. Desarraigarte de lo humano, pero no deshumanizándonos, sino trascendiendo aquello que más nos cuesta, encarnando el amor de Dios en las entrañas, para aferrarte a lo divino. Saber que Cristo es el único y lo único que nunca falla. Lo único que puede sostenernos en momentos como éste. Pero solo si nos vaciamos de nosotros mismos, para llenarnos de su amor.

Gracias a las experiencias vividas en el pasado, pude sobrellevar con un mejor ánimo esta nueva prueba. Una vez más entendí que encarnar el sufrimiento de Cristo, era una maravillosa forma de demostrarle mi amor. Una vez más me preguntó como a Pedro que si lo amaba, y que si mi respuesta era afirmativa debía amarlo con hechos concretos de vida y no solo con palabras hermosas de amor.

Recordé lo que la palabra amor significa y los tres tipos de amor que Dios dentro de su plan en la creación pensó. El amor erótico, que se expresa en griego con la palabra "Eros" y en hebreo con la palabra "Dod" y que es la que vivimos a plenitud en el marco de la sexualidad matrimonial. Y que solo está orientado como una expresión de amor para la unión conyugal.

El amor de amistad que se expresa en griego con la palabra "Filia" y en hebreo con la palabra "Raya" y que es ese amor fraterno que establecemos con los amigos o la familia, incluso también se puede dar en la unión esponsal con una identificación plena con esa alma gemela perfecta.

Por último el amor de comunión, el más pleno de todos que se expresa en griego con la palabra "Ágape" y en hebreo con la palabra "Ahava". Es ese amor donde un matrimonio se hace una sola carne para vivir ese amor de comunión con Dios. Es el amor que nos llama a hacernos una sola carne con la voluntad de Dios en nuestra vida. Es el amor que las almas consagradas y los sacerdotes viven también con su esposo Cristo. Es ese amor donde Cristo nos dice que nos hagamos unos solos con su voluntad, cualquiera que esta sea. La comprendamos en ese momento o no porque de esta manera cumpliendo solo la voluntad de Dios, esa misión con la que nos pensó, es que podremos vivir a plenitud y ser felices.

Hacerse uno solo con la voluntad de Dios en medio del dolor, es el culmen del amor. Es el mismo amor que Cristo expresó en la cruz con la entrega de su vida. Donde se donó a su esposa la iglesia. Como nosotros al unirnos a esa cruz que Dios permite en nuestra vida, estamos también imitando ese ejemplo de Cristo con ese amor de comunión. Entregando y donando como Cristo para que otros encuentren ese inmenso amor de Dios que nos espera siempre, el que nunca abandona, el que consuela profundamente.

En ese pasaje del evangelio donde Cristo le pregunta a Pedro que si lo amaba, Cristo utiliza la palabra "amor de comunión". Pedro le responde que si lo ama, pero usa la palabra que significa "amor filial". Es decir, Pedro no es capaz en ese entonces de responderle al Señor con ese amor de comunión que Cristo le pedía: "Pedro ¿me amas?". Le responde: "te amo como a un amigo" o lo que es lo mismo "te quiero". Pedro en ese momento de dolor no era capaz de responderle a Cristo, "te amo". Y Cristo le pregunta por segunda vez y Pedro le responde de la misma manera. Cristo al final se rebaja al nivel de Pedro y le pregunta por tercera vez "si lo quiere como a un amigo".

Pensaba cómo en el camino espiritual por el que todos pasamos, muchas veces Cristo tiene que "doblarnos" internamente para hacernos crecer. Como, muchas veces le respondemos que si lo amamos, pero "como amigos". Y como no somos capaces de amarlo con ese amor de comunión que Él nos pide. Y que representa el "hazte uno solo con mi voluntad". Como esto cuesta tanto, porque siempre somos capaces de amar a Cristo con ese amor de comunión cuando las cosas salen bien, cuando no estamos a prueba, como nos gusta todo aquello que Él nos propone. Y cuando llega la prueba, como buscamos responderle solo con un "te amo como amigo" y a veces, nos enojamos con Él y hasta lo negamos tres veces.

Cuando iniciamos el camino de purificación interior por la que Dios permite que todos pasemos al menos una vez en nuestra vida, no somos capaces al inicio de responderle a Dios a la medida de como Él lo espera. Porque no hemos madurado en nuestro camino espiritual. Porque no sabemos cómo responderle. Porque no somos capaces de poner en práctica esa fe que a nivel racional manejamos, pero no a nivel experiencial. Cuantas veces sabemos mucho de Cristo, hablamos de Cristo, pero cuando el dolor toca a la puerta no sabemos cómo poner en practica todo aquello que hemos recitado, o incluso aconsejado. Y no somos capaces de responderle a Cristo: "te amamos" y me hago una sola con tu voluntad Señor, sino un solo "te quiero como amigo".

Qué ejemplo tan grande encontramos en Pedro, nuestro primer Papa. El que no es capaz en muchos momentos del evangelio de responderle a Cristo a la altura de su amor. Lo llama al inicio del evangelio a ser pescador de hombres y Pedro, emocionado deja las redes de inmediato, sin pensarlo un segundo. Luego, lo ve hacer milagros: el de la multiplicación de los panes, resucita a la niña. Incluso lo ve hacer milagros en "privado" es decir, con él y con pocos apóstoles.

Lo escucha hablar en la sinagoga y se queda "perplejo" por tanta sabiduría vs sus vestiduras y su apariencia humilde. Escucha extasiado sus enseñanzas caminando por todos los pueblos, en las comidas y el verde de los campos. En las lecciones y las metáforas por las que les enseñaba y predicaba. Su corazón y su mente se dan cuenta que está ante algo especial, ante alguien especial. Y se emociona con ser copartícipe de esa misión. Ve como la multitud lo quiere. Como lo siguen con sus milagros, sus pocas pero sencillas y profundas palabras. Pero sobre todo, con su testimonio tan diferente a lo que todo el mundo estaba acostumbrado. Luego, lo ve caminar sobre las aguas y le dice: "no se espanten, soy yo". Y Pedro no se espanta. Creo que si hubiera sido yo, me hubiera muerto del infarto a estas alturas del evangelio. Cuantas cosas tan fuera de lo normal, tan excepcionales pero a la vez tan sencillas. Luego, para colmo lo ve expulsar a demonios, obrar milagros y hacer curaciones. Lo acompaña día y noche.

Y ya terminando el evangelio; es decir, a casi tres años de compartir esa compañía especial de Cristo, Él le anuncia su pasión y su resurrección. Le confirma a Cristo que tiene muy claro que es el Cristo, no el profeta Elías, no Juan el Bautista encarnado. Sino Cristo. Y Cristo al confirmar que Pedro tiene claro quién es Él, le anuncia que será la piedra de su Iglesia. Que fundará su Iglesia sobre él por su solidez como "roca" quizás, porque ya pensaba que él había comprendido todas las enseñanzas que les había dado ese tiempo.

Cuando pienso e intento ponerme en las sandalias de Pedro, a estas alturas del evangelio me hubiera desmayado de la emoción. Después de tanto caminar, ir y venir y no haber muerto de un infarto ante todo lo que Cristo me había hecho ver y vivir, ahora se consumaba toda esta historia de amor: seré la primera piedra de su Iglesia. La que le traerá a tanta gente la salvación. La Iglesia del Mesías que tanto habían anunciado los profetas. Creo que no hubiera dormido de la emoción. De sentirte parte del gran proyecto de salvación de la humanidad; pero no como cualquiera, sino como piedra angular de esa Iglesia.

Pero nada es perfecto y a pesar de esta certeza Pedro se revela ante el anuncio del Señor de que iba a morir. Y Jesús lo llama aparte y lo reprende. El Señor se enoja con su respuesta y lo llama Satanás. ¡Que drama! Que gran drama el que tuvo que sentir el Señor de ver reaccionar así a quien había elegido para ser la piedra de su Iglesia y de Pedro de sentir que sus sueños de grandeza, todo aquello por lo que había caminado tanto, todo lo que había dejado, se esfumaba en un segundo.

Cristo lo lleva al Monte Tabor y se les Transfigura en frente. Otra vez, me hubiera dado un infarto. Les sigue anunciando su pasión y su resurrección y estos todos confundidos no entendían nada. Jesús le anuncia a Pedro que lo negara tres veces y le dice que no lo hará. Se quedan dormirnos en el Huerto de Getsemaní en el peor momento de dolor de Jesús: donde experimentaba un profundo miedo de lo que iba a suceder y donde el demonio lo tentaba toda la noche. Jesús, solo, sudando sangre del pavor que sentía.

Llegan los soldados a aprender a Jesús. Y Pedro al cual imagino con su corpulento tamaño, sus cejas grandes, sus súper ojos y sus grandes manos reacciona con violencia cuando los soldados vienen a aprender a su maestro y le corta la oreja a uno. Jesús lo regaña y arregla lo que hizo sanando la oreja del soldado.

Pedro lo niega y vive un drama durante el Vía Crucis: confusión, dolor, impotencia. Una crisis interior. Jesús muere y Pedro se queda en la tristeza profunda del alma. Quizás, si lo veo como psicóloga podría especular que quizás estuvo muy deprimido. ¿Dónde había quedado todo aquello que el Señor le había dicho? ¿Dónde habían quedado todos esos planes hermosos que Jesús, su maestro le había prometido? ¿Dónde quedan todas esas ilusiones rotas de la primera Iglesia, de ser piedra? De caminar juntos por los pueblos con las sandalias llenas de polvo conquistando los corazones de las personas siendo pescadores de hombres. ¿Dónde quedó la promesa de Cristo cuando lo llamó a dejar las redes? ¿Dónde quedó todo ese caminar juntos durante tres años? Todo roto. Perdido. Incomprendido a la razón. Con el corazón oprimido de dolor. Aquello era un verdadero drama. Además de toda la incomprensión por la que tuvo que haber pasado interiormente, un gran sentimiento de culpa por haberlo negado y no solo una, sino tres veces. A pesar de su amor por el maestro, sentir que lo había dejado solo en el peor momento de su vida.

Comienzan los rumores de su resurrección. Pedro corre al sepulcro pero solo ve los lienzos. Hay una ligera alegría. Una esperanza de que el Señor regresará con él. El que quizás, todo aquello había sido un gran error. Que ese día despertaría y le dirían que el maestro usó su poder y que había regresado para darle una gran lección humana a todos. Ahora se había no solo bajado de la cruz, sino había regresado a fundar la iglesia con la que lo había ilusionado. Que regresaría a su lado para seguir compartiendo tanto.

Cristo aparece entre ellos. Y les deja las instrucciones claras. No lo reconocen al inicio. No creen lo que están viendo. Mateo le introduce las manos en el costado. Él se va para siempre de este mundo, para estar por toda la eternidad con nosotros. Para abrirnos las puertas del cielo. Para pasar a ser el maestro de Pedro y con ello, poder ser también mí maestro, mi Señor. El maestro de todos, al que decida abrirle su corazón a Dios.

Pedro comienza a comprender cuál era realmente su misión. Pero solo en Pentecostés, cuando baja el Espíritu Santo sobre los apóstoles para abrirlos al conocimiento de las escrituras, a la comprensión absoluta de todas las enseñanzas que Jesús le había dado, pero sobre todo para comprender cuál era de ahora en adelante su misión. La misión de fundar la Iglesia para que todos nosotros pudiéramos tener acceso para caminar juntos al cielo. Y allí, ya al final de evangelio, es cuando Pedro comprende todo. Y su interior se vuelve a unificar que esa disgregación interior que produce el dolor que le había ocasionado por no lograr alcanzar a comprender, pero sobre todo a amar, con ese amor de comunión con el que Dios nos pide que amemos.

Que esperanza nos ha dejado San Pedro. En él podemos ver claramente todo lo que significa emprender un camino espiritual desde que Él nos llama y somos unos simples pescadores, hasta llegar a morir al revés crucificado habiendo fundado la Iglesia. Como Pedro se sobrepuso al no comprender nada de lo que el Señor hacía o decía, o peor aún, como se sobrepuso por la fe, a esa disgregación interior que ocurre cuando nos llega un hecho de dolor y Él nos cambia los planes. Cuando el dolor que no se integra en el presente, puede llegar a desintegrarnos en el futuro. Cuando Él cambia lo que pensamos sería el plan ideal con un hecho de dolor en nuestra vida. Lo que creímos en un momento haber interpretado. Ese plan inicial que amamos, pero que de repente un hecho de dolor cambia súbitamente. Y no comprendemos nada.

Una vez leí una anécdota que me encantó de San Francisco de Asís. El estaba en una de sus primeras ermitas con sus primeros monjes. Lo vieron por semanas, hacer y tejer un cesto con profunda dedicación. El cesto estaba a punto de ser terminado. El monje encargado de la cocina, estaba encantado pues el cesto le iba a ser de mucha utilidad en la cocina. Pero de repente, paso algo inesperado. San Francisco después de haber terminado el cesto, lo hecho a la hoguera. El cesto se consumió en pocos segundos. Los monjes no salían de su asombro. Su más cercano colaborador León, le preguntó un poco molesto que por qué había hecho eso. Si le había dedicado tanto tiempo a hacer el cesto, y además, era necesitado en la cocina.

San Francisco le respondió con una profunda lección, que todos los que nos dediquemos a colaborar en la Iglesia, en nuestros apostolados o ministerios, debemos de tomar en cuenta.

"Sí, hermano León—dijo con mucha calma—, el hombre no es grande hasta que se eleva por encima de su obra para no ver más que a Dios. Solamente entonces alcanza toda su talla. Pero esto es difícil, muy difícil. Quemar un cesto de mimbre que ha hecho uno mismo no es nada, ya ves, aunque esté muy bien hecho, pero despegarse de la obra de toda una vida es algo muy distinto. Ese desprendimiento está por encima de las fuerzas humanas. Para seguir un llamamiento de Dios el hombre se da a fondo a una obra. Lo hace apasionadamente y con entusiasmo, eso es bueno y necesario. Sólo el entusiasmo es creador; pero crear algo es también marcarlo con su sello, hacerlo suyo inevitablemente. El servidor de Dios corre entonces su mayor peligro. Esta obra que ha hecho, en la medida en que él se apega, se hace para él el centro del mundo; le pone en un estado de indisponibilidad radical. Será preciso un romperse para arrancarle de ella"[1]

Como decía San Francisco, debemos de ser mas pobres que el leño muerto. Una muy buena manera, es pedirle al Señor, que nos permita ser un cero a la izquierda. Así, puede su

---

1 Eloi Leclerec. Sabiduría de un pobre. Cap. XI. Edit. Marova. Madrid. 1992.

grandeza trabajar mejor por medio de nuestra pequeñez. Y cuando Él obre por medio de nosotros, puedan todos ver solo su rostro, pero un rostro lleno de amor.

A la semana de haber estado internada, me dieron de alta en el hospital. Debía de utilizar el collarín por tres meses y estar en reposo absoluto en cama.

Llegamos a la casa a estar con mis pequeños bebés. Estuve tres meses en cama. Aquí inicié un nuevo proceso de maduración interior y un nuevo periodo de tentaciones fuertes en mi interior.

Me acordé mucho de aquella anécdota del mar. Si nos preguntaran a todos ¿conoces el mar?, diríamos que si. Si nos preguntaran que en dónde conocimos el mar, diríamos que alguna vez nos llevaron a la playa o quizás tuvimos la suerte de esquiar, de nadar, o de pasear en lancha. Algunos recordarán cuando tuvieron el privilegio de pasear en el barco de un amigo o de un familiar, o cuando su suegro los invitó a un crucero. Estoy segura que, cada quien desde su punto de vista recordará algún momento familiar donde pudo conocer el mar. Pero les aseguraría que en verdad no lo conocen. Pues realmente se conoce el mar cuando te sumerges a bucear.

El conocimiento personal así es. Hay que atreverse a nadar en lo profundo del mar, en ese interior tan misterioso y a veces tan desconocido. Pasar de lo que es consciente y nos damos cuenta, a lo que no somos conscientes y no nos damos cuenta.

Dios, en su máxima sabiduría permite las arideces y las consolaciones. No debemos de retroceder ante estas pruebas, sino tomarlas como resortes, como catapultas que nos expulsarán hacia el cielo. Él nos invita a que las dificultades no congelen las ilusiones y las ganas de vivir. No dejar que mi espíritu envejezca por las circunstancias, que las pruebas apaguen la llama del amor y de la vocación a la que hemos sido llamados todos, sin importar nuestro nivel de compromiso o nuestro estado de vida. Pero para ello, debemos de atrevernos a nadar en lo profundo del mar. Para que el amor de Dios, pueda transformarnos en una mejores personas. Para que como dice San Pablo en su carta a los hebreos (3, 7-14) no endurezcamos nuestro corazón.

*"Dios no manda cosas imposibles,
sino que, al mandar te enseña a
que hagas cuanto puedes,
y a que pidas lo que no puedes".*

San Agustín

Capítulo 5
Perseverando en la tormenta

Después de mi convalecencia de tres meses nos preparábamos para otro gran acontecimiento de nosotros los católicos: el Año Santo Jubilar.

Tuve la fortuna de ser invitada de nuevo a participar en la organización de la celebración para un grupo de peregrinos. El comienzo de este año, marcó para nosotros lo que sería un gran año de purificación interior. Al principio, mi humanidad no entendía que estaba sucediendo, pero luego me di cuenta al pasar el tiempo, que era Dios que nos estaba arando la tierra donde luego sembraría la semilla. La semilla de la fe, la misericordia y el perdón.

A principios de año, planifiqué a pesar del trabajo ir a ejercicios espirituales. Una semana en silencio, meditando en Cristo bajo la estructura de los hermosos ejercicios diseñados por San Ignacio. Era justo lo que en ese momento necesitaba.

Llegamos al lugar donde serían con un grupo de amigas. Después de la cena, entramos en silencio. Ese silencio del alma donde Dios puede hablar sin interrupciones. El silencio interior que tanto me gusta.

Al acostarme, comencé a sentir un poco de malestar. A la mitad de la noche, comencé a vomitar. Creo que durante toda la noche, habré vomitado unas catorce veces.

A la mañana siguiente, me despertó la campanada que me avisaba que ya era hora de asistir a la capilla para la misa. Me sentía demasiado débil como para poder pararme a avisar que me sentía mal. Recuerdo que eran tantas las veces que iba al baño a vomitar, que en una de esas me quede sentada medio dormida en el piso del mismo.

A las ocho de la mañana apareció una amiga. Se espantó al ver mi cara y el estado en que me encontraba. De inmediato, procedieron a buscar al doctor del pueblo donde me encontraba. Cuando el doctor llegó, me dijo que tenía un rota virus y que me encontraba en un severo estado de deshidratación. Me sugirió irme al dispensario de inmediato pues podría correr serios riesgos mi salud que ya estaba deteriorada por mi enfermedad.

De inmediato procedimos a bajar al dispensario. Casi no podía caminar. Al llegar, me internaron en una de las habitaciones, la cual era sumamente modesta. Ofrecí todo lo que tuve que vivir. Estuvieron hidratándome toda la noche. Entre el sueño y la debilidad, creía escuchar la voz de Dios recordándome que las pruebas son para algo. Me recordaba mucho otra vez del poema que escribí "Primero, enséñame a sufrir, luego hazme saber el nombre del alma por quien quieres que lo haga" y no paraba de ofrecerlo por la fidelidad de los sacerdotes y de las vírgenes consagradas. Creo que iba a dejar sordo a Dios de tanto repetir este ofrecimiento.

En medio de este sueño, desperté por un piquetazo. Había una enfermera sonriendo al lado mío mientras me cambiaba el suero. Al lado de ella, se encontraba una amiga con una sonrisa. En ese mismo instante, comencé a preguntarle a la enfermera con un tono bajo si ella creía en Dios. La misma se quedó un poco impactada de que estuviera haciéndole esa "imprudente" pregunta. Al ver su cara, le dije que no se preocupara, que no lo hacía para juzgarla, sino que le había prometido a Dios acercar almas a Él a través de la entrega de mi vida.

En ese instante la enfermera comenzó a platicarme de su vida. Me dijo que ella había sido católica muy piadosa, pero que ahora vivía en unión libre con su pareja y sus hijos. En ese instante la interrumpí para preguntarle si la habían bautizado, si había hecho la primera comunión y que si alguna vez se había confesado, a lo que me respondió que si, que todo eso había hecho en el pasado.

Entre mi debilidad y soñolencia, comencé a decirle que ella siempre seguiría siendo católica, que si había sido bautizada siempre lo sería, ya que era un sacramento y que los sacramentos son como huellas indelebles que se impregnan sobre las personas como una marca de vida, que nunca desaparecen. Luego le dije que nunca era tarde para cambiar, que Dios estaba siempre esperando por ella, que tenía que decidirse a acudir a Él, pero que lo primero era poner las cosas en orden: casarse con su pareja y padre de sus hijos para poder tener la bendición de Dios y poder formar un verdadero hogar cristiano. Luego le hablé de la misericordia de Dios. De cómo el pecado, lo malo que hagamos, lo que no hagamos conforme a las enseñanzas y a la ley de Dios, nunca pesa como pesa la misericordia de Dios que siempre está allí esperando. Es infinita como infinito es su amor aunque nuestra humanidad nos haga creer que somos muy limitados. En nuestro núcleo del alma, está el reflejo de Dios en ella. Y por eso, siempre habrá un anhelo a veces hasta inconsciente de estar unidos a Dios.

Ella me dijo que lo iba a pensar, que muchas gracias por mis comentarios. En ese instante me quedé profundamente dormida hasta la mañana siguiente.

Cuando amaneció enseguida le pregunté a la persona que estaba conmigo si lo que había sucedido en la noche era solo producto de mi debilidad y de mi sueño o si había sucedido en verdad. En ese instante me contó, que en la mañana temprano cuando se había terminado la guardia de la enfermera, ella había venido casi en lágrimas y le había dicho: "Dígale que le agradezco mucho sus palabras, que ahora mismo voy decidida a platicar con mi esposo para que nos casemos".

A pesar de mi malestar, no pude ocultar mi felicidad. Como una vez me dijo un sacerdote: "misión cumplida". De allí partimos a la ciudad más cercana en coche. Una amiga fue cargando mi suero en alto durante todo el camino. Casi no podía hablar, espiritualmente me sentía muy llena, humanamente muy mal. Cuánto contraste en un solo cuerpo. Alma vs cuerpo: pero todo en una misma unidad.

Llegamos al aeropuerto y allí estaba mi esposo esperándome. En la aerolínea no querían dejarme abordar, pues no tenía ningún permiso del médico. Mi amiga procedió a quitarme el suero, dejándome el tubito por donde entra el líquido escondido dentro de la chamarra.

Abordamos el avión. Mi esposo estaba muy preocupado. Gracias a unos amigos que le habían regalado los boletos es que pudo irme a buscar. Pues nuestra economía, siempre inestable y corta, no daba para responder a este tipo de emergencias.

Llegamos a México y nos estaba esperando una silla de ruedas y un chofer que me llevaría al hospital donde mi médico de cabecera estaba esperándome. Una vez más amigos nuestros, pequeños angelitos ponían todo a mi disposición para ayudarme. Llegamos a la emergencia del hospital y enseguida mi médico me revisó. Me dijo que, efectivamente había sido un rota virus, me checó mis medicinas y me mandó de reposo a la casa con un tratamiento especial. No entendía a qué pueblo de México me había ido a meter y a enfermar.

Estuve en la casa por espacio de una semana recuperándome del incidente. A las dos semanas, estaba otra vez de vuelta dando la batalla.

Pasó un mes cuando nos preparábamos para las misiones de Semana Santa. Siempre había sido una gran ilusión para nosotros ir de misiones, era lo que, como familia, más nos gustaba hacer. En una plática con una amiga estábamos riéndonos mientras recordábamos las muchas veces que habíamos querido ir de misiones en Semana Santa y siempre nos sucedía algo, algún pequeño "accidente" que no nos permitía ir. Entre risas le decía, que este año ya había tenido suficientes accidentes y que esa semana santa si iríamos a las misiones, a menos que "alguno se rompiera una pata".

Al día siguiente de este comentario, me encontraba en una junta de trabajo en un restaurante, cuando llegó un amigo en común un poco tarde. Se estaba disculpando de su tardanza y nos contaba que, había ido en la mañana muy temprano a jugar tenis con un amigo y que, casualmente, su amigo se había fracturado el tobillo. En eso se volteó a decirme que ese amigo era mi esposo.

No pude disimular mi cara de asombro. No sabía si reírme o llorar. Me sentía culpable por mi comentario del día de ayer. Me repetía el por qué siempre retaba a Dios con mis comentarios. Me recriminaba porque Dios me tomaba siempre al pie de la letra lo que decía y me cumplía mis ofrecimientos en forma de comentarios informales.

Fuimos a la misa inaugural. Carlos iba con sus muletas. Mi amiga al vernos, no lo podía creer y me alentó a cuidar un poco más lo que de mi boca saldría. Me dijo que, lo de nosotros no se resolvía con agua bendita, sino que tenía más bien que rociar mi casa con toda un camión de agua bendita. Nuestras misiones fueron en casa, ofreciendo a Dios el no haber podido ir.

Luego de esto, comenzó el trabajo intenso para la peregrinación a Roma. Con ello el trasnocho, las juntas y mucho trabajo. Estaba más que encantada, pues aunque si era mucho trabajo, me apasionaba trabajar por la celebración del año santo jubilar.

Una tarde, dejé a mis hijos jugando mientras iba a un colegio a cinco minutos de mi casa a recibir toda la publicidad del evento. Estaba admirando lo bien que había quedado la publicidad cuando en ese instante sonó mi celular. Era mi muchacha para decirme que mi pequeña hija Andrea, de tan solo dos años había tenido un accidente en la mano.

Al instante corrí a mi casa. Al llegar me iba desmayando. Andrea tenía el dedo gordo de su mano triturado. El mismo estaba como colgando en pedazos. Mi hijo se había montado en una bicicleta de ejercicios estacionaria y mientras pedaleaba Andrea en un descuido de la muchacha, metió la mano en la cadena de la misma.

Lo más pronto que pude, me monté en el coche para ir al hospital. Al llegar los doctores de turno me dijeron que era un poco grave, que habría que llamar a un cirujano plástico, pues se había cercenado los nervios del dedo.

Estuvimos varias horas en el hospital. Le hicieron radiografías y le cogieron muchos puntos en el dedo. El susto ya había pasado, así que, con la mano inmovilizada de Andrea, nos fuimos a la casa después de haber estado todo el día en el hospital.

Al cabo de una semana, teníamos que llevarla al médico para una revisión. Le comenté al doctor que notaba a Andrea muy apagada. Al quitarle las vendas, vimos que el dedo y parte de la mano estaban negros. Le pregunté al doctor que si era normal, a lo que me dijo que si. Luego le pregunté que si Andrea podría volver a mover el dedo, a lo que me dijo que no sabía, que había que esperar.

Salimos de allí y sentía un muy mal presentimiento. Le comenté a mi marido que quería buscar una segunda opinión. Que había un sexto sentido de mamá que me decía que algo no estaba bien.

Llegamos a la casa y en ese instante me llamó una de mis más queridas amigas que estaba llegando de Estados Unidos y quería saber como estábamos. En ese momento, me le puse a llorar. Le conté lo que estaba pasando. Ella enseguida me dijo que tenía que correr a buscar otra opinión, y que "casualmente" el suegro de su cuñado era uno de los especialistas de manos más conocidos en México.

Al cabo de unos minutos me habló para decirme que el médico me estaba esperando mañana temprano sin falta.

Amaneció y allí estábamos puntuales. El doctor al quitarle el vendaje a Andrea, me dijo que el dedo estaba a punto de necrosarse y que podría perderlo. Nos dijo que la operarían al día siguiente.

Al llegar a la casa llamé a mi mamá y me le puse a llorar. Le pedí que se viniera de inmediato. Sentía que, había vivido tantas cosas durante el año, que necesitaba el apoyo de mi madre. Ya habían sido para mi gusto, demasiados accidentes e idas al hospital. Si hubiera imaginado lo que me esperaba.

A los pocos días le operaron de emergencia. El doctor nos dijo que había podido lograr reconstruirle el dedo, que tenía muchas cortadas y que, de igual forma tenía el dedo fracturado pero que eso no había podido arreglárselo dado que primero debía de enfocarse a la reconstrucción del dedo para que no lo perdiera. Todavía quedaba una pequeña posibilidad de que pudieran amputarle el dedo.

Al salir de hospital con mi pequeña bebé me sentía muy agotada. Pensé que habían sido muchas pruebas durante el año para ahora tener que vivir una en uno de mis hijos. Allí es cuando piensas que prefieres como madre, que todo te pase a ti, en vez de ver a uno de tus hijos sufrir.

Estábamos tan cansados desde el punto de vista humano, que una amiga me sugirió irme a Acapulco durante unos días. Ella me puso a disposición su apartamento para que nos fuéramos a descansar. Como siempre, salían angelitos a ayudarnos para hacernos la carga más ligera con algún tipo de ayuda.

Partimos a Acapulco un poco cansados. Estuvimos allá varios días los cuales dormimos la mayor parte de ellos. Mi mamá se ocupaba de mis hijos mientras Carlos y yo recuperábamos fuerzas. Aunque en el sentido de la fe, no dejamos de ofrecer todo porque estaba cansada, muy cansada.

Regresamos a México a adentrarnos de nuevo en el trabajo. Andrea seguía con su cabestrillo que le protegía todo el dedo. Una tarde, cuando apenas habían pasado quince días de lo de Andrea, mi hijo Laureano llegó del colegio quejándose de un dolor muy fuerte. Mientras trabajaba desde mi escritorio le decía que no se preocupara, que seguro se había pegado un golpe en el colegio, que en unos minutos se le pasaría.

No había pasado una hora cuando mi mamá me dice que mejor llame al doctor, ya que mi hijo se encontraba en la cama retorcido del dolor. Llamé al doctor y me dijo que corriera al hospital. Durante el camino al hospital y mientras mi hijo se retorcía del dolor, nos paró un policía a multarnos, porque al parecer yo había cometido una infracción. En medio de la discusión, me puse a llorar mientras le decía al policía que me dejara llegar al hospital que mirara a mi hijo que ya no aguantaba el dolor.

Llegamos al hospital en un gran apuro. Recuerdo la cara del guardia de seguridad. Me saludo amigablemente mientras me preguntaba: "y ahora que le sucedió señora. Usted no sale de aquí". En tan solo un año había ido infinidad de veces al hospital y el era el policía de turno en urgencias que siempre me había recibido las veces anteriores.

Entramos en la sala de urgencias. Llegó el pediatra de mi hijo y me dijo que había que operarlo de emergencia, que tenía una hernia que estaba a punto de estrangularse. Recuerdo cuando llamé a mi esposo a decirle que se apurara, que nuestro hijo tenía que ser operado en menos de una hora y que no había llevado cartera como dar el adelanto del hospital.

Nuestra economía seguía golpeada y no lograba recuperarse de tantas cuentas del hospital. Así que mi esposo tuvo que llamar a un amigo que generosamente puso su tarjeta de crédito para dar al anticipo que se necesitaba para ingresar a mi hijo al quirófano. Nosotros por ser extranjeros, no contábamos con ninguna tarjeta de crédito mexicana. Pero una vez más, tuvimos a unos ángeles de la guarda que salieron al paso a ayudarnos con este nuevo gasto que se sumaba ya a una larga lista de cuentas de hospitales.

Estuvimos allí sentados en la sala de espera del hospital. No creía que eso estaba sucediendo. En menos de quince días, estaba operando a mis dos hijos en el mismo hospital. Allí me encontraba, en la misma sala, en el mismo lugar. Otra vez "solos con Dios". Viéndonos los dos las caras.

Todo salió con bien. El doctor nos decía que estaba impactado con mi hijo, pues cuando le metieron en el quirófano iba muerto de la risa diciendo que estaba feliz de que lo operaran. Al preguntarle los doctores por qué estaba tan feliz, el dijo que todos los miembros de su familia habían sufrido algo durante ese año y que él, era el único al cual no le había pasado nada. Que ahora, si podía ser como nosotros, ya que ahora si nos había pasado algo a todos y que así nos podíamos parecer más a Cristo.

Cuando se despertó, estaba muy contento. Me dijo que se lo había ofrecido todo a Jesusito y que ahora, sí habíamos sufrido todos algo durante ese año. Recuerdo la cara de la enfermera, la cual estaba un poco en "shock" escuchando aquella conversación tan extraña para un niño de tan solo ocho años.

Estuvimos en la casa varios días con dos convalecientes de una operación. Los dos intentando saltar en el sofá de la tele, mientras yo pegaba gritos de los nervios de que alguno se fuera a hacer daño. Gracias a Dios que mi mamá aún estaba en la casa para apoyarnos.

Nuestra economía no podía estar peor. Era tan austera que todas estas cuentas del hospital nos habían desfalcado. Demasiados gastos juntos. Pudimos salir del hospital esta vez, gracias a que un amigo nos pagó la cuenta del hospital, a cambio de que nosotros se la pagáramos en cuotas como pudiéramos.

No había pasado un mes de la convalecencia de mis hijos cuando me disponía por segunda vez a irme de retiro. Realmente lo necesitaba. Ahora si esperaba que pudiera disfrutar de mi presencia con Dios, de recargar las energía que necesitaba para continuar.

Dos días antes de irme, en un fin de semana, escuchamos un grito de Andrea. Bajamos de inmediato y nos dimos cuenta que el brazo se le había zafado, el codo estaba como de lado. Los gritos de la niña eran inconsolables.

Una vez más, volvimos a correr al hospital. El guardia de seguridad ya no me vio con buena cara, creo que pensó que era una de esas "madres golpeadoras" que hieren a sus hijos a propósito.

Entramos y llamaron a un pediatra. Le hicieron radiografías. Nos comentaron que no tenía fractura, solo había que calzarle de nuevo el brazo. Los gritos de Andrea se escucharon en todo el hospital. Sentía que me iba a desmayar.

Volvimos a la casa y Carlos y yo nos desplomamos. Los dos nos pusimos a llorar de forma desconsolada. No se trataba únicamente de que hubiera o no sido grave, sino de la cantidad de pruebas que habíamos estado viviendo y que nos hacían sentir como "trapos" de Dios. Pagamos la cuenta del hospital esta vez, con el dinero que tenía destinado para pagar mi retiro. Ya no tenía forma de asistir, así que me sentí muy decepcionada. Andrea ya se encontraba recuperada, pero ya yo no tenía forma de ir.

Estando en la noche me entró una llamada. Era una amiga para preguntarme como estaba y el por qué no iba. Le conté lo sucedido. Ella me dijo que me fuera, que me regalaba el boleto. Ese mismo día, me habían hablado para decirme que me fuera, que me conseguían una beca. Increíble, pero Dios me había mandado el frío, pero también la cobija.

A las nueve de la noche hice algunas llamadas. A la mañana siguiente ya estaba en el aeropuerto para irme. Como olvidar, a estos pequeños ángeles del camino.

Llegué al retiro un día después de haber comenzado el mismo. No lo podía creer. Al fin había llegado. Mi felicidad era inmensa.

Al día siguiente de haber llegado, una pequeña tos con la que había llegado se convirtió en toda una bronquitis. Recuerdo que ya no podía dormir sino sentada y no podía parar de toser durante la noche. Hubo una noche que hice crisis, tal era mi desespero que me fui a la sala de la casa a dormir en un sofá sentada.

A la mañana siguiente ya tenía calentura, así que una amiga me comentó que mejor fuera a ver al doctor. Pensaba que las defensas por tanto hospital y accidentes me habían bajado. Era como un mecanismo de defensa del cuerpo, estando en alerta el cuerpo se defendía, pero ya una vez que me había relajado, las defensas bajaron y con ello, surgió la bronquitis.

El doctor ya me conocía de épocas e incidentes anteriores. Al verme me dice: "Señora, pero que le hacemos aquí usted siempre se enferma". A lo que le contesté, que era al contrario, que me gustaba tanto ir allí, que el cuerpo se relajaba y me salían todos los males. El doctor me revisó y me dijo que tenía bronquitis. Me sugirió inyectarme y darme antibióticos.

Al día siguiente me sentía como nueva. La inyección me había sentado de maravilla. Terminé de pasar mi retiro encantada. Finalmente llegó el día de regresarnos. No sabía por qué, pero comencé a sentirme demasiado mal. En el camino de vuelta, casi no hablaba, el cuerpo me temblaba y me sentía muy mareada.

Al verme llegar en ese estado, mi esposo se asustó demasiado. Me dijo que tenía cara de cadáver. Estaba muy demacrada. De inmediato fuimos a mi médico de cabecera. Al contarle le que me habían inyectado, me dijo que lo que tenía era un choque "anafiláctico" entre medicinas, ya que lo que me habían inyectado chocaba con las medicinas que tomaba para mi enfermedad.

Pasaron varios días otra vez antes de sentirme recuperada. Ya no podía creer que tantas cosas nos sucedieran. La verdad, es que no eran cosas tan extraordinarias, sino normales dentro de la vida de una familia, pero que, si las sumábamos todas dentro de un mismo año, su frecuencia era lo que las hacía fuera de lo común.

Después de esto, solo deseaba que el Año Santo terminara. Entendía a nivel espiritual lo que aquellas pruebas significaban, pero mi humanidad ya estaba cansada de tantas pruebas que me hacían sentir como títere de Dios. Recuerdo siempre parada ante mi oratorio donde tengo un Sagrado Corazón peleando con Él. Recuerdo muchas madrugadas sentada en frente a Él, llorando de cansancio. Le pedía a Dios, que tuviera misericordia de nosotros. Que yo ya estaba cansada y necesitaba un gran apapacho para poder continuar. No eran las pruebas en si mismas, sino lo tupido de las mismas.

Él, siempre me daba la misma respuesta. Me mostraba su corazón sangrante con su mano estirada. Me decía que de qué me quejaba, que viera como había quedado su corazón. Que Él, si había sufrido de verdad, en cambio yo me quejaba ante nada. Que necesitaba purificar mi interior. Y yo pensaba: "Tan pecadora soy que necesito tantas pruebas".

Después de estas largas discusiones con mi Señor, me quedaba la misma sensación. Aquellos sufrimientos que me causaban estas pequeñas pruebas, no eran nada ante el gran sufrimiento que mi Señor sufrió en la cruz. Siempre que lo veía llegaba a la misma conclusión: "Mercedes, de qué te quejas. Mira a Cristo crucificado y dime si tu sufrimiento es mayor que el de Él". Y la respuesta era siempre la misma. Cristo no me dijo "toma tu cruz y sígueme" y se sentó a verme cargar mi cruz, sino que tomó su cruz y caminó delante de mi para mostrarme como se carga esa cruz y como se sufre.

Recuerdo una vez, después de este accidente, que llegué molesta a mi oratorio. Me paré en frente a Él y le dije: "Sabes, en las páginas amarillas encontrarás de seguro a otros Gutiérrez a quien podrás darle lata y probar su fe. Estoy cansada de tus pruebas y de ir al hospital. Mi turno se acabó".

Contaba los días para que el Año Santo acabara. Por alguna extraña razón asociaba tantas pruebas e idas al hospital con el hecho de que estuviéramos viviendo un Año Santo. A los pocos días de haberle dicho a Dios que se buscara otra Gutiérrez a quien querer sonó mi celular mientras me encontraba trabajando. Era del preescolar de Andrea para decirme que se había caído y que tenía que llevarla al hospital.

Salí de la oficina corriendo y al llegar al colegio me encontré a mi bebé llorando con la cara llena de sangre. Corrí al hospital lo más rápido que pude. Gracias a Dios que el guardia no era el mismo que había estado de turno las demás veces que había ido al hospital durante todo el año. Pues creo que, estuviera ahora detenida por sospechas de posible "abuso infantil".

Entré a urgencias al mismo cubículo que entré cuando le calzaron del brazo. Me dijo el cirujano plástico que tendrían que coserle la barbilla. Recuerdo que salí al estacionamiento a llamar a Carlos para decirle, una vez más, que se viniera al hospital para pagar el depósito del mismo. El pobre no me lo creía. Después de colgar no pude aguantar más y en medio del estacionamiento me puse a llorar sin parar. Recuerdo que mi llanto era desconsolado. Sabía que, la cortada era una tontería, pero ya era como la sexta vez que pisaba el hospital en el mismo año. Mis fuerzas humanas ya se habían acabado. Mi paciencia no existía y la economía no podía estar peor.

Llegó Carlos y ayudo a amarrar a Andrea mientras la cosían. Fueron en total siete puntos en la barbilla. No podía escuchar un llanto más de mi pequeña hija. Para mí, había sido suficiente.

Salimos de allí en silencio. Ya no había nada más que decir. Estábamos anonadados de que por décima novena vez hubiéramos pisado de nuevo el hospital.

Llegamos a la casa y ya no hablábamos entre nosotros. Había un inmenso silencio. Recuerdo que no nos calentaba ni el sol. Debo confesar que, mis fuerzas humanas estaban totalmente agotadas. Mi fe no afloraba con nada. Creo que la había puesto en práctica tantas veces durante el año que sentía que la había gastado por completo. Aquello era como estar en el desierto.

Para colmo de males, mi salud estaba a punto de colapsar. Estaba totalmente desbalanceada y a cada instante me tenían que inyectar para que me sintiera mejor.

Todo este cuadro humano me hacía sentir que no valía nada la pena vivir entregados a Dios. Estaba humanamente desgastada, económicamente quebrada, espiritualmente seca y además, muy mal de salud. La entrega a Cristo, había perdido todo el romanticismo del inicio. Era como si la relación de novios con Dios hubiera sido increíble y ahora que habíamos pasado a ser esposos con Dios, ese amor del principio se había esfumado.

En esos momentos humanos tan difíciles, recibí un hermoso correo de un amigo que tenía como título "Aguanta un poco más" de autor anónimo y que decía lo siguiente:

"Se cuenta que alguna vez, en Inglaterra, existía una pareja que gustaba de visitar las pequeñas tiendas del centro de Londres. Una de sus tiendas favoritas era una donde vendían vajillas antiguas. En una de sus visitas a la tienda, vieron una hermosa tacita...

¿Me permite ver esa taza? —preguntó la señora. ¡Nunca he visto algo tan fino como eso!

En cuanto tuvo en sus manos la taza, escuchó que la tacita comenzaba a hablar:

¡Usted no entiende! —dijo la tacita. Yo no siempre he sido esta taza que usted está sosteniendo. Hace mucho tiempo yo sólo era un montón de barro amorfo. Mi creador me tomó entre sus manos y me golpeó y me amoldó cariñosamente. Llegó un momento en que me desesperé y le grité: "¡Por favor... ya déjame en paz!". Pero mi amo sólo me sonrió y me dijo: "Aguanta un poco más, todavía no es tiempo". Después me puso en un horno. ¡Yo nunca había sentido tanto calor! Me pregunté por qué mi amo querría quemarme, así que toqué la puerta del horno. A través de la ventana del horno pude leer los labios de mi amo que decían: "Aguanta un poco más... todavía no es tiempo".

Finalmente abrió la puerta. Mi amo me tomó y me puso en una repisa para que me enfriara. "Así está mucho mejor", me dije a mí misma. Pero apenas me había refrescado cuando mi creador ya me estaba cepillando y pintándome. El olor de la pintura era horrible... ¡Sentía que me ahogaría! "¡Por favor detente!", le gritaba yo a mi amo; pero él sólo movía la cabeza haciendo un gesto negativo y decía: "<u>Aguanta un poco más; todavía no es tiempo</u>". Al fin mi amo dejó de pintarme, pero esta vez me tomó y me metió nuevamente al horno. ¡No era un horno como el primero, sino que era mucho más caliente! Ahora sí estaba segura de que me sofocaría. Le rogué y le imploré a mi amo que me sacara. Grité, lloré. Pero mi creador sólo me miraba diciendo<u>: "Aguanta un poco más; todavía no es tiempo</u>".

En ese momento me di cuenta de que no había esperanza. ¡Nunca lograría sobrevivir a ese horno! Justo cuando estuve a punto de darme por vencida, se abrió la puerta y mi amo me tomó cariñosamente y me puso en una repisa que era aún más alta que la primera. Allí me dejó un momento para que me refrescara. Después de una hora de haber salido del segundo horno, mi amo me dio un espejo y me dijo: "Mírate... ¡esa eres tú!". Yo no podía creerlo... ¡Esa no podía ser yo! Lo que veía era hermoso. Mi amo nuevamente me dijo:

"Yo sé que te dolió el haber sido golpeada y amoldada por mis manos; pero si te hubiera dejado como estabas, te hubieras secado. Sé que te causó mucho calor y dolor estar en el primer horno, pero de no haberte puesto allí, seguramente te hubieses estrellado. También sé que los gases de la pintura te provocaron muchas molestias, pero de no haberte pintado, tu vida no tendría color. Y si yo no te hubiera puesto en ese segundo horno, no hubieras sobrevivido mucho tiempo, porque tu dureza no habría sido la suficiente para que subsistieras... ¡Ahora eres un producto terminado! ¡Eres lo que yo tenía en mente cuando te comencé a formar!"

La lección que Dios me dio durante estas pruebas eran las mismas que ésta tacita había recibido. Dios nos purificó de una gran forma durante todo este año para darle forma lo que luego seríamos. Al igual que la tacita, sentía que no podía seguir adelante. Sentía que ya era una hermosa taza y que no necesitaba más pruebas para crecer. Pensé que, lo que había vivido en Filipinas ya había llenado mi cuota de sacrificios. Que con haber dejado a mi familia y haber cambiado mi plan de vida por el de Dios, había sido suficiente para agradar a Dios.

Todas estas pruebas me dieron la gran lección de amor de mi vida. Yo si era una taza amorfa de barro, que aún le hace falta mucho por crecer. Cristo me golpeó y me amoldó cariñosamente. Traté de gritarle muchas veces que me dejará en paz, que ya había sido suficiente pero el insistía que tenía que aguantar, que todavía no era tiempo.

Mi falta de fe, mi pobreza espiritual y pequeñez humana me hacía resistirme a tantas pruebas, representadas por miles de visitas al hospital y por una economía totalmente quebrada. Al igual que la tacita, gritaba sin pararle a mi Señor que ya dejara de pintarme y de hornearme. Para mí, ya había sido suficiente. Al igual que la tacita, estuve a punto de creer que moriría, sobre todo cuando el calor del horno ya no me dejaba respirar. Me sentía asfixiada. Este tipo de amor de Dios, esta forma de querer me estaba ahogando porque no comprendía y no había comprendido de fondo, su plan sobre nuestras vidas. Su pedagogía.

Finalmente entendí, por la gracia de Dios que siempre se manifiesta. Dios nunca nos va a pedir algo que no podamos cargar. El siempre nos envía aquello que necesitamos para nuestra santidad, aunque a veces pensemos que ya ha sido suficiente.

No puedo negar que la respuesta inmediata a estas pruebas dejó mucho que desear de mi parte. Que espiritualmente hablando, nunca he estado a la altura de las circunstancias que Dios ha permitido en mi vida. Lo que si puedo asegurar, es que desde el fondo de mi corazón he intentado amar profundamente a Dios y todas estas pruebas han sido solo manifestaciones de su amor.

Después de unos años de estas pruebas, volteo la mirada atrás y veo lo mucho que crecí espiritual y humanamente hablando gracias a ellas. Definitivamente si Dios no me las hubiera mandado, estoy segura que seguiría siendo una taza amorfa de barro. Y no es que hoy en día me considere una taza de porcelana totalmente pintada y pulida, pero creo que si he experimentado un crecimiento en mi amor a Dios.

Las pruebas de Dios nunca son suficientes. Nuestra humanidad se apega tanto al pecado, que necesitamos grandes purificaciones para que podamos darnos cuenta de la necesidad que tenemos de unirnos a Dios. Y Él, purifica todo.

La humanidad siempre se revela y se rehúsa a sufrir. Somos hedonistas (huida del dolor y búsqueda de placer) de nacimiento por el pecado original y aceptar el dolor y las pruebas requiere de todo una fortaleza espiritual.

Hoy en día he aprendido que, de nada nos sirve revelarnos ante ellas, y que solo, el bagaje espiritual que tengamos y la unión con Dios que hayamos cultivado es únicamente lo que nos permitirá salir adelante cuando ellas se presentan. Pero no para pedirle a Dios que se busque otra Gutiérrez en las páginas amarillas a quien probar, y a quien amar, sino para agradecerle infinitamente el haberse fijado en nuestra pequeñez.

Ese Año Santo, aprendí a confiar más en Él, aceptar las pruebas y sufrimientos sin rebeldías ni peleas. Aprendí que todo lo que Él permite es porque es infinitamente misericordioso. Me di cuenta que todo es porque desea sembrar los cimientos de lo que en un futuro nos pedirá. Estos cimientos, no se ven. pero son los que en un futuro sustentan todo el edificio que Dios desea construir en nuestro interior y por medio de nuestras vidas.

El sacerdote diocesano de Filipinas no estaba equivocado. Este fue un verdadero Año Santo para nosotros. Las dificultades que pasamos nos purificaron de verdad y nos permitieron regar nuestra entrega con la sangre de nuestro sacrificio. Para perseverar en la tormenta hay que saberse entregar a Dios, hay que aprender a confiar. La unión con Dios por medio de los sacramentos y la oración, es lo único que nos podrá sostener en medio de la tormenta. Cuando pensamos que ya no podemos caminar más, si confiamos en su poder y su gracia, Él nos ayudará a perseverar. Y que en medio de ella, debemos orar. Siempre orar. Nunca parar de orar. La fidelidad para perseverar en la tormenta es un don. Pero Dios solo puede regalarlo a quien confía plenamente en Él.

"Has de saber, hija mía, que mis caudales y tesoros están cercados de espinas, basta determinarse a soportar las primeras punzadas, para que todo se trueque en dulzuras".

Santa Brígida

Capítulo 6

Búscate otra gordita a quién querer

Durante todo el Año Santo, como comento en el capítulo anterior, me tocó la gracia de participar en la organización de un festejo para el cierre del Año Santo Jubilar a llevarse a cabo en la Ciudad de Roma.

Durante todo el año trabajé de forma infatigable. Me tocó viajar a varias ciudades de la república mexicana. Esto, más que un trabajo, era un regalo de Dios. Llegar a cada una de estas ciudades y conocer a muchas personas que compartían el mismo ideal de amar a Cristo.

Durante casi todo un año esta fue mi función. Coordinar toda la campaña de publicidad y ayudar a promover, convenciendo a la gente de ir.

Con todos los accidentes que nos habían sucedido durante el año y que relato en el capitulo anterior, quedamos con una economía totalmente quebrada. Escasamente nos alcanzaba para subsistir. Sumado a ello, teníamos cada vez más deudas de salud, que nos impedían salir adelante.

Cuando el último accidente ocurrió, nos sentamos a hacer unas tablas de la cantidad de dinero que debíamos y de cómo se veía reflejada nuestra economía. Al ver la realidad, con un gran dolor decidimos que nos iba a ser imposible ir a Roma. A pesar de que el comité organizador cubriría nuestros boletos de avión, no teníamos con quien dejar a los niños en una época familiarmente complicada: diciembre.

La fecha se acercaba y nosotros no podíamos ocultar nuestra pena. En mi oración de esos días siempre le preguntaba a Dios por qué nos purificaba tanto. Realmente sentía que no estábamos apegados a las cosas materiales y que no era para mí un simple viaje a Europa, sino ir a la celebración del cierre del año santo jubilar. Estar en el cierre del Año Santo con el Papa Juan Pablo II, significaba mucho para nosotros espiritualmente hablando.

Hablamos con la familia de Carlos y decidimos irnos a Estados Unidos a pasar las navidades con ellos. Solo teníamos un pequeño detalle: Andrea no tenía la visa americana. Hablamos de inmediato a la embajada para solicitar una cita. Cuando informamos que deseábamos sacarle la visa en el pasaporte venezolano ellos nos dijeron que no, que solo se lo podían dar en el pasaporte mexicano. De inmediato tratamos de sacarle el pasaporte mexicano, pero nos encontramos con un nuevo obstáculo: nuestras formas migratorias se encontraban renovando y aún no las entregaban.

Sacamos las cuentas y no nos daba tiempo para que nos entregaran las formas migratorias, sacarle el pasaporte mexicano a Andrea y pedir la cita en la embajada para la visa.

Esa noche, llegué muy molesta a mi casa a discutir de nuevo con mi Sagrado Corazón. Parada en frente a Él, le dije: "mira, mejor busca a otra gordita a quién querer..... Ya estoy cansada de todo...no quieres que vayamos a Roma, tampoco quieres que vayamos a Estados Unidos, ya me quedó claro que lo que quieres es que pasemos la Navidad solos en el Zócalo de la Ciudad de México. Lo mínimo que podrías permitir es que nos ganemos la lotería para podernos ir a Cancún a pasar las navidades".

Mi esposo estaba un poco cansado de luchar contra tantos contratiempos al igual que yo. La diferencia, es que él se resignaba más rápido porque es más humilde que yo. Me dijo en la noche, que debíamos aceptar la voluntad de Dios.

A la mañana siguiente, un sábado estábamos saliendo de la casa. Justo cuando Carlos estaba cerrando la puerta, comenzó a sonar el teléfono, me dijo que mejor se regresa a contestar. Me molesté un poco porque ya estábamos tarde. Al instante, salió Carlos a la puerta y desde allá me preguntó: "Merce.... ¿tu llenaste un ticket de un concurso en un restaurant? A lo que le dije: "Carlos, por qué me haces esa pregunta tan rara, apúrate que ya estamos tarde.". En eso me contestó: "Gorda, es que están llamando a decir que te ganaste un viaje a Cancún".

En eso no pude ocultar mi emoción y en menos de un segundo estaba al teléfono escuchando a la señorita que me explicaba que me había ganado un viaje para dos personas a Cancún con todos los gastos pagados y que me alojaría en un hotel muy lujoso.

Colgué el teléfono y comencé a gritar de la emoción. Mi esposo no entendía el porque estaba tan emocionada. Le expliqué mi profunda oración-reclamo a Dios. Nos reímos mucho y comentamos que definitivamente, Dios siempre me toma al pie de la letra todo lo que digo, de forma textual y de forma inmediata me hace saber su respuesta.

Pasaron los días y nosotros ya planificábamos nuestras vacaciones en Cancún. No era que me encantara la idea de pasar navidades en Cancún, pues siempre hemos buscado pasar las navidades de la forma más espiritual que pudiéramos.

El 12 de Diciembre se acercaba. Mientras pensaba que la Virgen María de Guadalupe siempre nos concede un "favor", un regalo del cielo desde el día que dejamos Venezuela. Comentamos que el regalo de ese año era el viaje a Cancún.

Estábamos desayunando el 12 de diciembre, cuando sonó el teléfono. Era una llamada de un amigo de Carlos quien después de saludarlo le dijo que se había enterado por un "pajarito" que nosotros no íbamos a ir a Roma. Él llamaba porque nos quería regalar el hotel en Roma ya que no podía creer que no iríamos.

Carlos se disculpó con el, explicándole que no solo era el hotel, sino el gasto de cuatro boletos ya que no teníamos con quien dejar a los niños. Sumado a ello, tendríamos que llevar dinero para la comida y el transporte y que eso constituía toda una fortuna para nosotros. Este amigo de mi esposo le contestó que el ya nos había reservado pues estaba seguro que iríamos a Roma. Que nos dejaba de tarea el conseguir el resto.

Durante la mañana, otro amigo habló con mi esposo para preguntarle por qué no íbamos a Roma si nosotros, según "su concepto" éramos muy católicos. Mi esposo le agradeció profundamente su comentario y le explicó que para nosotros eso era una fortuna. Nuestro amigo le dijo que el nos ayudaba con un boleto, que no dejáramos de ir, que le encargaba conseguir el resto.

Al rato de esa llamada, otro amigo de mi marido lo contactó para pedirle que se tomara un café con él. Pasó el día y cuando mi esposo se estaba dirigiendo a tomarse el café, su amigo lo llamó al celular a pedirle que si podían mejor verse otro día, ya que se le había presentado un pequeño inconveniente.

En la noche comentábamos mi marido y yo, que era toda una casualidad que dos amigos un 12 de diciembre nos hubieran ofrecido ayudarnos para ir a Roma. Estábamos impresionados de la generosidad de estas personas y de la "casualidad", ya que entre ellos no se conocían.

A los pocos días, el amigo que le había cancelado a Carlos el 12 de diciembre lo llamó para tomarse un café. Le pedí a Carlos que le llevara unos aretes muy finos de piedras preciosas que había heredado de mi abuela para ver si deseaba comprarlos para su esposa. Esto, nos ayudaría a pagar las deudas que habíamos acumulado visitando tantos hospitales durante el año.

Carlos se fue a tomar un café con este amigo en común. Al cabo de un rato, Carlos le comentó que necesitaba - si él podía- que lo ayudara comprándole unos aretes míos, ya que necesitábamos pagar algunas deudas de hospitales.

Este amigo de mi marido, se quedó muy atento escuchando. Al final le dijo a mi marido "Carlos, te voy a dar esta cantidad de dinero pero para que te vayas a Roma, no para que pagues deudas". En eso, sacó la chequera y le hizo un cheque por el monto indicado. Luego al arrancarlo le dijo que por favor lo usara para ir a Roma y que se guardara los aretes.

Carlos llegó feliz a la casa. Nos sentamos en la cama y nos dimos cuenta que ya teníamos los dos boletos de los niños, el hotel y algún dinero para irnos al viaje a Roma.

Luego le hablamos al amigo del hotel y le preguntamos sino le importaba darnos el dinero que se iba a gastar en el hotel en Roma pues nosotros preferíamos ir a un hotel más austero por más tiempo. El contestó que encantado lo haría, que únicamente quería que no dejáramos de ir.

En ese momento, Carlos le puso un mail a un amigo romano, para que nos consiguiera un modesto hotel donde llegar. Este amigo nos comentó que su socio era dueño de una pensión que estaba muy bien ubicada en el centro de Roma.

Pasaron los días. Me sentía que estaba flotando en las nubes. Aún no creía que era cierta la posibilidad de irnos a Roma. Fuimos a la agencia de viaje y como ya estaba todo agotado, conseguimos únicamente un vuelo que salía el 25 de diciembre e iba vía Londres.

Llegamos a la casa y cuando les dijimos a los niños que nos íbamos a Roma comenzaron a brincar. Andrea no entendía mucho a dónde iríamos, pero le seguía la celebración al hermano. En mi casa, "la vida es bella" y nos emocionamos por todo.

Al día siguiente nos escribió nuestro amigo romano. Nos dijo que su socio nos regalaba durante un mes el hospedaje en la pensión, que utilizáramos el dinero para viajar a otra ciudad de Italia.

Los preparativos del viaje iban viento en popa. No cabíamos en nosotros mismos de la emoción. Partimos a Roma un 25 de diciembre vía Londres. En acción de gracias, el 24 no hicimos ninguna compra material. Al contrario, le pedimos a los niñitos que tomaran de sus juguetes aquellos que no estuvieran rotos y no lo que les sobrara, sino los que también les gustaran. Salimos por toda la ciudad a repartir los juguetes. Esta era una tradición familiar. Era una manera de sensibilizar a nuestros hijos de las necesidades del mundo y ayudarlos a valorar lo mucho que tienen y lo agradecido que debemos estar con Dios.

Vivimos la noche de Navidad con broche de oro antes de nuestra partida a Roma. Todos en frente al Belén o como dicen en mi tierra "nacimiento". Le cantamos a la Virgen en vísperas de su alumbramiento y le rezamos un rosario para alabarlos hasta la eternidad. Después de esto, nos fuimos a acostar, aunque no conciliamos mucho el sueño. Estábamos demasiado emocionados y agradecidos con Dios. Parecíamos unos bebés.

Fui repasando durante toda la noche en mi mente las caras de las personas que nos habían ayudado. Me impresionaba el ver como ninguna de ellas se habían puesto de acuerdo entre ellos pues no se conocían. Cada uno, de forma aislada sintió casi el mismo día la necesidad de darnos este regalo. No me quedaba duda alguna de que era la Virgen de Guadalupe que nos estaba consintiendo. Después del año que habíamos tenido, esto fue como un premio a nuestra fidelidad. Un revitalizante a nuestra fe.

Este viaje significó para nosotros un nuevo comienzo en nuestra vocación, en la fe de que Dios nunca se deja ganar en generosidad. De que nunca nos tentará más allá de nuestras fuerzas. Y con este sencillo gesto de amor de Dios expresado en el rostro de tanta gente, nos ayudó a recobrar de nuevo un poco la esperanza. Aquella ilusión movida por la fe de que las cosas por más oscuras que a veces parezcan, hay un renacer. Si existe un mejor mañana. Y como si no tenemos esperanza de que esto pueda pasar, de que arriba en el cielo hay un Dios Padre que en pocos minutos puede cambiar el curso de todo, no dejamos a Dios actuar. La esperanza en los momentos difíciles esta expresado en ese: "Señor, no veo pero creo". No veo solución, pero creo que tu grandeza puede hacer que las cosas cambien. No creo que esto que experimento en mis sentimientos pueda cambiar, pero si creo que tú y solo tú podrás hacer que algo pase y cambie el rumbo de las cosas.

Efectivamente este viaje a Roma al cierre del Año Santo no cambiaba en nada nuestros problemas: nuestra situación económica, mi enfermedad, los síntomas de ella, la soledad que Él estaba permitiendo que viviéramos y la incomprensión que a veces, sentimos cuando sufrimos. La providencia cuidando de nosotros, era lo que nos había ayudado a experimentar su amor. A incrementar nuestra confianza y experimentar ese amor que se expresaba en una forma de caridad muy libre y espontánea que veíamos por medio de tantas personas. De esos ángeles que el Señor siempre nos ha mandado para alivianar nuestro camino, para hacer más dulces nuestras penas porque siempre se han conmovido con nuestro sufrimiento.

Al día siguiente nos fuimos al aeropuerto como seis horas antes. Teníamos miedo de que "algo pasara". Nos habían pasado tantas cosas durante el año, que preferíamos no correr ningún riesgo. Estábamos tan emocionados que pasar tantas horas en el aeropuerto era parte de la diversión.

Llegamos a Roma a las 12 de la noche. Cuando aterrizamos en el aeropuerto de Fiumicino, se me volvieron a salir las lágrimas. Les hablé mucho a mis hijos de la ciudad a la que iríamos. A mi hijo Laureano, le platiqué lo que significaba peregrinar, lo que era un Año Santo y que iríamos a la casa del Papa, nuestro Vicario, el representante de Cristo en la tierra.

Llegamos al centro de la ciudad hasta que el taxista se paró en frente a un callejón muy oscuro donde habían unos jóvenes caminando pasado de tragos. Haciendo señas de que "ese" era nuestro hotel. Cuando vimos la entrada, sonreímos con un poco de susto. Parecía un callejón de vándalos. Hubo un gran silencio.

Carlos subió primero para ver si era nuestro hotel. Al rato bajó un poco serio a decirme que habíamos llegado. El chofer nos decía que era una "zona peligrosa". Tan solo este año que regresé a Roma, me enteré de cuan peligrosa era. Nosotros como niños disfrutando todo. Cuando entramos vimos que era un edificio muy viejo. El elevador era de esos que tienen rejilla. Era tan pequeño que no cabíamos sino Andrea, la carriola (coche para transportar al bebé) y yo.

Subí de primera a registrarme. Al llegar, estaba un señor viendo tele en una sala como de funeraria. Nos registró y nos pasó a nuestra habitación. Las puertas del cuarto eran pequeñas y se abrían como en dos partes de forma vertical. En el cuarto, había tres catres y un pequeño baño con una cortina de tela blanca transparente que daba a la calle. En la misma, se oía un gran silencio y las voces de jóvenes que discutían en el callejón pasados de tragos. El frío entraba por la ventana haciendo que la cortina se moviera suavemente. Arriba en una esquina pegada al techo y en una repisa, había una pequeña televisión en blanco y negro.

A la mañana siguiente nos despertaron tocando fuertemente la puerta. Era un señor mayor, dueño de la pensión que nos gritaba que el desayuno estaba listo. Esta pensión era igual que "vivir en familia". Todos desayunaban juntos en el pequeño comedor de la casa.

En la esquina de la pensión había un restaurant de comida rápida que hacía que la habitación oliera a papas fritas todo el día. Completamos el desayuno que quedaba en la pensión y salimos a caminar felices. Recuerdo con tanta felicidad como nos pegaba el frío en la cara, la gente caminando y el romanticismo de la ciudad. En eso nos dimos cuenta la excelente ubicación que tenía la pensión: a pocas cuadras de la estación de trenes.

Parecíamos pájaros que acaban de soltar en libertad. Solo caminábamos sin tener un plan, admirados de estar allí. Sentía dentro de mi corazón mucho agradecimiento a Dios. Era un milagro después del año que habíamos vivido, estar allí.

Los días transcurrieron visitando todos los lugares turísticos de tipo religioso. Pasamos por todas las puertas santas. No se por qué, pero fui la última persona que pasó por la puerta de San Juan de Letrán que está considerada como la principal de Roma. Justo cuando me formé, cerraron la fila y justo cuando pasé, cerraron la puerta.

Se acercaba el gran día. Laureano haría la primera comunión en Roma, en la clausura del Año Santo. Cuántos regalos, inmerecidos gracias a la generosidad de Dios expresada por medio de tantos amigos.

La noche antes a la primera comunión estábamos demasiado emocionados. A "Nano" como lo llamábamos de pequeño, lo había estado preparando un amigo casi durante un año. Pero nunca imaginamos que tendríamos la oportunidad de que la hiciera en Roma en la clausura del Año Santo. Tarde en la noche, saqué toda la ropa que al día siguiente nos pondríamos. Nano estaba lleno de felicidad, al fin llegaría su primera comunión.

Mi hijo hizo su primera comunión. Cuando lo vi en la pantalla con sus manitos juntas recibiendo a Jesús se me volvieron a salir las lágrimas. Mi hijo estaba recibiendo por primera vez a Jesús, en Roma la ciudad santa y en el cierre del Año Jubilar. Mientras comulgaba me preguntaba que querría Dios de él, tantos regalos para un niño pequeño no se daban de gratis. Era todo un milagro estar allí.

Pasamos unos días hermosos peregrinando en familia. Al dueño de la pensión lo bautizamos como "el Nonno" (que significa abuelo en italiano). Nos regañaba todo el día porque no seguíamos con la rutina de la pensión. En las mañanas Nano se escapaba en pijama a tomar los panes dulces del desayuno, ya que nunca estábamos listos para la hora en que únicamente se podía desayunar. Era muy divertido verlo salir como lagartija para que no lo vieran.

Gozamos mucho nuestra estancia en la pensión. La misma era muy austera, pero estábamos tan emocionados de estar allí que a todos lo encontrábamos un sentido y una diversión. El asunto era un poco como la película de "La vida es bella". Muchas veces va a depender del enfoque que le demos a las cosas. Nosotros estábamos agradecidos de haber podido ir y aquel viaje estaba siendo una verdadera peregrinación por todas las vivencias que estábamos teniendo. Vivimos con mucha pobreza y austeridad el cierre de la puerta santa.

Pensaba que esto era como la historia de un señor que un día va a una pedrera y se encuentra a tres señores picando piedras. Ve al primero y le pregunta: "Y tú ¿qué haces? El pedrero le contestó: aquí tratando de picar esta gigante piedra con este calor, ¿no ves?" Luego sigue caminando y se encuentra a un segundo hombre y le pregunta: "Buen hombre ¿qué hace? El hombre le contesta: "aquí picando esta piedra para poder alimentar a mis hijos". Sigue caminando y en el fondo de la pedrera se encuentra al tercer pedrero y le dice: "Buenos días buen hombre. ¿Y qué está haciendo?" El hombre con la cara radiante de felicidad le dice: "Estoy construyendo una catedral".

Dios siempre tiene un plan para nosotros. Pero para llevar a cabo ese plan, necesita construir los cimientos primero. Esos cimientos no se ven. Nadie los ve. A veces ni nosotros mismos somos capaces de ver por qué está permitiendo pruebas y experiencias en nuestra vida. Es solo por la fe que podemos saber que quizás, está construyendo los cimientos donde en un futuro construirá una catedral.

Llegó el día de la audiencia privada en la plaza de San Pedro. Llegamos temprano a la plaza y tomamos unos buenos lugares. Cuando estábamos apachurrados entre la gente, salió el Papa Juan Pablo II y con ello una inmensa algarabía. Mi hijo gritaba con emoción que el quería escaparse a saludarlo.

Comenzó la audiencia y con ello a nombrar a los países de las delegaciones que asistían. Primero escuchamos a Filipinas. Me levanté como una loca, me monté en la silla y comencé a gritar mientras jalaba a mi hijo de la chamarra diciéndole que se parara a gritar por Filipinas. "Nano grita, levántate, apúrate". Luego nos sentamos. Mi hijo me veía con cara de pena. La señora de adelante volteó a verme porque gritaba tanto si no teníamos los ojos rasgados. Le dije que había vivido allá y había dejado medio corazón por aquellas tierras. Luego nombraron a México. Así que como loca volví a montarme en la silla mientras jalaba a mi pobre Nano por el brazo diciéndole que gritara muy fuerte que ahora era por México. Al sentarme por segunda vez, mi hijo me veía con cara de desaprobación. "¿Mamá, por qué gritas como loca?" mientras la señora de adelante volvió a voltear con cara de extrañeza mientras le decía que "yo vivía en México y mi hija era mexicana". No teníamos mucho tiempo sentados, cuando de repente nombraron a Venezuela. Por tercera vez, volví a montarme en la silla y comencé a gritar como energúmena mientras jalaba tan fuerte a mi hijo que casi le saco el brazo. Quería que gritara muy fuerte, mientras le decía: "Nano, grita más fuerte para que el Santo Padre nos oiga".

Al sentarnos por tercera vez, mi hijo ya molesto me dijo: "pero bueno mamá ¿de dónde somos nosotros ?" Me le quedé viendo y le dije: "De ninguna parte y de todo el mundo. Nosotros hijo, somos ciudadanos del mundo porque viviremos donde Dios nos necesite. Acuérdate que iremos a vivir solo a dónde El nos lleve. Somos hijos de Dios. De allí es de donde somos". Mientras mi hijo se sonreía la señora de adelante se volteó con cara de "lleven a esta loca al manicomio". A lo que le dije: "es que nacimos en Venezuela".

Al salir de allí meditaba mucho en las palabras de mi hijo. Me di cuenta otra vez que "oficialmente" no éramos de ninguna parte. Habían pasado demasiados años desde nuestra partida y fuera de la patria que nos vio nacer. Tampoco habíamos vivido tanto tiempo en Filipinas como para decir que era nuestra patria, aun cuando habíamos dejado el corazón. A pesar de los años que teníamos viviendo en México, tampoco éramos considerados mexicanos. Cuánta purificación afectiva. No sentirte de ninguna parte.

En el fondo sentía cierta tristeza de no ser considerada de ninguna parte y de darme cuenta que hablaba con un acento extraño. Sin embargo, pensaba que a eso Dios nos había llamado y que nosotros libremente lo habíamos escogido. Y que si humanamente a veces te hace sentir muy solo el no ser de ninguna parte, espiritualmente Dios se encarga de desarraigarte para que luego seas más libre en la vivencia de tu vocación. Estar desapegados te permite ir y venir sin ataduras. Estar a la disposición de donde Él te necesite. Hacer tu morada en tu corazón. Ir a todas partes con lo único que vale la pena y que te llevará al cielo: el amor de Dios. Como siempre he dicho, cuando estemos ante Dios no importará la nacionalidad que tendremos sino los actos de amor que en su nombre hayamos entregado. Porque cuando lleguemos al cielo, Dios no nos pedirá nuestro pasaporte ni nuestra visa americana, sino lo que hicimos o dejamos de hacer. Finalmente, lo que realmente nos importa, es el fondo de nuestra vida: servir a Dios a través de la vocación que nos entregó y no tanto la forma: el país o el apostolado en el que trabajemos. El valor de mi entrega, solo se mide por eso. En mi juicio final, solo seré medida por el amor. Y eso es el apostolado y la entrega: las mil caras del amor.

Se acababa el tiempo en la ciudad de Roma. Al final, pasamos unos hermosos días con unos muy amigos venezolanos que siempre nos han brindado su amistad y su apoyo incondicional. Nos reímos mucho. Y eso ayudó a que mi sentimiento de desarraigo desapareciera un poco.

Disfrutamos mucho nuestra peregrinación. De vuelta a México, todavía nos alcanzó para quedarnos cuatro días en Londres. Comimos muchos sándwiches y cajitas felices. Fuimos los más felices del mundo porque en medio de tanta sencillez, veíamos la mano de Dios.

Nosotros fuimos a peregrinar durante el Año Santo. Fue una verdadera peregrinación por lo que significó para nosotros como apóstoles e hijos de Dios. Fue una vuelta a la casa del Padre, un reencontrarnos con Nuestro Señor. Un pedirle perdón por nuestras ingratitudes y desconfianzas. Un enmendar el camino recorrido y comenzar de nuevo, con nuevos ánimos. Pero para poder gozar de esta peregrinación en Roma, tuvimos que experimentar antes una peregrinación espiritual que nos purificó el corazón, nos purificó nuestra intención. Nos dejó, limpios por dentro, humanamente vacíos, sin muchas cosas materiales y humanas. Pero al final, sin recriminaciones ni reproches.

Con esta experiencia aprendí que debemos vivir en la confianza absoluta cuando pensamos que ya no podemos continuar más. A veces, los golpes y pruebas de la vida, nos secan nuestra esperanza, nos hacen ver que no tenemos salida, nos hace desconfiar de su amor y pensar que nos ha dejado solos. Dios quiso purificar nuestra intención durante todo este año. Quiso que maduráramos en su amor. Que aprendiéramos a esperar en su confianza.

Como siempre, Dios salió a nuestro encuentro cuando estábamos a punto de naufragar. Cuando pensamos que ya no teníamos fe por que las pruebas nos habían agotado nuestra esperanza y sentíamos que no podíamos luchar más. Y justo cuando estábamos agotados sin más sangre que derramar, cuando estábamos a punto de morir ahogados en la tormenta, Él salió a nuestro encuentro para darnos una prueba más de su amor. Otra vez la providencia cuidando de nosotros. La divina providencia. El mismo Dios cuidando de una manera fina y delicada de nosotros. Dándonos esta pequeña gran muestra de amor.

Una vez más me di cuenta que estábamos en sus manos. No importaba lo que hiciéramos o dejáramos de hacer. Esta vida que habíamos escogido era como una montaña rusa donde Él dirige nuestras vidas. Nunca sabíamos que vendría: si una curva o una excitante bajada y que, al igual que un niño chiquito se monta en la silla del coche y no pregunta a dónde vamos mamá, nosotros también teníamos que aprender a confiar en Dios de que Él guiaría nuestro camino. Aprendí que Él se vale de almas generosas, de amigos incondicionales para hacernos manifestar su amor. Hay veces en la vida cristiana, que sentimos que el carrito de la montaña rusa sube muy lento. Tenemos miedo y quizás, hasta nos arrepentimos de haber tomado la decisión de habernos subido en ella. Pensamos que está muy alto cuando llegamos hasta arriba y que no seremos capaces de aguantar el susto de la bajada. Las curvas "bruscas" nos tiran de un lado para otros y nosotros nos agarramos fuerte del cinturón y hasta cerramos los ojos. Pero cuando termina el "ride" (paseo), siempre queremos más. Nos dimos cuenta de que fue emocionante vivirlo de la mano de Dios y sentimos que hemos probado y que queremos más. Queremos más vivir de su confianza, porque el gozo que se experimenta cuando Él se hace cargo, es demasiado grande. Nos inunda todo el espíritu de amor y nos renueva el deseo de continuar viviendo de su mano.

Llegamos a México el 18 de Enero después de un Año Santo Jubilar lleno de pruebas y regalos de Dios. Llegamos con el alma inflada de la gracia de Dios. Cuando apenas estábamos compartiendo con nuestros amigos nuestro viaje, nos llamaron a los pocos días de haber llegado a decirnos que mi suegro se había enfermado. Al mes murió. Todo lo que habíamos vivido en Roma nos permitió aceptar esta prueba con amor y con mucha serenidad. Mi esposo sufrió su perdida de forma muy resignada, ejemplo de fe para otros. Cuando mi esposo llegó a verlo a terapia intensiva al poco tiempo para morir, le dijo con las lágrimas en los ojos: "hijo no dejes de hacer lo que estás haciendo. Tienes una vida muy feliz. Pídele a Nano que rece por mí".

El basamento espiritual es lo que nos permite salir adelante durante las pruebas. La vida de oración y la confianza en Dios es lo que nos permitirá trascender las pequeñas pruebas de cada día, sobre todo cuando éstas llegan seguido y sin parar. Como bien dice el evangelio, lo que sale de nuestro corazón es lo que nos frena a nosotros mismos. Nuestras ideas, pensamientos negativos, son los que muchas veces nos acortan nuestro camino a Dios.

Cuando mi hijo llegó al colegio, la miss le preguntó delante de todo el mundo que cómo le había ido en Roma. Nano le contestó que muy bien, que había hecho su primera comunión. En ese instante, la miss de una forma muy imprudente le preguntó: "Laureano y cómo le hicieron tus papás para pagar ese viaje tan caro". Nano le contesto: "Pues lo mismo de siempre miss". La miss le preguntó qué era lo mismo de siempre. Nano le contestó: "Papa Dios siempre nos ayuda. Nos fuimos a Roma porque Papa Dios nos ayudó".

Papa Dios nos ayudó a salir adelante espiritual y anímicamente con este regalo tan inesperado e inalcanzable después del Año Santo que habíamos vivido profundamente. En especial, se hizo presente después de haberle pedido infinidad de veces que "se buscara a otra gordita a quien querer". Definitivamente, eso fue lo que Nuestro Señor hizo: quiso a esta gordita y a su familia, a través de esos amigos tan generosos por medio del cual se hizo presente y nunca ha dejado de hacerse presente en nuestra vida. Son esos pequeños ángeles que siempre nos manda para que podamos seguir caminando a su encuentro. Es la providencia cuidando a extremo de nosotros. Incluso, de aquello que pensamos está de más.

La esperanza nunca debemos de perderla en medio de la tormenta porque sino, no podremos no solo transitar por medio de ella, sino robarle las gracias necesarias a Dios. Siempre he pensado que lo que más le duele a Dios es la falta de confianza. ¿Cómo puede un amigo ayudarnos, sino confiamos en él? ¿Cómo podemos ponernos en manos de un doctor para una operación sino confiamos en él? ¿Cómo podemos llevar un matrimonio hermoso, libre y estable sino confiamos en nosotros y en nuestra pareja? ¿Cómo puede alguien pedirnos un favor, sin que haya una confianza plena?

La esperanza cristiana es como el bastón para un ciego. Sin ese bastón en medio de las pruebas no es imposible caminar. El maligno siempre se encarga de robarnos la esperanza cuando estamos sufriendo una prueba y con ella la confianza en Dios. La manera por donde el dolor nos roba el amor, pasa siempre por la grieta de la desesperanza.

Un día escuché esta sabía y anónima historia popular.

"Cuenta la historia de un aguador de la India que, en los extremos de un palo que colgaba en sus espaldas, llevaba dos vasijas: una era perfecta y la otra estaba agrietada, y perdía agua. Ésta —triste— miraba a la otra tan perfecta, y avergonzada un día dijo al amo que se sentía miserable porque a causa de sus grietas le daba sólo la mitad del agua que podía ganar con su venta. El trajinante le contestó: Cuando volvamos a casa mira las flores que crecen a lo largo del camino. Y se fijó: eran flores bellísimas, pero viendo que volvía a perder la mitad del agua, repitió: —No sirvo, lo hago todo mal. El cargador le respondió: —¿Te has fijado en que las flores sólo crecen a tu lado del camino? Yo ya conocía tus fisuras y quise sacar a relucir el lado positivo de ellas, sembrando semilla de flores por donde pasas y regándolas puedo recoger estas flores para el altar de la Virgen María. Si no fueses como eres, no habría sido posible crear esta belleza.

Todos, de alguna manera, somos vasijas agrietadas, pero Dios conoce bien a sus hijos y nos da la posibilidad de aprovechar las fisuras-defectos para sacar siempre algo bueno.

La desesperanza siempre busca colarse por una grieta. Pero, si mantenemos la confianza en Dios, Él como padre amoroso sabe lo que nos corresponde, sabrá sacar frutos donde no los vemos. La desesperanza nos hace pensar que nada ni nadie podrán cambiar la situación que estamos viviendo. Y allí, viene el quiebre espiritual. Nunca debemos permitir que nadie ni nada nos robe la esperanza, la esperanza de que en el cielo, hay un "Abba Pater" que todo lo permite. Sé que si me mantengo firme en mi fe, en mi esperanza, podremos caminar por la prueba con paso firme y redoblado, para al final cosechar frutos que seguramente serán esas flores del camino.

"¿Acaso no estamos en la manos
de la Providencia, la madre
más afectuosa que se puede
decir e imaginar?"

San Pío de Pietrelcina

Capítulo 7
El bambú

Después de haber llegado de nuestra peregrinación a Roma y haber estado en la clausura de la puerta Santa, llegamos a México como lo indico en el capítulo anterior. Carlos trabajando arduamente en un programa de radio católico. Mi condición de salud muy deteriorada pero el espíritu lleno de agradecimiento a Dios.

Fui a mi chequeo médico. El ginecólogo me dijo que ya debía operarme. Tenía muchos años diciendo que mi matriz estaba dañada. Nosotros le decíamos que aún no había ahorrado el dinero para ello y que el seguro médico no cubría esos gastos porque me habían asegurado estando enferma. Parecía una gran incongruencia después de haber estado viajando por Italia el encontrarme con esta noticia.

En este capítulo vengo a compartirles una de las pruebas que me costó mucho aceptar y comprenderlas en ese plan de Dios para mi vida. Sin embargo, creo que es la lección que más me hizo madurar y que me impulsó a cambiar con radicalidad mi vida.

Los días pasaban y escasamente podía salir de la casa en la mañana a llevar a Andrea al colegio. Llegó un momento en que comencé a sentirme tan mal, que ya no podía prácticamente levantarme de la cama. Carlos veía que me sentía mal, a pesar de que intentaba no quejarme. Mi rostro hablaba por mí misma y mi cuerpo no tenía fuerzas para caminar. Creo que nadie percibía la gravedad de la situación también creo que teníamos muy poca credibilidad: todo el que conocíamos nos había prestado dinero en el pasado. La situación por donde la viéramos era muy compleja. Todo el mundo ya nos había ayudado de mil formas y maneras. Llegó un momento en donde pensé que todo era inútil, que los esfuerzos humanos no nos llevarían a ninguna parte. Llegó el momento en que en medio de un gran dolor físico entendí que mis opciones se reducían a una sola: guardar silencio. Vivir como la Virgen María todo en mi interior. Ofrecer ese dolor a Dios en el silencio de mi corazón.

Así pase un largo mes: en cama sintiéndome verdaderamente mal. Mis salidas eran nulas. No tenía la fuerza para socializar. En esos largos días de soledad y dolor, me preguntaba como era posible que Dios me mandara ésta cruz. Había aceptado mi enfermedad con amor, pero no entendía esta clase de amor por parte de Dios. Creo que esta es la prueba que más me ha costado aceptar. Sentía un gran gran rabia hacia las personas y un gran rencor hacia mi Señor. Después de todo lo que habíamos dejado por Él ¿cómo me abandonaba de esta forma? Le reclamaba mucho que me había ocupado de sus cosas y Él ahora no se ocupaba de las mías como me había prometido cuando dejé Venezuela.

Entré en un período muy fuerte de tentaciones. Me cuestionaba la vida que había escogido y a la que Él, me había llamado. Tenía demasiadas razones humanas para claudicar en nuestro deseo de amar a Dios, de cumplir con su voluntad, de servir como instrumentos para llevar su amor a los corazones perdidos. Pero ¿perdiendo la propia vida? Aquello iba más allá de la razón. Pensaba que si hubiera escogido la vida que en Venezuela tenía por delante, seguramente esto no me hubiera estado sucediendo. Pensaba que de nada valía haberme preocupado por las almas para terminar así.

La mayor parte del día me la pasaba acostada viendo a mi Sagrado Corazón. Quería darle espiritualmente la espalda a este nuevo hecho que Él estaba permitiendo en mi vida. No quería aceptar el ser amada de esta manera. Se había perdido todo el romanticismo que sentía cuando el avión despego de Venezuela para irnos a Filipinas. Esto de ser misioneros modernos era un sueño de principiantes, un idealismo infantil. Un sentimentalismo en la forma de amar a Dios y en ese momento pensaba que estaba pagando las consecuencias.

Una noche a las tres de la mañana me arrodillé en mi oratorio y le dije: "Señor, sabes que me estoy muriendo. Sabes que necesito esta operación. No puedo caminar más con este dolor. Te lo ofrezco por la fidelidad de los sacerdotes y de tus vírgenes consagradas. Tú sabes que te amo y sabes que quisiera no ser amada de esta forma. No tenemos solución. Sabes que me estoy muriendo así que pongo todo esto en tus manos. Hoy te dejo a los pies, este inmenso dolor que me oprime el corazón".

En esos meses me invitaron a un programa católico de televisión. Fue la única salida que prácticamente hice todo ese tiempo. No sé por qué me decidí a ir. Sentí que estaba totalmente seca espiritualmente y que no tenía nada que decir. Sumado a ello, me sentía totalmente abandonada por Dios y no entendía qué podría aportar en ese programa de televisión.

Llegué al canal de televisión y estuvimos en adoración ante el Santísimo expuesto en una gran custodia. Le preguntaba a mi Señor, por qué no me ayudaba, si yo le había dado mi vida. Cómo me dejaba sufrir así, si el día en que le había dado mi vida, le había entregado también mi confianza de que Él nunca me dejaría abandonada. Por qué me trataba así. Me recordaba a Santa Teresita diciéndole al Señor después de una prueba: "con razón tienes tan pocos amigos".

Comenzó el programa y con ello las preguntas de las conductoras. Sentí que la fe que por tanto tiempo había cultivado salió a flote. Mi humanidad quedó rezagada para darle paso al amor a Dios. Me hicieron muchas preguntas del significado del sufrimiento. Luego les decía que me sentía de las consentidas de Cristo, porque Él me había hecho el favor de enviarme una enfermedad. Me sentía infinitamente amada por Él, de una forma tan diferente y única, que era una privilegiada de su amor. Quizás solo en el cielo comprendería porque Dios permitía tantas pruebas en esta vida. Comprendería todo el bien que tanto sufrimiento trajo como beneficio a las almas por las cuales habíamos estado sufriendo y ofreciendo todo. Decía que el Señor envía como una especie de corderos a la tierra. Algunas personas que sufrieran especialmente por una intención que desde el cielo, Dios las contemplaba. Y con que hubiera un cordero dentro de una familia o un grupo que estuviera derramando su sangre por esa intención, esa familia o ese grupo podría recibir gracias para salvarse.

Por último, les comenté que le había pedido siempre a Dios que no me curara de mi enfermedad. La razón es que a través de ella, había podido ser una mejor persona y crecer en su amor. Que no sabía antes lo que era el sufrimiento, que siempre había tenido una vida muy cómoda con excesos materiales que nunca me llevaron a nada, mas que a alimentar mi vanidad y que gracias a ella, había podido conocer a Cristo, hacerme su amiga y cargar junto con Él, un poquito de su cruz.

Luego les hable de los efectos del dolor físico y moral. De la gran purificación que para un alma puede significar. Les dije que cuando uno sufre con Cristo siente como si su interior fuera como una tubería de agua que limpia el interior. Se siente una frescura en el interior que no podría explicar con palabras. Se siente uno renovado internamente aunque el cuerpo duela y no de más. Se siente un alma con vitalidad, con fuerza, con esperanza aún cuando se tenga una sentencia de muerte, un cuerpo enfermo, un físico que no da para más. Uno queda con un corazón ligero para poder amar en libertad.

Finalicé diciendo que el sufrimiento y la enfermedad era una gran bendición por parte de Dios y que le agradecía el haberme escogido para sufrir con Él y por las almas que había prometido sostener a través de mi pobre entrega.

Acabó el programa y las conductoras estaban emocionadas. También yo lo estaba. Él, había hecho de las suyas. Mi socio, el Espíritu Santo había hablado a pesar de mí. Luego me pidió una ejecutiva del canal que por favor subiera a su oficina. Me dijo que el programa había tenido un alto "rating" y que nadie había podido trabajar escuchando el programa. Luego abrió su agenda y me dijo que quería que fuera a varios programas más. En eso la interrumpí diciéndole que estaba muy mal de salud y que para mi había sido un esfuerzo muy grande haber venido. Que debía disculparme pues estaba esperando para poderme operar. Enseguida se me quedó mirando y me dijo: "Bueno pero debes entonces prometerme algo, tienes que escribir un libro para los enfermos de todo lo que esta mañana has dicho". Enseguida me sonreí y le dije que acaba de publicar uno y que no creía que era una buena idea pues no me gustaba hablar de mi vida y de mis experiencias y que había hecho un gran esfuerzo por compartir lo que Dios me había regalado en mi primer libro.

Terminó la conversación y antes de irnos pasamos de nuevo a visitar al Santísimo. Arrodillada ante Él, le agradecí por la cantidad de cosas que hubiera dicho y que quizás en ese momento ni yo misma estaba convencida. Me quedaba claro que el Espíritu Santo era el que había hablado a través de mi cuerpo enfermo, de una humanidad caída, de un espíritu seco y cansado de sufrir. También le agradecí por aquellas cosas que ya había encarnado en mi propio cuerpo, por aquellas cosas que había logrado aceptar, ya no de una forma teórica, sino en mi propio corazón. Le agradecí, aunque no comprendiera nada, el sufrimiento que estaba permitiendo en mi propia vida.

En ese instante, sentí a mi Señor diciendo que sufría mucho con mi desconfianza y que por qué siempre me revelaba ante Él. Que debía tener paciencia en el sufrimiento, pues Él no iba a tardar en darme una respuesta. Que Él necesitaba purificar mi interior para ser digna de su amor. Y que me pedía, una vez más, que compartiera todo lo que Él me había enseñado con el mundo. Casi se me salen las lágrimas, pues creo que el primer fruto del programa estuvo en mí misma. En mi propio interior. Mis propias palabras, fueron un analgésico al dolor que estaba experimentando.

Luego mi Señor me hizo ver en la oración que quería que escribiera un libro para los enfermos, donde les hablara desde el punto de vista de un enfermo cómo se manifestaba su amor. Me hizo ver que el mundo aún no entendía su misterio en la cruz y que una enfermedad era una gran bendición. Me hizo ver que debía ayudarlo a hacerle entender a los enfermos cuál es su papel y que lo debía de hacer a través de un libro titulado: "Por qué Yo". Que Él quería que compartiera todo lo que Él me había enseñado con mi enfermedad a muchas otras personas que sufren y que no saben por qué sufrir.

Salí de allí un poco impactada de la experiencia vivida. Había ido para darle a la gente a Dios y la primera que había salido beneficiada había sido yo. Como siempre, mi Buen Pastor me hablaba claro y sencillo, pero contundente. Como siempre digo, el Espíritu Santo habla con la fuerza de un huracán pero con la suavidad de una brisa.

Regresé a mi casa con una visión diferente de lo que había vivido en esos meses. Regresé recitando de nuevo el salmo del Buen Pastor, que es el salmo de la confianza aun cuando todavía no había una solución para mi operación y aun cuando los dolores físicos seguían siendo muy agudos.

Creo que la mayor bendición que experimenté fue el sufrir en silencio toda esa prueba como la Virgen María muchas veces lo hizo. A partir de allí, ya no había rabia en mi interior ni recriminaciones a Dios. Al contrario, había una inmensa serenidad interior. Una profunda paz, que no sé cómo explicar. Es la gracia que penetra y sostiene al alma en medio de la tribulación.

El resto del tiempo lo viví muy resignada. Me entregué en manos de Dios pues humanamente hablando ya habíamos hecho lo imposible por solucionarlo. Le puse mi dolor a mi Señor en sus manos.

El esfuerzo más grande que hacía, era que mi esposo no sufriera ni se diera cuenta de lo mal que me sentía. Es un hombre tan bueno y santo, que no quería preocuparlo con este problema. Él había hecho lo imposible para solucionarlo, pero estábamos viviendo una serie de circunstancias en nuestra vida que nos imposibilitaban resolver este problema.

Un día ya no aguanté más. Mi salud colapsó. No puedo comentar en estas líneas lo que me sucedió internamente. A pesar del silencio que había decidido guardar por tantos meses el colapso físico que tuve me delató. Ese día, la nana de mis hijos que muchas veces trabajaba sin cobrar - un angelito caído el cielo- llamó a mi esposo al celular para decirle lo que me había sucedido. Estaba casi desmayada. Le dijo lo mal que estaba desde hace tiempo y que no había querido decirle nada. Que ella creía que algo grave me estaba pasando.

Mi esposo estaba en plena comida con un amigo, que hasta el día de hoy no quiso decirme quien fue. Al verle su cara de preocupación después de mi llamada, nuestro amigo le preguntó que le sucedía, quería saber que tipo de noticia le habían dado.

El amigo le dijo que a él se le acababa de dar un negocio y que con gusto se lo daría, que le permitiera hacer esto en nombre de Dios. Carlos de inmediato le dijo que si le aceptaba la ayuda, pues en este caso sentía que era una cuestión de vida o muerte.

En seguida se levantó de la mesa y me fue a buscar a la casa. El doctor me regaño fuertemente. Me dijo que era una inconsciente y que desde hace tiempo me había dicho que debía de operarme. Me revisó y me dijo que el cuadro era un poco grave. Que era probable que tuviera tumores y quizás, cáncer. Mi matriz había dejado de funcionar mucho tiempo atrás y las cosas que no funcionan se dañan.

Hice mi maleta y nos preparábamos para partir al hospital. Teníamos que estar allá a las once de la noche. Hablé con mis pequeños niños y les expliqué que iba al hospital porque el doctor me iba a curar. No les gustó mucho la idea, pero una vez más acudí a la estrategia de la película "la vida es bella".

Estaba todo listo. Nos sentíamos un poco asustados. Pero una vez más, recordé mi promesa de haberle entregado mi vida a Dios, para que Él hiciera lo que quisiera. Y con ello, mi confianza en que Él sabía siempre lo que mejor me convenía. Mi oración de ofrecimiento por la misión que Dios me encargo, seguía como una grabación en mi mente, pero también en mi corazón.

Entré a la habitación de mis hijos. Estaban durmiendo juntos para acompañarse. Al abrazar a Andrea, mi pequeña bebé de 4 años me dijo: "Mami... ¿vas a regresar?". La miré fijamente a los ojos y le dije: "Si mi amor, no te preocupes". Sentí que sus palabras fueron una lanza que me traspasó el corazón y pensé que volvería solo si Dios así lo deseaba y me daba otra oportunidad.

Nos montamos en un taxi Volkswagen tipo "bocho" para ir al hospital. Estaba en muy mal estado. Tomamos la autopista. Recuerdo esa escena vivamente. El ruido del motor del taxi se mezclaba con mis pensamientos. La noche era muy oscura. El coche no tenía casi amortiguadores por lo que sentía que íbamos sobre el piso. Mi marido y yo tomados de la mano compartiendo cada uno nuestra preocupación con Dios. Las palabras en esos momentos sobraban. Había un silencio muy profundo en el interior amenizado por el ruido del motor y entremezclado por mis lágrimas que se escurrían de mi rostro.

Camino al hospital medité de nuevo muchas cosas. No había perdido la costumbre de meditar por mi ventana favorita del coche. Pensaba si estaba dispuesta a morir y no es que la operación de la matriz fuera complicada, pero mi cuadro clínico si. No solo existía la probabilidad de tener cáncer, sino que mi corazón estaba delicado. Tenía una arritmia cardíaca y la presión -a pesar de los medicamentos- demasiada alta. Esto, sumado a la debilidad en mis venas y arterias debido a un efecto secundario de la cortisona, empeoraba todo.

Pensaba que estaba lista para irme al cielo y que ahora a diferencia de antes, tenía algo que llevarle a Dios aunque fueran pequeñas cosas entre las manos. En quien más pensaba eran en mis bebés. Pensaba demasiadas cosas. Muchas preguntas venían en cascada en mi mente sin respuestas. Solo la confianza. La confianza en Dios que de nuevo me pedía tener. Y el salmo del Buen Pastor.

Creo que mi rencor y resentimiento inicial con Dios habían desaparecido. Lo peor ya había pasado. La soledad humana que experimenté en esos días fue muy grande, peor incluso que el mismo dolor físico. Y es que a veces el dolor moral es peor que la prueba en si misma. Así me sentí durante estos meses. Sin existir. Pero entendí que como todas las experiencias que había vivido, estas iban en el mismo sentido: Dios quería dejarnos solos con Él. Romper esas pequeñas seguridades humanas que podríamos tener. Esperando en esa dulce esperanza su respuesta.

Espiritualmente esto suena muy hermoso, pero humanamente cuesta mucho encarnarlo. Gracias a la ayuda de Dios logré hacerlo. Logré bajarlo de mi mente y mi razón directo a mi corazón. Y no solo con ello, aceptar el plan de Dios a mi vida cualquiera que este fuera, sino amar su voluntad con ese amor de comunión que había prometido entregarle a través de mi vida.

Llegamos al hospital y me internaron de inmediato. Al día siguiente solo recuerdo a mi esposo despidiéndose de mi y diciéndome que me amaba, que dentro de unas pocas horas nos volveríamos a ver. Ese momento es muy fuerte. Es el peor. Pues no sabía si volvería en la tierra a ver a mi amor, o si despertaría quizás en el cielo. Es como si estuviera despidiéndome para ir a mi propio juicio donde ni siquiera me puede acompañar la persona a la que más amo en este mundo.

Entré al quirófano y allí estaba mi doctor. El mismo me presentó a otro médico que era oncólogo. No supe más de mí. Lo que voy a contar me lo platicaron mis médicos y mi marido. La operación duró seis horas.

Al parecer, al abrirme y comenzar a operarme, mis venas y arterias comenzaron a romperse como gelatina. Una hemorragia interna comenzó dentro de mí. Al contarme todo esto el doctor, me dijo: "Doña Meche, Usted casi se me muere allá adentro. Nunca más la vuelvo a operar de nada y usted tiene que evitar en un futuro que la operen de algo pues corre un grave riesgo de desangrarse".

Me tuvieron en reposo absoluto dos días después de mi operación. La razón es que no debía moverme para evitar que alguna vena o arteria se rompiera. El doctor ya conocía mi hiperactividad y que de seguro inventaría algo para salir a pasear. El riesgo de una hemorragia interna era muy grande.

A la semana de la operación me mandaron a mi casa. Estuve allí por espacio de tres meses recuperándome. Fue impresionante mi recuperación. Nunca me sentí mal, sino al contrario extraordinariamente bien. Había sido tan espantoso mi calvario anterior y el sufrimiento que había experimentado que mi cuerpo y mi alma estaban aliviados de tanto dolor. El diagnóstico final apuntó a que tenía la matriz necrosada. El doctor me dijo que no entendía como había tolerado ese dolor. Que era inhumano. Pensé que no era humano, sino divino pues Dios lo había permitido y me había dado la gracia para sobrellevarlo. Luego me dijeron que la matriz estaba llena de tumores y que debía de hacerme un chequeo cada seis meses para despistar un futuro cáncer. Los próximos meses de recuperación fueron una bendición.

El dolor físico y moral que había experimentado de nuevo me purificaron por dentro. La soledad humana de nuevo, me había acercado más a Dios. Me sentía mucho más amiga de mi Sagrado Corazón.

Aproveché mucho para leer acerca del dolor. Me encontré con mucha bibliografía escrita por cardenales, monseñores, teólogos, tanatólogas y sacerdotes. No encontré mucha escrita por un seglar y casi ninguna escrita por un enfermo. Esto completaba mi búsqueda interior. Leí de todo sobre la teoría y comprendí la práctica que acababa de vivir. Acumulé mucha bibliografía que me preparó en el terreno formativo para abordar el tema. Hice una conexión entre todo lo que había leído con la vivencia del propio enfermo. El sustento fue la pasión de Cristo pues siempre que había vivido algún sufrimiento, buscaba con que estación del Vía Crucis identificarme.

Con todo esto sentía que había nacido de nuevo. A nivel físico, ya no sentía ningún dolor. Me parecía mentira levantarme sin que me doliera algo, ya me había acostumbrado al dolor. A nivel espiritual también nací de nuevo. Había una nueva alma, un amor más profundo a Dios. Una aceptación de la prueba y de los sufrimientos que había vivido, no con rencor sino con un entendimiento en mi razón de aquello que Dios permite en la vida y que no tiene una respuesta "razonable". Aceptar con la fe, aquello que con la razón no encontramos respuestas.

Sentía un gran agradecimiento a Dios por la nueva oportunidad de vida que me brindaba. Ya era la segunda vez que me platicaban que había estado con una probabilidad alta de morir y del cómo, de una forma providencial había salido adelante.

Una vez más, le agradecí a Dios el don de la vida. El permitirme haber vuelto con mis niños a decirle que los amo. A raíz de allí y de esta nueva oportunidad que Dios me ha brindado, le digo con mucha frecuencia a mis hijos frases como: "gracias por haber nacido" o "qué bueno que te tuve", "qué bueno que naciste", "qué bueno es Papa Dios que me mando a ti como regalo".

En la convalecencia de la operación, escribí mi segundo libro: "¿Por qué Yo? Actitud Inteligente ante la enfermedad"[2]. Lo escribí en tres meses. Al ver el índice y lo que había resultado me di cuenta que si no hubiera vivido lo que viví, no hubiera sido capaz de escribir ese libro. Y de cómo Dios se vale de muchas cosas para ser su instrumento. Su gracia y mi libertad siempre resultaban en algo bueno.

En esta experiencia que viví, me sentía igual a una historia del bambú que algún día leí:

"Había una vez un maravilloso jardín, situado en el centro de un campo. El dueño acostumbraba a pasear por él al sol del mediodía.

Un esbelto bambú era el más bello y estimado de todos los árboles de su jardín. Este bambú crecía y se hacía cada vez más hermoso. El sabía que su Señor lo amaba y que él era su alegría.

Un día, su dueño pensativo, se aproximó a su amado bambú y, con sentimiento de profunda veneración el bambú inclinó su impotente cabeza. El Señor le dijo: "Querido Bambú, Yo necesito de ti".

El bambú respondió: "Señor, estoy dispuesto, haz de mi lo que quieras. Estoy aquí para cumplir tu voluntad"

El bambú estaba feliz. Parecía haber llegado la gran hora de su vida. Al fin su dueño lo necesitaba y el se iría a servirle. Al fin había sido tomado en cuenta. Todo el tiempo esperando y preparándose para pasar a ocupar su verdadero puesto.

---

2 Mercedes Vallenilla de Gutiérrez. ¿ Por qué yo? Actitud Inteligente ante la enfermedad. Edit. Trillas. México. 2004.

Con su voz grave, el Señor le dijo: "Bambú, solo podré usarte podándote"

- "¿Podar? ¿Podarme a mi, Señor? ¡Por favor, no hagas eso! Deja mi bella figura. ¿Acaso no vez como todos me admiran?"

- "Mi amado bambú, "- la voz del Señor se volvió más grave todavía.- "No importa que te admiren o que no te admiren...si yo no te podara, no podría utilizarte para lo que te sembré"

En el jardín, todo quedó en silencio. Hasta el viento contuvo la respiración. Nadie creía lo que el Señor le estaba pidiendo al Bambú. Su esbeltas ramas se inclinaban como una gran melena hasta llegar al piso. Habían tardado años en crecer, años de cuidado. Kilos de abono y litros de agua para regarlo.

Finalmente el bello bambú se inclinó y susurró: "Señor, si no me puedes usar, entonces haz conmigo lo que quieras"

-"Mi querido bambú, también debo cortar tus hojas..."
El sol se escondió detrás de las nubes...unas mariposas volaron asustadas...

El bambú temblando de miedo y sin entender lo que el dueño quería hacer con el, dijo a media voz: - "Señor, córtalas..."

Dijo el Señor nuevamente: - "Todavía no es suficiente, mi querido bambú, debo además cortarte por el medio y sacarte el corazón. Si no hago esto, no podré usarte para lo que hace algunos años te sembré.

"Por favor Señor" – dijo el bambú- "yo no podré vivir más... ¿cómo podré vivir sin corazón?

- "Debo sacarte el corazón, de lo contrario no podré usarte"

Hubo un profundo silencio...algunos sollozos y lágrimas cayeron en el bosque. Nadie entendía lo que estaba pasando y las intenciones del Señor. Después el bambú se inclinó hasta el suelo y dijo: - "Señor, poda, corta, parte y divide, saca mi corazón y tómame completo"

El Señor deshojó, el Señor arrancó, el Señor partió, el Señor sacó el corazón.

Después llevó al bambú y lo puso en medio de un árido campo y cerca de una fuente donde brotaba agua fresca. Ahí el Señor acostó cuidadosamente en el suelo a su querido bambú; ató una de las extremidades y de su tallo a la fuente y la otra la orientó al campo.

La fuente cantó dando la bienvenida al bambú. Las aguas cristalinas se precipitaron alegres a través del cuerpo despedazado del bambú. Corrieron sobre los campos resecos que tanto habían suplicado por ellas. Ahí se sembró trigo, maíz, soya y se cultivó una huerta. Los días pasaron y los sembradíos brotaron, crecieron y todo se volvió verde...y vino el tiempo de la cosecha.

Así el tan maravilloso bambú de antes, en su despojo, en su aniquilamiento y en su humildad, se transformó en una gran bendición para toda aquella región, cuando antes era solo grande y bello y crecía solamente para si mismo y se alegraba y vanagloriaba con su propia imagen y belleza.

En su despojo, en su aniquilamiento, en su entrega, él se volvió un canal del cual el Señor se sirvió para hacer fecundas las tierras. Y muchos, muchos hombre y mujeres encontraron la vida y vivieron de este tallo de bambú podado, cortado, arrancado y partido"

Ese engreído bambú que el Señor decidió podar era yo misma. El cortó mis ramas, me podó, me quitó el corazón para después sacar un bien mayor. Al igual que el bambú llevaba una vida engreída, pues pensaba que merecía el mejor trato y el mejor lugar, que todo lo merecía.

El dolor que experimenté con esta experiencia, me ha hecho compadecerme del que sufre. Sentir con el que sufre. No ser nunca indiferente ante los sufrimientos ajenos. Sé lo que siente el que sufre y está solo sin ayuda. De esta manera, intento cuando alguien sufre a mi lado, responder en la medida como Dios siempre ha respondido por mí. Alentar, guiar. Intentar consolar. Imitar ese corazón del Buen Pastor que deja a sus 99 ovejas para ir en busca de la perdida. Que se lanza a la cañada por aquella que se ha caído al abismo.

Los que amamos a Dios somos tan felices aún en medio del dolor, porque sabemos que Cristo nos une amorosamente a su cruz. Y si tanta felicidad nos da Dios al amarlo aquí en la tierra, ¿qué será de la felicidad que nos tiene reservada para el cielo, cuando lo veamos cara a cara tal cual es? Eso, no me lo quiero perder.

"Los golpes imprevistos no permiten muchas veces que uno aproveche de ellos, a causa del abatimiento y turbación que levantan en el alma; mas tened un poquito de paciencia, y veréis como Dios os dispone a recibir gracias muy grandes precisamente por aquel medio. Sin tales percances tal vez no habrías sido del todo malos, pero tampoco del todo buenos".

San Claudio de la Colombiere.

Capítulo 8

Auxilio de los cristianos

Después de haber pasado un año de muchas pruebas, pensamos que llegaría nuestra época de descansar. Al fin, Dios se buscaría a otra gordita y a otra familia a quien pedirle muchos favores.

Preparaba las conferencias para responder a una nueva invitación para ir a El Salvador a un congreso católico y dar varias conferencias en diferentes escenarios.

Un domingo antes de irme a El Salvador, salimos a comer. Llegamos a la casa y cuando entramos casi me quise morir. Se habían llevado muchas cosas y lo que quedaba estaba todo tirado o roto. Mis niños se abrazaron y de la impresión comenzaron a gritar y a llorar. En medio del desorden y de los gritos de mis niños los abracé y les dije que todo estaba bien, que eran solo cosas materiales y que nosotros teníamos a Papa Dios.

Mi marido en la noche me decía que debía de ir a El Salvador a dar mis conferencias. Que creía que iban a ver muchos frutos pues sino, no hubiera pasado esto. Mi humanidad me decía que debía quedarme a proteger a mis niños, mi fe que debía de ir. Pero mi santo marido estuvo allí para −como siempre- darme el empujón que necesitaba.

Llegó el sábado y fuimos a hablar con un sacerdote amigo. El nos recomendó mudarnos de inmediato. A lo que le respondimos que habíamos estado viendo casitas y departamentos y que costaban el doble de lo que nosotros pagábamos, dado que la dueña de la casa donde vivíamos nos ayudaba cobrándonos una renta muy barata. Le comentamos que era prácticamente imposible conseguir algo por ese precio y que teníamos que aprender a vivir en la casa vieja.

Estábamos en el coche cuando Carlos me comentó que era el día de María Auxiliadora, su patrona desde niño, la "Auxiliadora.....de los Cristianos". Le comenté que le pidiera mucho, pues para salir de esa situación de conseguir casa, necesitábamos un gran "auxilio".

Cuando estábamos en vías de llegar a la casa sonó el celular. Era la tía de una amiga para decirme que nos veíamos en 15 minutos en una dirección ya que iba a mostrarme una casita muy barata. Mi marido se enojo pues me decía que no era el momento de ir a ver casas, sino de irme a preparar las cuatro conferencias que debía de dar en El Salvador y que me habían llevado en el robo.

Llegamos a una casa hermosa de ladrillitos tipo mexicana. Cuando nos dijo cuanto costaba, nos echamos a reír. Le expliqué ahora con más detalle que nosotros no teníamos posibilidades de ese tipo y para que entendiera mejor, le expliqué el tipo de personas que éramos.

Nos fuimos a la casa mudos. Carlos me dijo que esa no era nuestra realidad y que debíamos de aceptarlo por más que la casa nos hubiera gustado mucho. Me pidió que me concentrara en mi viaje para que pudiera el Señor actuar.

Llegué a la casa a elaborar las conferencias que debía de dar. Me sentía un poco triste de que Dios me hubiera llevado a ver una casa para luego decirme que no. Traté de concentrarme con las conferencias, sin embargo no hacía sino pensar en la casa. Hice mi maleta y me acosté a dormir.

Salí al aeropuerto a las 4 de la mañana. Llegué, me registré y pasé a abordar el avión. Durante el vuelo y después de haber hecho mis oraciones, me quedé dormida. Soñaba con la casa todo el tiempo, de cómo la decoraría y de la gran seguridad que tenía. Le pedí a Dios que borrara la casa de mi mente.

Aterrizamos en El Salvador. Caminé por el aeropuerto hasta la aduana. Estaba contenta, pues me había costado mucho humanamente hablando decidirme a ir. Después de lo del robo, era natural que quisiera estar con mis niños pues apenas había pasado una semana. Pero mi fe me decía que Dios quería probar de nuevo mi confianza. Y mi esposo me había motivado a ir. Recordaba que los viajes y los aviones me hacían sentir como cuando me fui de Venezuela a Manila: "como Pablo de Tarso en su caballo conquistando a los paganos con su fe".

Me presenté en la aduana. Por alguna extraña razón, el guardia de turno lo que hacia era ojear mi pasaporte. Pensé que como era en domingo y temprano estaba medio dormido, más que yo. Al ver que no había progresos, que los pasajeros que venían conmigo en el avión ya habían pasado y que el señor repetía la misma rutina de ojear mi pasaporte una y otra vez, le pregunte que era lo que le pasaba. El en tono poco entusiasta me dijo que no encontraba mi visa. Le dije de qué visa está hablando usted. Me dijo que de la visa para entrar a El Salvador que los venezolanos necesitábamos. En eso, salí con un típico comentario imprudente de los míos e hice una broma muy fuera de lugar. Le dije que efectivamente no iba a encontrar la visa de El Salvador, pero que allí estaba la de Ecuador, la de Filipinas, la de México o la de Estados Unidos. No me había terminado de reír cuando estaba en la oficina de migración detenida.

Cuando caí en cuenta de mi imprudencia, comencé a dar peores explicaciones al jefe mayor que me hacía preguntas de forma muy educada. Le hablaba de que era como una especie de misionera moderna y que venía a hablarle a la gente de Dios. Que al día siguiente tenía que presentarme en varios programas de radio y una de televisión y que en verdad me urgía pasar. Luego le dije que lo que pasaba era que mi amigo el demonio alias "el chamuco" en mexicano, nunca me dejaba sola y que como venía a acercar almas a Dios el estaba haciendo de las suyas. De solo acordarme lo que les dije, no comprendo cómo no me llevaron a un manicomio o a la cárcel. Parecía una verdadera loca.

El guardia no sabía si meterme presa por ilegal o por loca. Continuaba diciéndole que Dios estaba conmigo y que tenía plena confianza en que Él, no me iba a dejar sola. Luego le sacaba mi rosario y todas mis estampas. El Señor no salía de su asombro. Luego me comentó que no entendía cómo en México no se habían dado cuenta al chequearme en la aerolínea que no era mexicana y que no sabía cómo me habían dejado salir, pues la aerolínea debió de haber revisado mi pasaporte y darse cuenta de que no llevaba visa. Le dije que ya estaba acostumbrada a que todo lo raro pasa conmigo. Que era normal en mi las rarezas.

En eso me contestó que tenían que regresarme en el primer avión y que si seguía hablando me iba a dejar el avión en el que me había venido y que el próximo era a las 7 de la noche. Si me dejaba al avión tendría que quedarme en la oficina bajo custodia. Le pedí que por favor me dejara avisarle a mi amiga pues sino iba a llamar a México y mi esposo se iba a angustiar pues iba a saber en que parte del camino me habría perdido, si de la casa al aeropuerto del DF, o en Guatemala donde había hecho escala. El accedió un poco resignado. Creo que estaba un poco cansado de escucharme hablar.

Salimos los dos corriendo a la puerta: un guardia que me seguía los pasos y yo. Al verme, a mi amiga se le quitó la sonrisa en cinco minutos cuando le conté que me estaban deportando. Le pedí dinero pues solo traía 200 pesos y le pedí que le avisara a Carlos.

Ella me tomó del brazo y me dijo que no me podía ir así, que iba a hacer unas llamadas. El guardia se puso nervioso pues estaba prohibido salir de allí y mi amiga me jalaba el brazo y el guardia el otro brazo. Quedé con un sándwich en medio de los dos y una media reja que había entre los dos. Mi amiga llamó a una amiga que trabajaba en el gobierno. Ella le dijo que no había nada que hacer, que tenía que regresarme a México, sacar la visa y volver.

Le tomé la mano a mi amiga y le dije que no podía desanimarse, que teníamos que confiar en Dios, que iba a regresar. Ella iba a llamar a la embajada y arreglar lo de mi pasaporte mientras el guardia me suplicaba que me volviera a meter al aeropuerto porque estaba violando las reglas de migración. Y que ese si era un motivo para meterme presa.

Salimos corriendo por mi maleta. Comenzamos una larga carrera hasta la puerta de salida. El aeropuerto esta hecho para ir en una dirección pero no para regresar con la maleta en sentido contrario. Subimos varias escaleras mecánicas en sentido contrario jalando la maleta y corrimos por todo el aeropuerto. El guardia entre el trajín me hacia preguntas de carácter espiritual. En algún momento de la carrera tocamos el tema de la confesión. El me decía que tenía muchos años sin confesarse pero que sí creía en Dios. Mientras subíamos unas escaleras cargando la maleta mientras sudaba del calor, le decía que se animara a confesarse que yo era asidua fanática de la confesión y que era un hermoso sacramento donde me encontraba con Dios cada vez que iba. Me dijo con los ojos llorosos que así lo iba hacer pero que él era "muy mala persona". Lo animé diciéndole que Dios había estando mucho tiempo esperando por él y que ya era hora de buscarlo. Que el pecado nunca puede ponerse en una misma balanza con el amor y la misericordia de Dios. Que el amor de Dios es infinito, en cambio el pecado es puntual, limitado. Que Dios lo estaba esperando. Que no lo hiciera esperar más.

En eso la conversación se vio interrumpida. Íbamos por el pasillo central del aeropuerto cuando el guardia me dijo que mirara al cristal, que mi avión ya estaba echando para atrás para tomar camino a la pista. Solo de pensar que tendría que quedarme hasta las 7 de la noche allí detenida en una oficina no me daban nada de ganas. Aceleramos el paso hasta que llegamos a un counter al final del pasillo. En eso, la persona que me atendió me dijo "qué pena, su avión ya salió a la pista" cuando le iba a contestar sonó el teléfono. Era el presidente de la aerolínea preguntándole por mí. El encargado le dijo que tenía a la señora en frente y luego se puso todo rojo. Llamó por el radio y mandó a parar el avión. Me pidió unas disculpas por no haberme dicho que necesitaba visa y me mando a correr de vuelta.

El avión se volvió a conectar al túnel. Esperaba allí a que se estacionara. En esos segundos el guardia militar que había corrido todo el aeropuerto conmigo me decía todo sudado: "Señora, usted debe de ser bien famosa. Nunca había visto que regresaran un avión por alguien". Me reí y le dije que el jefe del cielo siempre estaba conmigo. Que Él cuidaba de mí. Que yo solo era la hija del carpintero.

En esos minutos tuvimos una conversación muy espiritual, de esas donde sientes que el Espíritu Santo está allí, mostrando su amor de forma descarada. Él me dijo que había sentido algo especial dentro de si y que saliendo de trabajar se iba a buscar a un padre a una Iglesia. Que me agradecía mucho mis palabras. Me monté como una loca toda sudada de la carrera mientras mi amigo el guardia me despedía con mucha emoción dándome un fuerte abrazo. La escena daba risa. El guardia terminó con lágrimas en los ojos como si fuera mi hermano. Mientras pensaba que fácil es evangelizar y dar consuelo a otros cuando tienes a Dios en tu corazón. No requiere nada más que estar abiertos a las oportunidades para dar lo más valioso que hay en uno: el amor de Dios.

Entré en el avión y la gente se me quedaba mirando con cara de "pocos amigos". Me senté toda sudada y respiraba como loca. La persona que estaba a mi lado me dijo que lo disculpara pero qué quién era yo para que hubieran regresado el avión.

Le dije que era "misionera moderna" mientras me sonreía de verle la cara de sorpresa mientras me imagino que pensaba: "¿regresaron el avión por una misionera? esto no me checa". Y comencé a echarle mi discurso de loca que le había dado al guardia de seguridad. Al rato estaba todo el avión volteado escuchándome, aquello parecía un mitin proselitista.

Al terminar mi mitin me comencé a reír sola. En verdad había sido una experiencia muy chistosa. Me encantaba estar en manos de Dios pues nunca sabía lo que iba a suceder.

Me bajé del avión después de haber ido a Guatemala dos veces con la escala de ida y de vuelta. Llegué a mi casa y mis hijos estaban felices. Andrea me preguntó que si tan rápido había ayudado a Papa Dios. Le dije que no, que al día siguiente lo ayudaría. Mi marido en la radio haciendo su programa dominical. Cuando le hablé no me creía lo que había pasado. Había salido a las 4 de la madrugada de la casa y estaba regresando a las 4 de la tarde del mismo día habiendo ido a Guatemala y a El Salvador.

En la noche me habló mi amiga a decirme que el boleto tenía que recogerlo en el aeropuerto y que a la embajada iba a llamar temprano, que estuviera de primera cuando la abrieran. Le dije que íbamos a hacer la lucha, que no se preocupara.

Caí como tronco dormida. Venía arrastrando el cansancio del robo todavía. A la mañana siguiente me fui a la Embajada. Lo malo fue que equivoqué el estacionamiento y me paré como a cinco cuadras de distancia. Casi no podía caminar, los pies por el viaje del día de ayer me dolían a morir.

Al fin encontré la embajada. Me sorprendí mucho al entrar. Era la misma embajada donde habíamos sacado la visa para ir a Filipinas. Aquello me pareció un buen presagio.

Entré a las oficinas como loca. Me atendió un señor. Le dije en medio minuto que necesitaba la visa de El Salvador de inmediato pues el día de ayer me había deportado y que yo era una misionera moderna y que por favor se apurara.

Con este discurso tan persuasivo, legal e hilado, por supuesto que le caí demasiado "bien" al señor. Me dijo que si tenía la carta de invitación, a lo que le dije que no. Me preguntó que si tenía el boleto, le respondí que tampoco. Me preguntó que si tenía las fotos, le respondí que menos. Me preguntó que si tenía la copia de mi forma migratoria y le dije que ni de casualidad. Pero que necesitaba que me diera la visa de inmediato, pues tenía que embarcarme en el avión de las 12 del mediodía.

El señor me dijo que de ninguna manera podía darme la visa. Que además, aunque tuviera todos los documentos se tardaban tres días hábiles. Le dije muchas incoherencias y razones espirituales de por qué darme la visa. De solo recordarlo me da risa y a la vez que "loca" fui. El señor ponía cada vez más cara de enojo a medida que abría la bocota y le daba pésimos argumentos. Era como la ley del pantano: mientras más hablas más me hundía en el fango. Luego le dije que me llamara al cónsul que él ya sabía de mí, que si era necesario lo sacara del baño. El señor se molestaba aún más. ¡Qué Señora tan impertinente! Intentaba llamar a El Salvador, pero me imaginaba que mi amiga había apagado el celular porque debía estar en la televisión.

Las personas que esperaban estaban molestas conmigo y el señor que me atendía me quería matar. Seguía insistiendo en que debía de darme la visa por la salvación de las almas. El señor llamó al guardia para que me sacara de la embajada pues él hablaba en términos legales y yo le contestaba en términos espirituales. Cuando estaba a punto de sacarme por el brazo de la embajada por loca e irrespetuosa y de querer tirar la toalla sonó el teléfono. En eso escuché que decía "si, está aquí en frente la señora. Por supuesto que la estamos ayudando. Claro que si, ella estará con ustedes sin falta." Al verle la cara de molestia al que atendió el teléfono, casi me pongo aplaudir mientras le decía: "Se lo dije Señor".

El guardia de seguridad estaba a mi lado pidiéndome salir de la embajada.

Después de esto, llamó al señor y al oído le dio indicaciones. El señor furioso me dijo que corriera al banco a pagar. Iba cojeando del dolor que tenía en los pies. Fui a pagar al banco corriendo por la banqueta y al regresar a la embajada me entregaron mi pasaporte con la visa estampada. Salí con mi visa carcajeándome de la risa, no sin antes decirle al señor que en verdad todo lo que le había dicho era cierto y que Papa Dios nunca me abandonaba. Le leí en la cara al señor un "usted es una loca" mientras me reía de como Dios siempre hace de lo imposible un posible.

Me monté en el coche y manejé lo más rápido que pude a mi casa. Carlos no me podía llevar porque estaba declarando en la policía acerca del robo. Del coche llamé a la línea de taxis. Cuando llegué a la casa, allí estaba el taxi esperándome. Le dije que tenía que estar en 45 minutos en el aeropuerto y el señor me dijo: "un lunes a las 11 de la mañana señora eso es imposible estamos al lado opuesto de la ciudad", mientras le decía que no se preocupara que no iba a haber tráfico en el periférico de la ciudad.

Me monté en el taxi y en 30 minutos llegamos al aeropuerto. El taxista me decía que era increíble que la autopista parecía domingo de lo vacía que estaba. Llegué al mostrador y enseguida me recibieron con bombos y platillos. Era la famosa familia "amiga" del presidente de la aerolínea que habían deportado el día de ayer por un error de la aerolínea al revisar mi pasaporte. Me chequearon en medio segundo y a los 15 minutos ya estaba adentro del aeropuerto riéndome sola.

Me monté en el avión y me quedé dormida de tanta carrera, además de que la película la había visto cinco veces y la revista dieciséis. Durante el vuelo, seguí soñando con la casa. No lograba dejar de pensar en ella.

Aterrice en Guatemala de nuevo y finalmente en El Salvador. Pasé sin problemas la aduana mientras los guardias me saludaban con una sonrisa. Afuera estaban esperándonos unas lindas señoras. El tema de conversación fue el cómo me habían deportado y el cómo me habían dejado salir de México. Les contaba que lo raro era que si me habían pedido el pasaporte con la forma migratoria y que habían visto que no era mexicana pero que nadie me había pedido visa. Luego me reía contándoles todas las aventuras "de loca" que había vivido, pero que lo bueno era que de seguro el guardia que me asignaron se había ido a confesar. Les comentaba que siempre hacía el papel de desequilibrada, pues me pasaban cosas tan raras y que siempre luchaba contra ellas yendo a contra corriente queriendo lograr lo que no se podía lograr.

Creo que en esos momentos siempre salía a flote mi espíritu aventurero. Aquel espíritu que mi hada madrina me había infundido y que había caracterizado a todos los miembros de mi familia. El luchar por los ideales, cualquiera que estos fueran, sin importar lo que los demás dijeran, lo que los demás pensaran, lo que la sociedad estipulara. En este caso, era mi fe la que siempre me movía a conseguir lo que no se podía conseguir. Ella era el motor que me impulsaba a más. La que no dejaba que me conformara con lo hasta ahora logrado. Mi fe me decía que debía de ir a El Salvador, pues pensaba que alguien estaba esperando encontrarse con Nuestro Señor a través de mí. Por esa alma había hecho una vez más, el papel de loca y hacía que el dolor que experimenté en el robo de mi casa, no me robara una vez más el amor que había prometido dar a través de mi entrega.

Al día siguiente fue la inauguración del congreso de la mujer al que habíamos ido. En teoría era lo más importante para lo cual me habían invitado. Al finalizar el discurso inaugural me levanté de inmediato y le dije a mi amiga la presidenta del congreso que necesitaba irme a caminar y que le suplicaba que no me dejara todo el día sentada en ese pódium. Había estado sentada en muchos aviones por 24 horas y que en verdad estaba demasiado hiperactiva.

Salí muy rápido de allí, mientras mi edecán me perseguía por todo el hotel. Me puse a caminar mientras me sentaba por ratos en una sala del hotel. En eso, vi a una joven colgando cuadros en el pasillo para una exposición. Me le acerqué y le pregunté qué hacía. Me comentó que era directora de una fundación y que estaba organizado una exposición para recaudar fondos. Allí iniciamos una conversación de varias horas. Creo que hasta la ayudé a colgar los cuadros. Nos identificamos rápidamente, pues yo también era directora de una fundación. Hablamos de los inconvenientes que pasamos para recaudar fondos y pagar la "planilla" (nómina).

Al cabo de un rato le hablaba por su nombre de pila a mi nueva amiga. Me preguntó que hacía y por qué había ido a El Salvador. Le conté toda la historia y le dije que había ido a dar una conferencia. La invité al congreso. Ella me contó los problemas familiares y personales que tenía casi le di un acompañamiento mientras colgábamos cuadros. Me dijo que iba a ser lo posible para oír mi conferencia. Pensé que quizás esta era el alma por quien Dios me había llevado.

En la tarde me tocó hablar a mí. Recuerdo con alegría que cuando entré al congreso, ella estaba sentada atrás esperándome a que llegara. Se paró a saludarme y me dijo que había ido a oírme y que se había ido a cambiar a su casa. Estaba vestida muy elegante.

Di mi conferencia la cual quedó muy mala ya que gracias al robo no había tenido tiempo de prepararla. Realmente es la peor conferencia que he dado en toda mi vida.

Al salir de la sala, mi amiga estaba esperándome muy emocionada para decirme que le había encantado. Le dije que esperaba no haberla defraudado.

Esa noche caí agotada en la cama pero feliz. Estaba haciendo lo que realmente me gustaba, para lo que Dios me había creado, acercar las almas a Él. Estaba feliz por la nueva amiga que había hecho y la experiencia que había significado. No tanto por la conferencia tan mala que había dado. Ya se me había olvidado el robo, más bien, el cariño que recibí de todas estas bellas personas hicieron que el robo se me olvidara.

Estuve allí por espacio de una semana. Di todas mis conferencias. El cariño que recibí de las salvadoreñas fue muy grande. El Salvador me robó el corazón. El dolor del robo ya había desaparecido, la confianza en los planes de Dios, mi fe y el donarme a los demás me hicieron salir de mi misma y no centrarme en mis problemas, en mi dolor. Este viaje restauró mi confianza.

Una vez más pensaba que había recibido una lección por parte de Dios. Pensaba que debía de ir porque Cristo quería decirles algo especial. Y resulta que fue al contrario, Cristo quería que yo fuera porque quería decirme a mi algo especial. Quería apapacharme, decirme que me amaba, recordarme el por qué estoy en este mundo y la misión tan hermosa que nos entregó.

Reflexionando en este viaje y en todas las conferencias a las que fui, Él me hizo saber otra vez por quién me había llevado. El alma por quién quería que fuera a El Salvador, era la mía propia.

Cuando despegó el avión - en mi despegue número seis- me emocioné mucho. Veía como otra vez Dios me hablaba a través de las circunstancias de vida, especialmente las difíciles, las pruebas, aquellas en que no entendemos nada. Este viaje había sido un hermoso regalo. Como muchas veces cuando he despegado de otras ciudades, vi al cielo y dije: "misión cumplida" mientras me recordaba de Pablo de Tarso en su caballo y la ilusión con que un día despegué de Venezuela.

Recibí muchos regalos de estas hermosas nuevas amigas. Me pusieron en mis manos los medios para que pudiera escribir este libro. Me dieron infinidad de obsequios para mis hijos, parecía que era navidad. Llegué a México feliz de la vida, totalmente transformada. Mis hijos al darles tantos regalos me preguntaron que si había ido a Disney World. Les dije que no, que había ido a El Salvador, pero que había sido mejor que haber ido a Disney World.

A pesar del dolor de oídos, me fui a trabajar. Durante ese día, recibí una llamada. Era la corredora de la casa. Al contestarle pensé "qué insistente la corredora". En eso, comenzó a decirme que el dueño de la casa había decidido rentármela por lo que pudiera pagar. Le dije que eran tres veces menos de lo que el pedía, a lo que me dijo que él accedía.

Colgué el teléfono y a pesar de estar en una junta comencé a brincar de la emoción. No lo podía creer. Llamé a mi esposo y me dijo que no jugara con eso. Le costaba trabajo creerme lo que le estaba diciendo. Nos mudamos en una semana a nuestra nueva casa la casa que la Virgen una vez más había buscado para nosotros. Y con ello, nos sentimos todos aliviados de dejar de vivir con tanto miedo.

De igual forma, una vez más la Virgen estaba velando por nosotros, por tercera vez consecutiva había conseguido mi hogar, ahora bajo la advocación de María Auxiliadora. La Virgen había venido a "auxiliarnos".

Unas semanas después de este acontecimiento, recibí un mail de la joven que había conocido mientas montaba cuadros en el hotel donde di la conferencia en El Salvador. Me dijo que gracias a nuestra conversación había decidido ir a hablar con un sacerdote y que había decidido regresar con su esposo e intentarlo de nuevo. Se sentía muy feliz y quería agradecerme mucho esa conversación que tuvimos donde ella, sin conocerme se sintió inspirada a contarme sus problemas.

El robo de mi casa fue una oportunidad para ordenar muchas cosas. Y me hizo recordar un libro que me leí una vez que se llama "La crisis en la mitad de la vida" por un sacerdote y monje alemán benedictino que es doctor en psicología, teología y ciencias empresariales llamado Anselm Grun[3] Este libro explica la crisis por la que pasamos entre los 40 años y 50 años de una manera muy profunda basado en conferencias que dictaba un sacerdote llamado Johannes Tauler en el año de 1300.

La crisis de la mitad de la vida es una crisis vital por la que todos pasamos alguna vez en la vida y a veces ni siquiera llegamos a los cuarenta para tenerla. Tauler hace una comparación con el número cuarenta que es bíblico. Cuarenta días donde estuvimos distraídos con muchas cosas pero cuando ese día llega es como si Jesús nos llevara al desierto. Cuarenta días entre la resurrección y la ascensión y luego otros diez días que son los cincuenta para la venida de Pentecostés sobre el alma.

Es la fecha del demonio meridiano, de la segunda juventud. Mitad si, mitad no. Donde nos encubrimos hasta la fecha en una cortina para no vernos realmente como somos.

En la apretura del alma ocurre el autoconocimiento. El Señor debe de derrumbar la catedral y dejar incluso que vengan los demonios interiores a visitarnos porque esta es la única manera como podremos dejar que el Espíritu Santo nos guíe por ese sendero del autoconocimiento para llegar hasta el fondo del alma donde reposa mi verdad.

Es el Espíritu Santo el que nos ayuda a descubrir lo que de nosotros mismos no es verdadero. Aquello que no nos deja avanzar. Es el que nos guía por ese sendero del autoconocimiento siempre y cuando nosotros colaboremos y dejemos abrir el alma de par en par para que la gracia nos penetre.

---

3 P. Ansel, Grun. La crisis a la mitad de la vida. E-Mail: Ansel.Grun@ Abtei-Muesnsterschwarzach.de. Internet: http://www. Abtei-Muesn-sterschwarzach.de. Traducido por Carlos Castro Cubells http://www. domingo.org.ar/vida.en.gracia.html

En esa apretura de alma es desagradable porque es como quitar las máscaras que encubren todo. Es justamente tocar ese fondo del alma y descubrir lo que realmente somos para luego aceptar lo que podemos llegar a ser. Es llegar a ese fondo del alma.

Ese fondo del alma habita lo más íntimo del hombre, donde todas las fuerzas se unifican. El hombre está en verdad consigo mismo y Dios habita en él. Es el recinto sagrado donde hemos sido creados a imagen y semejanza de Dios. Es como si tuviéramos un sello de fábrica de Dios Padre. Como dicen los padres espirituales, en ese recinto todo es santo y sano. No se alcanza el fondo del alma por nuestras propias fuerzas ni siquiera con mucha oración. Sino únicamente por el abandonarse y entregarse a la voluntad de Dios para llegar a ese autoconocimiento interior.

Normalmente el alma siempre reacciona mal ante la crisis. Porque ninguno queremos estar allí. Y nos desorganizamos internamente. El Señor nos ha quitado el orden que teníamos, nuestras seguridades humanas.

La imagen que Tauler usa es que el Señor desordena la casa. Es como un poco agarrar un juego de cartas y lanzarlo al aire. Él tira al aire y caen al piso todos los elementos que estaban ordenados con el único fin de que el alma tenga que buscar aquello que aún no ha encontrado, aquello que está perdido, que no está a la vista porque incluso se ha mimetizado o fundido con su entorno o con la situación que vive.

Y esto sucedió con el robo de mi casa. Antes del robo, pensábamos que todo estaba ordenado. Es más, pensábamos que todo estaba en un perfecto orden. Pero cuando llegaron los ladrones, deshicieron todo. Revolvieron todo. Tiraron todo al piso. Y nos tocó la dolorosa tarea de agacharnos con humildad a recoger lo que había quedado después de esa horrible experiencia. Vimos la casa vacía de todo aquello que habíamos acumulado y que nos había costado mucho comprar. Recordar o darnos cuenta de que habíamos perdido cosas valiosas. La computadora que tanto necesitaba y que mi marido había comprado en cuotas por dos años. La joya heredada de mi abuela. Ropa. Todo. Todo el miedo que experimentamos porque nos sentimos vulnerables ante esa invasión de extraños a nuestro mundo interior, a nuestra privacidad.

Tuvimos que limpiar a fondo la casa. Nos deshicimos de cosas que no necesitábamos y que ni nos acordábamos que teníamos. Perdimos otras buenas que siempre usábamos. Y encontramos bajo el sofá algunas que estaban perdidas. Nos deshicimos de cosas que habíamos acumulado con los años y que estábamos apegados a ellas. Que quizás, no nos atrevíamos a tirar o regalar. Mi casa después de una semana de limpieza, de tirar, de recoger y de encontrar, quedó más ordenada que al principio, más limpia, más reluciente. Incluso creo que más ligera.

Así queda el alma después de esta apretura. Después de una cita si lo asumimos con fe. Pero la psicología siempre reacciona mal ante esta situación que es únicamente obra de la gracia de Dios e intenta hacer una huida.

Podemos optar, como dice Tauler, por la huida del encierro en sí mismo. El alma no habla, se encierra en su mundo y busca sus maneras y sus formas de resolver su crisis interior en silencio. Y el silencio interior es una maravilla pero no para cuando estamos en crisis.

También podemos optar cuando experimentamos algún tipo de dolor, por las huidas de las reformas externas. Son las personas que huyen del dolor interno no siendo capaces de entrar en sí mismos, dentro de sí mismos y lo que hacen es que buscan sacar todo ese dolor reformando lo de afuera, controlando lo externo. Monjes que querían reformar el monasterio o incluso la orden. Reformas de estructuras e instituciones. La trampa está en pensar al escuchar esto que es negar el querer hacer cambios cuando son necesarios. Todos necesitamos renovarnos constantemente pero no con un mecanismo de huida al dolor. La imagen que tengo es que primero hay que renovar el propio corazón y una vez que no haya dolor o heridas, intentar renovar lo exterior con mucha paz y serenidad, pero sabiendo que es solo obra de la gracia de Dios.

También la mente puede huir proyectando el ideal de vida en otra parte. Pensando que si me mudo pasará mi dolor. O que si cambio de vida, pasará mi dolor. O si cambio drásticamente de vida, pasará mi dolor. Y no está mal hacer cambios, pero si trato internamente mi dolor. De la forma que necesite tratarlo.

Aquí hay que tener mucho cuidado, porque muchas personas cuando no saben cómo solucionar su dolor interior, derrumban sus creencias y adquieren después del hecho de dolor unas creencias que van en contra de lo que siempre habían pensado o practicado. Personas que ya no creen en la iglesia, en Dios, o pierden la fe por un hecho de dolor. Continúan la vida con una aparente paz. Pero al cabo de un tiempo, se topan con una amargura interior mucho mayor al dolor que experimentaron cuando sufrieron su perdida, su dolor, la situación que los sumió en ese dolor.

Existe otra huida que la mente hace, que es la nostalgia del pasado. Es mirar atrás y sentirse víctima por lo que pasó. Recordar el pasado y lamentarse por lo que no fue. Lo que pudo haber sido y no fue. Lo que hubiera querido ser de una manera y no fue. Es lamentarse por lo que pudo haber sido y se vio truncado de manera quizás, hasta trágica. Es vivir llorando el pasado. Es pensar en el "si no hubiera" o "si hubiera". Y esto no nos permite sanar. No nos permite dejar ir. Porque dejar ir no es lo mismo que dejar de querer. Es solo aprender a vivir sin aquello que perdí y abrirme a lo que pude haber ganado. Pero solo podremos lograrlo si nos agachamos con humildad a preguntarle a Dios que quiere enseñarnos a través de cada una de esas experiencias de dolor que el permite en nuestra vida.

Con esta experiencia solo perdimos cosas materiales que nos hicieron aún más desprendidos, pero ganamos una inmensa confianza en Dios y en la Virgen María. A la Virgen la pusimos en nuestro jardín entre las flores y las plantas. Se ve desde cualquier lugar de la sala. Ella es "la reina" de nuestro hogar y desde ese lugar le rezamos un rosario en familia para alabarla hasta la eternidad.

María es la madre que nunca nos deja solos, que nunca nos falla. María Auxiliadora de los Cristianos, en su día, vino a "auxiliarnos" una vez más. Ella, al igual que su hijo, siempre está allí esperándonos para acobijarnos y bendecirnos en nuestros esfuerzos. A Jesús se le llega por medio de María.

"Si ante el recuerdo desconsolador
de tus muchos pecados y de la
severidad de Dios, te sientes ir
hacia el abismo del desaliento o
de la desesperación, lánzale
una mirada a la estrella,
e invoca a la Madre de Dios".

San Bernardo

Capítulo 9
Señora del silencio

En Abril del 2005, me trasladé a una ciudad de la república mexicana para dar dos conferencias a un grupo de jóvenes.

Al terminar la conferencia, me hicieron varias preguntas. A decir verdad, solo recuerdo la última. Una joven sentada en las primeras filas me preguntó cómo podía afirmar que era mucho más feliz desde que me llegó mi enfermedad. Recuerdo que sentada en la tarima les dije algo así: "miren, es muy sencillo, mi vida tiene un solo sentido, acercar almas a Dios y Él se ha valido mucho de mi sufrimiento para este fin. Hoy, les he dado esta conferencia a 900 personas aproximadamente. Si una de ustedes - solo una- decide hoy salir de aquí con la decisión de abrirle su corazón a Dios; y escuchen bien, no estoy diciendo de "consagrarse o irse de monja", sino simplemente de abrirle su corazón a Dios para averiguar qué quiere de ustedes, mañana mismo me iría feliz al hospital, porque estaría cumpliendo con esa misión que Dios me dio y estaría valiéndose de mi sufrimiento como un instrumento".

A una semana de haber ido al viaje a dar las conferencias comenzó un dolor y una pesadez muy grande en mi brazo izquierdo, así como un fuerte dolor en el pecho. El doctor le dijo a Carlos que nos fuéramos a urgencias del hospital. Íbamos los dos muy callados. Solo pensaba en la oscuridad de aquella noche donde no había ningún coche en el camino: "Dios mío, llegaré al hospital, el dolor está cada vez peor, no voy a llegar". Mientras me preparaban, mi esposo salió a llamar al neurocirujano. Pensaba en esos momentos "que suerte, no tengo un infarto". Este, al hacerme unas pruebas básicas de reflejos, me dijo que me tenía que quedar internada, ya que no tenía sensibilidad y debía hacerme varios estudios antes de saber que tenía.

Cruzamos al hospital muy tranquilos. Subimos a la habitación. Era un viernes 29 de Abril.

Esa noche me dormí pensando que todo lo que me sucedía era porque soy una simple "habladora" y como el Señor siempre me toma la palabra al pie de la letra. De repente, la piel se me puso "erizada". Vino a mi mente la última conferencia que había dado apenas una semana atrás; pero en especial, la respuesta a la última pregunta donde afirmaba que si una de ellas le abría su corazón a Dios, me iba al día siguiente feliz al hospital. Me parecía increíble pensar que tan solo unos días después de haber dicho esto, me encontrara en una cama clínica de un hospital.

Al otro día, me hicieron el primer estudio. Una resonancia magnética de columna cervical. Me introdujeron en el tubo, la sensación de claustrofobia fue espantosa. Al día siguiente, me vinieron a buscar de nuevo los camilleros para otra prueba llamada "electromiografía". Le dije a mi esposo: "ésta me la conozco, ya me la hicieron una vez" con la voz y la mirada un poco de "sobrada" o de "esto es rutina para mi".

Al día siguiente, vino el doctor a darnos el parte médico. Me informó que mi cuadro era sumamente confuso. Luego nos dijo que la resonancia de la cervical había arrojado una hernia entre la C5 y la C6, que eso explicaba la molestia del brazo, pero no la de la pierna y que el nervio de la pierna estaba funcionando mal, así que el tenía que buscar una falla a nivel de la cabeza. Por otra parte, nos comentó que tenía una escoliosis levo convexa y espina bífida oculta; que esto último no afectaba nada mi funcionamiento, quizás molestias al estar sentada. No salía de mi asombro, ¿cómo nunca se dieron cuenta en mi infancia? Así que pensé que realmente era todo un estuche de monerías.

Luego de este parte médico, la tensión y la preocupación entre nosotros surgieron ¿Algo en la cabeza?, solo podía significar que padecía una aneurisma, o un coágulo.

No pude dormir durante toda la noche. Mi esposo estaba muy angustiado y yo sentía una gran tentación de entristecerme. Esa noche a pesar de mi paz espiritual, de mi vida de oración y de mi ofrecimiento por la fidelidad de las vírgenes consagradas y de los sacerdotes, caí en tentación. No podía dormir y me sentía cansada de tantos piquetes. Pero, más que este sufrimiento físico, al que creo estar ya acostumbrada, me sentía muy temerosa, ¿qué futuro puede depararme si tengo una vena a punto de romperse en la cabeza a los 35 años de edad?, ¿cómo van a crecer mis niños?, ¿podrá mi salud resistir una operación en el cerebro? Todas estas preguntas me llevaron a sentirme muy abrumada y muy sola. Era muy tarde en la noche, sentía que en el cielo, nadie escuchaba mi oración.

Las lágrimas se me escurrían solas y no podía parar de llorar. Es un momento humano de mucho dolor moral. Recuerdo que me quedé viendo la cruz que estaba colgada en la pared justo enfrente a mi cama y con el corazón en la mano le dije: "Señor, ¿no crees que es mejor que me lleves contigo? No quiero seguir haciendo sufrir a mis seres queridos. Me casé con mi marido para hacerlo feliz y lo que ha hecho en 13 años de matrimonio es cuidarme. Ya no puedo verlo sufrir más.

Mientras lloraba viendo la cruz, entró una enfermera súbitamente como acostumbran a entrar cuando uno está internado en un hospital. Entre la oscuridad de la noche y las lágrimas, no lograba reconocer a esta enfermera. Tenía días internada y me había hecho amiga de todas. En eso me dijo: "Hola, mi nombre es Guadalupe, yo voy a cuidarla esta noche. ¿Está todo bien?" Entre lágrimas subí la mirada, y al verle el rostro me percaté de que efectivamente no la conocía. Con lágrimas en los ojos le dije que si, que me sentía solo un poquito mal, pero que ya iba a pasar. Ella me respondió con una dulzura que nunca podré olvidar mientras me seguía haciendo el mismo "cariño" en mi brazo: "no se preocupe, todo va a salir muy bien. Yo voy a estar aquí toda la noche para cuidarla y acompañarla, por favor, cualquier cosa me toca el timbre, aun cuando yo estaré entrando durante toda la noche para estar segura que todo esté bien".

Al salir la enfermera, me quedé totalmente dormida. Creo que este gesto de cariño de alguien totalmente desconocido para mi, me llenó de paz.

La mañana siguiente vinieron a buscarme para hacerme una nueva resonancia magnética de cráneo. Fue muy extraño, pero ya no sentía esa misma tentación que la noche anterior.

A la mañana siguiente, entró el doctor a darme el parte médico. Me dijo que la resonancia de cráneo había salido muy bien, que no tenía lo que pensábamos. Sin embargo, me dijo que el cuadro era muy confuso. Luego me comentó que la hernia en el cuello explicaba el dolor y la pérdida de fuerza en el brazo y que abajo, en la lumbar se veía la L5 (lumbar 5) y S1 (sacro 1) desgastadas y que se veía un abultamiento que estaba pellizcando el nervio.

Luego nos comentó, que el diagnóstico era una "radiculopatía aguda y crónica con neuropráxia del peroneo izquierdo", lo que en lenguaje común significaba que tenía el nervio principal de la pierna pellizcado. Me comentó que íbamos a seguir con desinflamatorios y analgésicos unos días más, luego me los iba a ir bajando y sustituyendo por medicinas y que al unísono iban a comenzar a darme terapias con corriente en el mismo hospital.

Salió el doctor y los dos respiramos. Sentíamos que estábamos "del otro lado". A los 10 días fui dada de alta. Esto fue un 8 de mayo, dos días antes del día de la madre. Mis niños estaban felices, al igual que yo. Llegar a mi casa, fue como entrar al paraíso después de 10 largos días en el hospital.

Estuve en mi casa recostada en el salón de la televisión. En la noche del martes 24 de Mayo alrededor de las 10:00 PM y a dos días de haber estado sufriendo dolores físicos muy agudos, comenzó la recta final de lo que he catalogado, como mi propia pasión interior. El cuerpo se despertó y el dolor se agudizó. No podía estar sentada, el dolor en el área lumbar era insoportable, tanto, que me dolía incluso acostada. Me puse de lado para tratar de que el mismo se calmara. Era el día de María Auxiliadora de los cristianos, así que estuve pidiéndole que por favor me auxiliara en ese trance de mi vida como lo había hecho un año atrás.

A las 3:00 de la mañana colapsé. Mi esposo me vio llorando desconsoladamente y sin fuerzas para hablar. Estaba casi desmayada del dolor y como el mismo describe "con los ojos volteados del dolor". Me levanté como pude. Llegamos a la urgencia del hospital a las 3:30 de la mañana. Era un miércoles 25 de Mayo del 2005. En la puerta, me estaban esperando los camilleros con una silla de ruedas. No podía levantar la cabeza del dolor.

Al entrar a la sala de urgencias en la silla de ruedas, sentí una mano encima de la mía. Al levantar la cabeza una enfermera delgada, de edad mayor y con facciones occidentales, posiblemente española, me dijo: "Me llamo Amparo, no te preocupes, estoy aquí para ayudarte".

Allí estuve, abrazada a la baranda de la camilla. Cuando entró el médico residente, le supliqué que por favor me quitara ese dolor. Recuerdo que en un momento que abrí los ojos, vi a un grupo de enfermeras y médicos observándome. Uno de ellos le comentaba a mi esposo, que ese movimiento se llamaba "hiperflexia" y que podía ser por el dolor, pero también por la lesión.

De repente, volví a abrir los ojos. Había una enfermera con facciones indígenas, con el pelo recogido y muy delgada. Ella estaba tratando de encontrar una vena para canalizarme de nuevo. Me dijo: "no te preocupes, estamos aquí para ayudarte, ya verás que vamos a encontrarte una buena vena y el dolor se te va a pasar muy rápido". Al ver su cara tan dulce, le pregunté cómo se llamaba. Ella me contestó con una sonrisa: "Me llamo Lupita y estoy aquí para ayudarte".

Cerré mis ojos mientras -medio desmayada- pensaba: "Mes de María, día de María Auxiliadora (patrona de mi marido desde chico), Amparo.... que me da la bienvenida, me acoge y me ampara. Lupita, mi madre amorosa. Ángela, un dulce ángel embarazado. Mi doctor se llama Pedro. Que casualidad, esto parece toda una corte celestial".

Llegué a mi nueva habitación. Cerré los ojos para tratar de dormir. Mi cuerpo estaba exhausto de sufrir. Sentía que ya no sería capaz de trascender más aquel dolor. En ese momento, intenté unirme mucho más a mi Señor y me preguntaba recorriendo las escenas de la película de "la Pasión", en qué parte del Vía Crucis me encontraría, si ya estaba entrando en el tercer día de mi pasión personal, de sentir ese dolor tan extremo. En ese momento, le pedía a Dios su fuerza para poder, como Él, llegar al final de aquella cruz, consumar todo aquello que Dios me estaba ahora pidiendo con esta nueva prueba, hacer solo "una" mi voluntad con la de mi Padre, pero hacerlo con amor, sin desesperos y con una gran resignación y paz interior, a pesar del dolor físico. Llegar al final con amor era mi meta, sea cual fuere ese destino final que Él tenía reservado para mí: vivir o morir.

Por esta razón, comencé a repetir la lista de intenciones por las que todo el mes había estado ofreciendo mi sufrimiento. En especial, pedía por la fidelidad de todos los sacerdotes y de las vírgenes consagradas, para que el tiempo nunca desgastara y apagara esa llama de la vocación, para que el tiempo nunca restara esa fuerza y frescura que todos sentimos en el primer llamado, en los primeros años y que a pesar de que el tiempo pasara, pudiéramos todos seguir siendo fieles a esta misión tan especial que Dios nos entregó desde el día en que nos soñó en la eternidad y que estaba segura que esperaba vernos regresar al cielo, a la casa del Padre algún día tal cual Él nos soñó esa primera vez: habiendo sido fieles a nuestra misión.

Por primera vez en tres días pude dormir. A la mañana siguiente, el dolor había cesado considerablemente. Estaba totalmente sedada y dormida, estaba física y emocionalmente muy desgastada. Era la primera vez en mi vida que experimentaba un dolor así, tan intenso y por tantos días. Le comentaba a mi esposo que mi calvario interior, mi propia pasión, había como la de Cristo durado tres días, que me sentía como si hubiera vivido un Via Crucis en todo el sentido de la palabra. Y es que como me dijo el mismo doctor mi dolor físico se originaba en la raíz de los nervios de la columna, en el propio corazón del dolor humano. Las palabras se quedan cortas para explicar lo que viví esos días.

Al día siguiente entraron dos enfermeras que no conocía. Me dijeron que venían a darme un rico "baño de cama". De forma veloz, la enfermera de baja estatura, facciones indígenas, cabello corto, edad media comenzó a bañarme. Del impacto, salí del estado de somnolencia en dos segundos. Después que me dijo esto, le pregunté cuál era su nombre. Me dijo: "Mercedes, me llamó Lupita, estaré aquí todos los días para bañarte".

Después de tantas hospitalizaciones, ya me es muy familiar el olor del hospital, el ruido de la cama clínica cuando la muevo buscando una mejor posición que alivie mi dolor, a los quirófanos, a los piquetes, a las inyecciones, a los estudios, al ruido en el pasillo del hospital que junto con el contraste del silencio en la habitación, te hacen pensar que el mundo es muy ajeno a lo que sufres.

A la entrada y la salida de las enfermeras durante la noche, a ver el cielo por la ventana y preguntarme cuándo amanecerá, como una forma de creer que el amanecer calmará mi dolor. A las noticias de los médicos en sus visitas nocturnas. A las preguntas continuas de los doctores residentes por lo novedoso y enriquecedor de mi caso. Al dolor físico que te causa pasarte de una camilla a otra. Al cambio de las bolsas de analgésicos, al frío de los medicamentos entrando por la vena y a la bomba de suero que timbra avisando que tiene un desperfecto, o que el medicamento se ha acabado. Al menú del hospital. Al menú de la cafetería que tu acompañante ya se conoce de la A a la Z. A las rutas escondidas "solo para personal autorizado" de los paseos a los diferentes departamentos del hospital. A la cara ya familiar del ascensorista y las miradas de lástima de los visitantes en el elevador preguntándose "y a ésta que le pasará".

A los familiares de los pacientes en las cajas del hospital viendo con preocupación el monto de su estado de cuenta. Al personal del ropero trayendo a diario el periódico y la botella de agua. A los videos en alquiler del centro de videos del hospital deseando encontrarte con alguna película motivadora que aún no hayas visto. A las visitas de "cortesía" de los médicos del seguro. A lavarte los dientes en la cama, a aprender a comer en la cama con poca ayuda. A la comida que se te cae encima manchándote la pijama. A la vena nueva que hay que encontrar y a como se comportan cada una de ellas. A los moretones en el cuerpo por tantos medicamentos y como muestra visible del avance de mi enfermedad. A la hinchazón del brazo porque la vena se ha infiltrado de nuevo. A los baños de cama. A usar la bata blanca de hospital. Al acomodo de las almohadas en la cama, tratando de encontrar una posición. Al no poder dormir cuando lo deseas, o a la somnolencia por tanto medicamento cuando no lo deseas. Y a ver el reloj de la pared que marca el paso del tiempo muy despacio sobre todo cuando estas padeciendo de dolor.

Pero sobre todo, a la soledad que debes de experimentar porque finalmente escogiste vivir en un país que no es el tuyo y porque siempre serás un extranjero, en una ciudad donde el ritmo de vida tan agitado que limita el que alguien se tome la tarde o un par de horas en la mañana para irte a visitar. A todas las destrezas que esa soledad permite que desarrolles; como por ejemplo, el levantarte sola para ir al baño, el arrastrar la bomba del suero con la pierna, el jalar el cable para desenchufarlo con los dedos del pie, el enrollar el timbre en la baranda de la cama cuando te quedas sola para que este no se caiga cuando necesites timbrarlo, a rodar la mesa del teléfono para que te quede lo más cerca posible, a abrazar el teléfono o el celular para poder llamar a tu esposo en alguna emergencia mientras te quedas sola. Pero lo más importante que terminas aprendiendo cuando tienes que experimentar esta soledad tan grande, es a ver la cruz que está colgada en la habitación y a la cual, aprendes a entregarle todo tu dolor, toda tu confianza y le abres tu corazón para experimentar su compañía y su profundo amor. Esto es quedarse a solas con Dios.

Después de la resonancia magnética, la densitometría y de pasar el día totalmente dormida, finalmente llegó el doctor con su equipo a mi habitación. Me dijo que tenía tres vértebras descalcificadas por la osteopenia (descalcificación de los huesos) debido a mi enfermedad, con un riesgo moderado a las fracturas. De igual forma, me dijo que un disco se había salido a nivel de la L5 y S1 y que me estaba aprisionando las raíces de los nervios en la zona lumbar que se conjuntaban en la Sacro 1 (en el propio cóccix).

Recibimos muchas visitas de gente con una profunda vivencia de la caridad, que a pesar del trabajo, el tráfico de la ciudad y del ritmo de vida, hacían un espacio para irme a acompañar. Cada una de esas visitas, para mi fue como cuando "La Verónica" se acercó a Cristo a enjugarle su rostro y a darle un poco de agua, o cuando el Cirineo, al final del Vía Crucis y conmovido por el amor de Cristo, después de una caída le da ánimos y le dice: "Ya falta poco, resiste", no solo ayudándolo con el peso del madero de la cruz, sino algo más profundo, diciéndole que juntos podrían compartir ese peso de la cruz para poder llegar a esa meta final por amor a todos nosotros. Qué importante es el acompañamiento de otras personas cuando pasamos este tipo de situaciones, sobre todo, cuando estamos lejos de la patria.

En todos esos días, experimenté una gran paz interior. Para mí, era como haber resucitado en mi espíritu, pues aunque aún no sabíamos si tendrían que operarme, sentía que mi calvario físico había pasado, que mi pasión de tres días, mi viaje por mi propio Vía Crucis interior había terminado. Sentía como si este sufrimiento que estaba viviendo me había limpiado por dentro. Era como si me hubiera tomado un bote de mentol entero.

Ahora, el Señor me había llevado a una nueva dimensión de amor, una dimensión desconocida que nunca antes había experimentado. Ahora me encontraba, con una resurrección de espíritu, estaba experimentando una nueva forma de amor, la más plena, la más cercana a Nuestro Señor, la más dura humanamente hablando, pero a la vez, la de mayor valor, la más completa en términos del sufrimiento humano, la más parecida a Nuestro Señor.

Siempre he pensado que nuestra religión es la única donde no hay que hacer nada para ganarse el amor de Dios pues Él nos amo primero. Él envió a su hijo a morir por nosotros, a cargar ese peso de la cruz. Más bien somos nosotros lo que tenemos que conocerlo y darnos cuenta de cuánto amor tiene Dios para cada uno de nosotros. Para que lo experimentemos de forma personal y única, para que experimentemos su amor. Nosotros no tenemos que hacer nada para que El nos ame. Más bien tenemos que hacer mucho para darnos cuenta de cuánto amor nos tiene.

Todos estos sueños e ilusiones, junto con mi comunión diaria, me mantenían el espíritu como si estuviera la Virgen arrullándome en un pedazo de nube en el cielo. Además de repetir mi jaculatoria de ofrecimiento por la fidelidad y darle un vistazo con mi vista borrosa a mi postal de las llagas de Nuestro Señor, me la pasaba tarareando mi canción favorita de turno con la que siempre me he identificado porque pienso que describe el corazón que quiero tener. Me dormía cantando:

"En esta noche, espero y confío,
suplico una luz en mi camino,
corazón que busca respuestas
a esa sed de eternidad que late dentro,
Señora del silencio,
regálame el manto de tu fe,
Señora del silencio,

Corazón de cumbres encrespadas,
vuela hacia la cimas, más alto
no vuelvas atrás tu mirada
corazón que desafía el horizonte (bis)
Subir miradas hasta dar con su presencia
escucha el silencio de su compañía,
descubre el amor de esta mujer,
Señora del silencio....."[4]

Después de la larga espera que por una semana habíamos tenido y de todos los medicamentos que me habían administrado, no nos quedó duda alguna que la operación era muy necesaria. La operación sería el martes 31 de Mayo día de la visitación de la Virgen María a su prima Santa Isabel a las 6:00 de la tarde. Pensé una vez más que la Virgen estaría conmigo de una forma especial.

Después de esto sobrevino de nuevo una paz especial no solo en mi espíritu sino en el de mi marido. Los dos sabíamos que era necesario.

Ese día cuando ya sabíamos que me iban a operar mi cuñada que vive en Estados Unidos de forma muy generosa nos ofreció llevarse a los niños por dos meses a su casa. Mientras cenábamos sonó el teléfono. Era

---

4 * CD:Desafía al horizonte

mi esposo el cual llamaba para que los niños pudieran despedirse de mí. Todos hablaban a la misma vez, sentía desde el hospital la alegría y el calor de mi familia. Una vez más, la estrategia de la película "la vida es Bella" estaba funcionando. Estaban felices de haber recibido la noticia de que al día siguiente se iban a Estados Unidos con los tíos porque "mami estaba en el hospital para unos estudios y necesitaba descansar".

Al día siguiente llegaron mi esposo y la nana de haberlos dejado en el aeropuerto. Después de mi acostumbrado baño de cama, me platicaron que se habían ido felices los dos. Pensaba que lejos de haber sido una tragedia el que no me verían por dos meses más, el enfoque que le dimos fue tan positivo que ellos así lo asimilaron.

Una vez más aplicamos el criterio de "la vida es bella" enfocar las cosas malas desde la mejor perspectiva de vida y aprender algo de ellas. Esto es la resiliencia. Esa capacidad del ser humano para hacer frente a las adversidades e inclusive, ser transformado de manera positiva por ellas. Si partimos y creemos por la fe de que Dios nunca permitirá un sufrimiento en la vida que no podamos cargar, entonces debemos de pensar que ese mismo Dios Padre bueno, nos dotó de fábrica con esos resortes interiores y con esa capacidad para poder sobrellevar todos los hechos de dolor que experimentemos en la vida.

Después de esta despedida, pasé el día con mi espíritu muy renovado. Sentía una completa paradoja una vez más dentro de mí. Un cuerpo enfermo, adolorido, fatigado de tanto dolor, un cuerpo que no podía levantarse de una cama y de sentir que mis niños ya no estaban conmigo y un espíritu lleno de optimismo, de amor, rebosante de felicidad, lleno de agradecimiento a Dios. Una vez más, vivía esa paradoja en mi ser, donde Dios me permitía darme cuenta de que mi fuerza no estaba en mi cuerpo, en mi organismo, sino en el amor que El infundía en mi corazón.

Pasamos esos días con mucha serenidad esperando la llegada de mi operación. Un día después de mi baño de cama mientras me rodaban de un lado para otro de la cama para cambiar las sabanas mojadas por unas secas - mi enfermera oficial de baño Lupita - me dijo mientras estiraba las sabanas: "Mira Mercedes, que extraño lo que encontré aquí en el colchón debajo de las sábanas, tengo mucho tiempo bañándote y nunca había visto esto en el cambio de sábanas".

Después que me pusieron boca arriba, me puso en la mano una estampa de la Virgen de Guadalupe muy amarilla por el tiempo y supongo que por el agua que le había caído con tanto baño. Al voltearla noté que estaba impreso el nombre de una persona. Abajo decía: "Instituido ministro acólito por el Excelentísimo Señor Cardenal Norberto Rivera Carrera, Arzobispo Primado de México, el 16 de Mayo de 1999. Solemnidad de la Ascensión". Al terminar de leer en voz alta la estampa, Lupita me dijo: "Mercedes, que raro, de quién es eso, ¿conoces a la persona?" Le conteste: "Ay Lupita, mi madrecita no quiere que me olvide que ella está conmigo pero además, que siga ofreciendo todo por la fidelidad de los sacerdotes y de las vírgenes consagradas". ¡Qué casualidad!

Al día siguiente me prepararon para la cirugía con muchos más medicamentos. A las 3:00 de la tarde me desperté del efecto de tanto medicamento. De allí hasta las 5:00 de la tarde, han sido las horas más largas en toda mi vida. No hacíamos sino ver el reloj y contar los minutos. Quería ver llegar al camillero para irme y pasar ese trago amargo. Tenía 33 horas sin tomar agua y 24 horas sin comer. Mi esposo y yo estuvimos muy solos todo el día. Platicábamos de lo que fuera con tal de que las horas pasaran. Cuánta falta hace la familia en estos momentos. Las primas. Los sobrinos. Las tías. Solo Dios sabe.

A las 5:15 de la tarde entró una enfermera anunciándome que ya venían por mi. El camillero me ayudó a pasarme de mi cama a la camilla. Venía todo tapado de azul. Una vez acostada volteé a despedirme de mi esposo. Le dije: "Adiós mi amor, te quiero mucho". Él, con una sonrisa me dijo: "Yo también, nos vemos al rato".

Llegamos al noveno piso. Apareció una enfermera vestida toda de rosado. Al entrar el camillero de gorro azul se despidió de mi con una sonrisa diciéndome: "Señora, aquí la voy a esperar cuando salga. Todo va a salir bien".

Al subir la mirada, vi un letrero que decía: "Preoperatorio" y al lado del letrero un Cristo Negro. Enseguida y con la voz aún entrecortada por las ganas de llorar, pregunté por qué el Cristo era negro. La enfermera me dijo que la leyenda cuenta que había un sacerdote que lo querían matar y que siempre besaba ese Cristo. Sus enemigos le pusieron veneno, donde él lo besaba era en los pies y el día que fue a besarlo el Cristo amaneció negro, pues se había chupado el veneno para salvar al sacerdote.

Luego le conté que era impresionante como durante tantos días en el hospital, había querido decirme de mil formas y maneras que ella estaba allí, presente, conmigo. Le conté como en momentos especialmente difíciles para mí, siempre había una "Lupita" para ayudarme. Al terminar mi relato la enfermera estaba con una inmensa sonrisa. Se me quedó viendo fijamente a los ojos y me dijo: "Adivina cómo me llamo. Aquí está otra Lupita para acompañarte. La Virgen te envía a otra Lupita pues no quiere que te sientas sola".

Entramos al quirófano, Lupita seguía a mi lado. La anestesióloga comenzó a platicarme. Le pregunté que si me iba a mandar a Marte o a Venus...pues había estado por más de 15 días en Marte. Me dijo: "No Mercedes, como crees, te voy a mandar a Cancún" Quien iba a pensar que unos años después me fui a vivir a Cancún. Me pasaron a la camilla. Me conectaron a mi vena la anestesia. De allí no recuerdo nada más.

De repente Lupita me despertó para decirme: "Mercedes ya son las 9:00 de la noche, acaba de terminar mi turno. Te presento a otra enfermera, ella va a cuidarte hasta que te bajen. Aquí te dejo a otra Lupita para que te cuide. En eso, escuche que dijeron: "Lupita, ya llegaron por tu paciente". Así que Lupita con una sonrisa me dijo: "Mercedes, ya te vas a tu cuarto".

Mientras esperábamos a que la puerta que daba al pasillo hacia el elevador se abriera, le dije que no me dolía más de lo que debía de doler una cirugía, que lloraba de la emoción que sentía al saber que la Virgen me amaba tanto. Luego le dije: "Imagínese, todas las enfermeras que me han cuidado de forma especial se llaman Lupita, ¿Cuántas enfermeras tiene este hospital?". Él me contesto: "Uy señora, son como 900 enfermeras en total". Le dije: "Bueno, a mi sola me han atendido todas las llamadas Lupitas. Luego me atendió una Amparo en urgencias y dos Ángela....esto es demasiada casualidad ¿no cree? Parece que Dios mandó a toda la corte celestial para estar conmigo".

Al terminar mi comentario mientras se escurrían mis lágrimas, el camillero con una sonrisa me dijo: "No, no es casualidad. La Virgen debe quererla mucho a usted. Mire, yo me llamo Jesús y pregúntele a ella como se llama". En medio del llanto vi hacia adelante y le pregunté a la enfermera con la voz entrecortada: "¿Cómo te llamas?". Se me quedó viendo y me dijo: "Señora, me llamo María", hizo una pausa y prosiguió: "Me llamo María de la Luz, seré su enfermera durante toda la noche, también estoy aquí para ayudarla".

Después de esto, seguí llorando más fuerte. Jesús el camillero me dijo: "Ya vio, como la quiere la Virgen", mientras empujaban la camilla hacia el elevador. "Aquí usted tiene a su servicio a todo el cielo entero"

Llegué a mi habitación. Mi esposo me recibió con mucho cariño. Estaba impresionado de lo despierta que estaba. Le conté de toda esta historia de nombres celestiales y de como por medio de estas casualidades, me había sentido muy acompañada de la presencia de la Virgen y de Nuestro Señor.

La paz que experimentaba en mi alma era muy grande. No encuentro palabras para poder explicar lo que desde ese día comencé a experimentar en mi interior. La experiencia del amor de Dios siempre supera a las palabras.

Esa noche, al igual que la anterior me la pasé meditando en muchas cosas. Me venía constantemente a la mente la idea del sentido de la vida. En especial, veía todo lo que habíamos vivido como en una película. Todo este sufrimiento físico me había inutilizado, no podía hacer nada con mi cuerpo pero aún contaba con mis pensamientos. Con el amor que sentía por Dios y que estaba dentro de mi corazón. Pensaba que a pesar de las circunstancias de vida, eso nadie me lo podía robar. Allí radicaba mi gran fortaleza dentro de tanta debilidad: el amor de Dios en mi corazón.

Todas estas experiencias me han hecho reflexionar. Me han permitido mirar de una forma más tranquila, más pausada hacia dónde voy. Hacia dónde quiero llegar. Cómo puedo seguir creciendo en mi camino de santidad. Me dormí pensando que esta experiencia de purificación interior es muy grande. Demasiado valiosa por los frutos y los beneficios que de forma automática he recibido a cambio, casi sin darme cuenta.

El viernes me levantaron para darme el baño de cama más temprano de lo acostumbrado. Ese día, el doctor me levantaría. Mientras me daban mi baño, me sentí un poco inquieta, quizás temerosa, había sufrido tanto dolor físico que sentía que ya no tenía más capacidad para tolerar más dolor.

Después del baño y una vez vestida, llegó el doctor. A la cuenta de tres, me sentaron en la cama. Después de un rato, a la nueva cuenta de tres, me levantaron entre dos. Me sentía muy emocionada, al igual que sentía los calambres en la pierna y en la columna. Di unos pocos pasos, hasta que me llevaron al sillón. Allí, me senté con mucho cuidado. Me sentía muy mareada y extraña.

Hacía veinte días que no me sentaba. Los calambres eran soportables, así como la sensación de mi pierna, la cual era muy diferente a la sensación antes de la operación.

Estuve todo el fin de semana al cuidado de diferentes personas. Ese domingo, comenzaron las despedidas con las enfermeras. Una a una, conforme cambiaban sus turnos, pasaron a mi cama a darme un abrazo. A más de una, se le llenaron los ojos de lágrimas al igual que a mí, especialmente a las "Lupitas". Creo que independientemente de los 24 días que había estado en el hospital, habíamos establecido un nexo muy especial, ya que habíamos "intercambiado" nuestro dolor. Y es que cuánto une compartir el dolor interior. Pero si además, lo compartes con gente sencilla, de manera sencilla este une mucho más.

Por parte mía, les había compartido mi dolor físico, mis lágrimas, mis deseos de seguir luchando por llevar a Cristo al corazón de cada persona. También les había compartido toda mi fragilidad humana y todo mi pudor. Ellas, me habían entregado su amor, su delicadeza, su profesionalismo, su paciencia. Algunas de ellas, habían compartido conmigo el dolor causado por sus penas, por cada uno de sus problemas personales, por sus situaciones de vida que pudieron confiarme. Mi habitación había sido un verdadero consultorio de psicología, pero sobre todo, de la misericordia de Dios. Cuánto me enseñaron cada una. Cuánta caridad recibí de cada una de ellas.

El lunes amaneció. Mi esposo llegó con nuestra nanita Cande. Mientras bajaba a pagar, ella recogió todas las cosas del cuarto. Aquello parecía que hubiéramos ido a vacacionar un mes a un hotel por la cantidad de cosas que habíamos llevado.

Al instante ya había llegado la silla de ruedas por mi con uno de mis amigos los camilleros. Quien al verme me dijo: "Al fin la señora sale de aquí. Debe de estar muy contenta. Todos la vamos a extrañar".

Salí del hospital con muchas lágrimas de la emoción. Recé un Ave María y me santigüé en señal de agradecimiento a Dios al salir del estacionamiento. La luz del sol me molestaba mucho en los ojos, al igual que el piso a mi espalda, pero me sentía muy agradecida con Dios por poder regresar a mi casa. Estaba viendo la luz de nuevo. Después de un dolor insoportable. Después de mi propia pasión. Después de 24 días en el hospital y de haber estado mes y medio de reposo. El dolor, una vez más no me había robado el amor.

Para los que no tienen fe, podrían decirme que es normal. Que aquí en México es tradicional que una enfermera se llame Lupita. En un país "Guadalupano" es muy común que esto pasé ya que – quizás- uno de cada tres nacimientos mujeres se llamen Lupita (esto no es una estadística real, sino solo una apreciación metafórica).

Para los que tenemos fe; pero en especial, para mi corazón, estoy convencida que esto va más allá de la casualidad, de la cotidianeidad, de lo cultural, de lo que se acostumbra. Para mi, fue una manifestación muy clara de que la Virgen estaba conmigo. Fue como un mensaje de "no estas sola", yo soy tu madre, siempre he estado contigo y siempre estaré a tu lado, en los momentos buenos de la vida, pero en especial en los malos para cobijarte con mi manto". La señora del silencio, quiso estar conmigo para recordarme eso mismo que le dijo a Juan Diego aquel día: "¿Acaso no estoy yo aquí que soy tu madre?, Mercedes, ¿a qué le temes?" Esto fue toda una "diocidencia" para mi.

Todo esto, ha sido una prueba más de que la Señora del Silencio nunca nos desampara. Cuánta fe nos hace falta para creer que ella está siempre con nosotros, cómo podemos convencernos, de que ella nunca se resiste a una petición de amparo por parte nuestra. Sin saberlo, al "tararear" en mi mente en los peores momentos de mi pasión, su canción, estaba llamándola a que me acompañara, estaba pidiéndole que me ayudara a ser como ella, que intercediera por mi para arrancarle gracias a su hijo, para fortalecer mi espíritu, para terminar con la misma dignidad, aquella obra que un día, hace 30 años atrás Él comenzó en mi.

Estuve recuperándome a lo largo de un mes. No solo mi columna necesitaba reposo y aprender de nuevo sus funciones en la vida, sino que estaba muy desestabilizada por mi enfermedad. Así me la pasé durante mucho tiempo, escribiendo acostada, leyendo como podía aprovechando ese período para crecer espiritualmente. Capitalizando las gracias recibidas no solo para mi alma sino para las almas que Él había encomendando por medio de mi sufrimiento, la fidelidad de los sacerdotes y de las vírgenes consagradas. Pensaba que quizás, un sacerdote estaba siendo fiel en un mal momento debido a mi ofrecimiento. Sentía que todo había valido la pena.

El conocer el sentido de nuestros sufrimientos nos ayudará en la forma como debemos de vivirlo. Y si vivimos nuestro sentido de la mano de María, todo es más fácil. Solo hay que pedirle con fe, que nos cobije con su manto. Ella es la madre que Jesús nos dejó al pie de la cruz. Ella siempre intercede por nosotros ante Dios en silencio. La "señora del silencio" es nuestra madre del cielo.

"Si no quieres sufrir, no ames.
Pero si no amas,
¿ para qué quieres vivir?"

San Antonio

Capítulo 10
Sin palabras

Cuando cumplía un mes de operada, me levanté un sábado muy emocionada. Por primera vez en más de dos meses, no sentía dolor. Ese dolor agudo y taladrante que ya formaba parte de mí ser. Al que tanto me había acostumbrado.

Me subí en el coche muy feliz. Iba viendo en el camino los edificios que estaban terminados de construir, las cosas nuevas que por tanto tiempo no había visto, parecía un bebé en su primer paseo en carriola (coche de bebé).

Llegamos al doctor. Me sentía extremadamente feliz. Podría decir que hasta eufórica. Era el primer día en dos meses que no sentía dolor en mi espalda. El doctor al verme, también se puso feliz. Me dijo que estaba recuperándome muy rápido y que estaba seguro que podría irme a ese tan anhelado viaje a Acapulco que por tantos meses le había estado preguntando.

Luego de esto, el doctor me dijo que ya podía dejar de usar las muletas, que utilizara bastón para las salidas cortas y silla de ruedas para las salidas largas. No podía sentarme en sillas o superficies duras como bancos y que me llevara la silla de ruedas a lugares como por ejemplo la iglesia. Por último me comentó que me revisaba un día antes de irme a Acapulco, para estar seguros que todo estaba bien y que si iba a poder tolerar el viaje.

Esa tarde caí exhausta de cansancio. No estaba acostumbrada a tanta actividad que por tantos meses no había tenido. Después de comer, le pedí a mi esposo que me llevara a comprar unas cosas que necesitaba.

Salimos sin llover, pero con un clima amenazante de lluvia. Al llegar al primer lugar, comenzaron a caer gotas, así que una vez estacionado el coche en un lugar de minusválidos, me baje. Debo reconocer que más bien me lancé muy apurada del mismo para no mojarme. Al poner el segundo pie en el piso sentí un resbalón, me agarré de la puerta como pude mientras escuché en mi espalda un sonido de "trac", como si una rama se hubiera roto o se hubiera destapado una botella de champaña. Desde ese momento, comenzó un dolor intenso en la zona donde me operaron.

Amaneció mientras el dolor era cada vez más intenso. Mi marido no fue ese día a trabajar. Entre radios y llamadas, me inyectaron un total de cinco veces, mientras mi cuerpo estaba ya deshecho del dolor. Las lágrimas se me escurrían pues a pesar de las inyecciones ya sabía cuál era mi destino, en que terminaría esa historia una vez más.

A la una del mediodía, el doctor le dio la indicación a mi esposo de llevarme "otra vez" al hospital. Mi esposo se acostó a mi lado y tomándome la mano me dijo que no importaba lo que iba a suceder, que juntos íbamos otra vez a vencer lo que vendría. Mientras me hablaba, mis lágrimas se escurrían, sentía que esta vez ya no me quedaban más fuerzas para sufrir, pero sentía un gran apoyo y fortaleza de mi marido.

Salimos para el hospital alrededor de las dos de la tarde. Cuando apenas había cumplido un mes y una semana de haber sido operada. Era la "tercera vuelta" que me daba por el hospital. Durante el camino ninguno de los dos hablábamos. Sentía que el dolor aumentaba con el impacto del coche, pensé que me iba a desmayar.

Al llegar al hospital me recibió un camillero que de inmediato me reconoció, mientras me preguntaba "qué le paso señora, usted otra vez por aquí". No pude responderle, la voz no salía del dolor. Llegué a admisión sin poder emitir una palabra. De inmediato el camillero me subió de nuevo al quinto piso. La habitación era la contigua a la que había estado la segunda vez. Me acostaron en la cama mientras me recibía una de mis enfermeras favoritas, quien casi sin hablar me acariciaba la mano preguntándome qué había sucedido. Mi esposo le explicaba mientras yo sollozaba.

De inmediato, tomé el control de la cama para subir mis piernas y así tratar de apaciguar el dolor. Al llegar a una posición más cómoda escuché un ruido muy fuerte. Las varillas que sujetaban la cama se rompieron haciendo que me cayera al piso. Sentí aún más dolor en mi espalda. Todos dentro de la habitación no salían de su asombro, mientras a mi no me salía la voz del dolor, pues me quedé sin aire como dicen en argot común "privada del dolor".

Mi esposo corrió a tomarme la mano, mientras le pedía en forma de gritos de impotencia a la enfermera que hiciera algo. Estaba en el piso sin poder respirar del dolor y mi esposo encima tratando de sostenerme. Todos intentaban levantarme del piso donde me encontraba con toda la cama rota sin poder hablar, solo me salían como gemidos del dolor. Me faltaba el aire.

Me colocaron todos los analgésicos posibles, mientras continuaba sollozando sin poder hablar. Uno de ellos no pude tolerarlo más, sentía como mi brazo completo ardía de dolor, por lo que tuvieron que suspenderlo. Luego el doctor me dijo que ya mis venas efectivamente estaban "quemadas" de tantos medicamentos y que iba a intentar darme algunos tomados.

Después me levantaron del piso me cambiaron la cama y me pidieron mil disculpas. Pensaba que no podía tener peor suerte. Con todo lo que había pasado y que se viniera a romper la cama en un hospital privado de primera categoría, era un chiste muy cruel. De esas historias que cuentas y no se creen.

Pasé así dos días sin poderme levantar. Muda. Luego de esto, lloraba, ya no tanto del dolor, sino del coraje. Me culpaba a mi misma por lo que había pasado, mientras el doctor me decía que "eran cosas que pasaban" y me daba ánimos para continuar.

Después de hacerme otra ronda de diversos estudios, el doctor me dijo que me había roto los tendones de la zona operada, me había desgarrado los músculos y tenía el cóccix inflamado de nuevo como del tamaño de una pelota de golf, ya que los nervios se habían vuelto a inflamar.

El problema más serio que teníamos era que me había hecho totalmente inmune a los medicamentos que por tantos meses me habían estado dando y además mis venas estaban colapsando. En cada piquete, no dejaba de ofrecerlo por la intención de vida que me había acompañado por tantos años. La fidelidad de los sacerdotes y las vírgenes consagradas. Mientras mi esposo me agarraba la mano para dejar que yo le apretara la suya con fuerza, mientras con los ojos cerrados, se me salían las lágrimas.

Después de unos días y ver el estado general de mis venas y lo inmune que estaba a los medicamentos, el doctor me comentó que iba a intentar con un medicamento de "cuarta generación".

Todos los días llegaba temprano la nana de mis hijos a cuidarme mientras mi esposo se iba a trabajar. En la tarde cuando llegaba de regreso mi esposo, ella se iba a la casa de vuelta. Entre esta rutina pasaban los días. Esta vez, estuve muy sola. Eran plenas vacaciones de verano y nadie se encontraba en México. La caridad tan fina y delicada que experimenté de la nana de mis hijos fue algo hermoso. Dios siempre me ponía angelitos en el camino. Ella me peinaba, veía películas conmigo y me echaba porras. Le hacía de psicóloga, consejera espiritual, porrista y animadora. Cuánto me sostuvo mi querida Cande esos días. Ella era un ángel que el Señor me mandaba para que no me sintiera sola y cuán agradecida estaré toda mi vida con ella. Ella me ha tratado con la caridad más fina y delicada que he experimentado de alguna persona. A raíz de esto sentía que mi humanidad quería en sentido coloquial "echarse a morir". Sin embargo, el amor de Dios es tan grande que sentía de igual forma, un resorte espiritual que no permitía que esto sucediera. Humanamente hablando aquel cuadro daba lástima. Pensaba por qué tenía "tan mala suerte". Pero luego, este resorte espiritual de la gracia de Dios buscaba lanzarme al cielo, recordarme que para los que tenemos fe, no existe la mala suerte, sino las pruebas que son permitidas por Dios por alguna razón.

Me recordaba cuales son las motivaciones más grandes de mi corazón, esas ilusiones de que muchas almas conocerían ese gran amor que Cristo nos tiene reservados para cada uno de nosotros a través de esta experiencia de vida, por medio de todo este sufrimiento. Sentí, una vez más, esas fuerzas polares en mi interior: una humanidad cansada, agotada de tantos piquetes que ya no tenía fuerzas para salir adelante incluso que deseaba en momentos de gran soledad deprimirse; y a la vez, sentía una gran fuerza interior que venía de Dios, que no permitía que mi humanidad ganará y que le daba sentido a todo ese ofrecimiento que por tantos años había hecho: por la fidelidad de los sacerdotes y las vírgenes consagradas. Sin ese sentido trascendente a los ojos de Dios, creo que humanamente me hubiera decidido a morir.

En total estuve 36 días en el Hospital. El último día, comenzaron las despedidas con cada una de las personas que me habían estado atendiendo. Al igual que ellas, tuve que contener las lágrimas en cada despedida, sentía que cada una de las enfermeras era parte ya de mi vida.

En total me canalizaron 15 veces, me hicieron cuatro resonancias magnéticas, cinco estudios de sangre, alrededor de 29 inyecciones de medicamentos muy fuertes y dolorosos, una cirugía de columna, cinco estudios de radiografías. Una doctora amiga, ayudó a contabilizar todo aquello que me habían suministrado en los 36 días que estuve en el hospital. En total fueron 104 ampolletas y 238 tabletas de analgésicos, además de las 18 pastillas diarias que tomaba por mi enfermedad.

Ese día, salí muy emocionada, pero a la vez nerviosa. Era la tercera vez que me daban de alta y que había regresado al hospital en un corto período de tiempo. Salí por la puerta principal muy feliz; cansada físicamente, con ojeras que me llegaban al piso, demacrada, amarilla, con el estómago destrozado por tantas medicinas, temblorosa, con muchos piquetes y moretones por todo el cuerpo, sin poder sentarme por más de tres horas diarias y con la vista totalmente borrosa de la intoxicación de mis nervios ópticos de todos los medicamentos.

Salí con una humanidad "acabada", pero con un espíritu que no se doblegó, porque Dios, su gracia no dejaron que se doblegara. La gracia de Dios se empeñó en lanzarme para arriba, elevar mi espíritu al cielo, con todos mis sueños de conversión. Salí por la puerta principal del hospital como mi Cristo hubiera salido: llegando al Gólgota jadeante pero triunfante, con la mirada en alto, herida de guerra, pero con el orgullo de haber dado la batalla. Con la cara en alto, los pies en la tierra y la mirada puesta en el cielo.

Llegué a mi casa a escribir todo este capítulo del libro. Muchas veces pensé, que estaba escribiendo el último capítulo de mi vida. Me sentí como el apóstol San Pablo narra en su carta a los Corintios: "En todo apremiados, pero no acosados; perplejos, pero no desconcertados; perseguidos, pero no abandonados; abatidos, pero no aniquilados; llevando siempre, en el cuerpo la muerte de Cristo, para que la vida de Jesús se manifieste en nuestro tiempo. Mientras vivimos, estamos siempre entregados a la muerte por amor a Jesús, para que la vida de Jesús se manifieste también en nuestra carne mortal... sabiendo que el que resucitó al Señor Jesús, también con Jesús resucitará" (2 Co 4, 8-11,14)

En esta carta San Pablo nos habla de los sufrimientos, pero en especial de los sufrimientos que vivían los primeros cristianos a causa de Jesús y querer con ello proclamar el Evangelio. En esta carta, nos muestra su humanidad, pero sobre todo su deseo de seguir luchando sirviendo a Dios.

Estuve otro mes de reposo en mi casa. Después de este mes, no lograba salir adelante. Mi columna era con una gelatina y no lograba estar sentada por más de una hora. Por esta razón, mi endocrino que es mi médico de cabecera, me sugirió buscar una segunda opinión con médicos de su hospital.

Me hizo una cita con uno de los mejores neurocirujano y un neurólogo. La primera cita acudí en silla de ruedas, no podía casi caminar ni estar sentada. Mi estado de salud era realmente deplorable. Me revisó un neurocirujano muy famoso quien al ver mis resonancias nos dijo que necesitaría otra operación.

Al ver mi estado general de salud y evaluar mi situación, mi endocrino dijo que no aguantaba otra operación, que para hacerla tendríamos que esperar un tiempo prudencial pues mi estado de salud era muy deplorable y por mi enfermedad me encontraba muy desestabilizada. Después de esto, me remitieron a un neurólogo el cual me cambió todos los medicamentos y me recetó 30 fisioterapias. Al final del año después de unos meses, harían una nueva evaluación del caso.

Pasé así un largo tiempo. Lo que más me constaba era ir a la fisioterapia, sobre todo porque me encontraba como "sedada" de tantos medicamentos. No podía sentarme. No podía casi caminar. Hacía mi vida en silla de ruedas.

Después de tres meses de fisioterapias, de no poder sentarme y de usar la silla de ruedas hicieron otra evaluación. Era el mes de Diciembre, mi época favorita del año. Pensaba como se me había ido el año entre hospitales cirugías, estudios y medicamentos. Parece que nunca viví. Para mi, el tiempo se había congelado el día que entre en urgencias. Después de la valoración el neurólogo me dijo que no creía ver muchos avances. Que me fuera de vacaciones a cargar baterías y en enero evaluaríamos todo el caso. En total había estado 103 días internada en el hospital en un año. Eso era casi un tercio del año.

Llegamos en enero listos para hacer la evaluación del caso. Creo que ya me había acostumbrado a vivir con la lesión, a vivir con el dolor. La silla de ruedas era para mi un alivio porque no podía estar sentada y tampoco caminar del dolor que sentía. Creo que el dolor, formaba parte de mi vida. Me había acostumbrado con mi mente y con mi espíritu a "jalar" un cuerpo enfermo.

Al regresar en enero me hicieron una resonancia magnética de todo el cuerpo, la misma duró tres horas. Salí de allí, aletargada y con el presentimiento de que no me libraría de una segunda operación. Es la resonancia magnética más larga que me han hecho.

Luego me hicieron por tercera vez la electromiografía y los potenciales evocados (la prueba de las agujas y la corriente). La prueba tardó más de lo acostumbrado ya que estuvieron comparando los resultados con las dos pruebas anteriores. En eso, llamaron al jefe del departamento, el cual comenzó a hacerme muchas preguntas acerca de mi manos: que si se me dormían, que si durante la noche sentía cosquilleos, que si se me caían las cosas, que si me costaba usar la "pinza fina". A todo contesté que si, que todo eso me sucedía desde hace muchos años. Creo que mi ofrecimiento por la fidelidad, sonaba ya en el cielo como un disco rayado.

Finalmente, el doctor nos llamó a su consultorio. Nos informó que ya no había nada que hacer, que estaba a punto de perder la función de mi pierna, que el nervio estaba aplastado y que además, me habían encontrado el "Síndrome del túnel del Carpo" en las manos (el nervio del carpo que pasa por las muñecas se daña, puede dar por exceso del uso de la computadora, o por mi enfermedad), que mi mano derecha ya lo tenía y que me estaba comenzando en mi mano izquierda. Ya sabía la razón del porqué mis manos me dolían tanto en la noche. Pensaba que esto se sumaba a mi cuadro de salud y qué era como "una raya más para un tigre". Este era el tercer síndrome que me diagnosticaban.

Fuimos al neurocirujano, analizó los estudios y me dijo que estaba muy mal, que la lesión ya había progresado en vez de mejorar y que no tenía sensibilidad en la pierna de la rodilla para abajo, tenía que operarme de inmediato, porque estaba a punto de perder las funciones de mi pierna. Me dijo que si tardábamos más, cojearía de por vida, además de seguir sufriendo graves problemas en mi columna. Finalmente agregó, que el tenía que ser muy sincero con nosotros, aunque decidiera a operarme ya el daño era tan grave, que íbamos a ir solo por un 60% de probabilidad de recuperarme, pues había pasado demasiado tiempo el nervio aplastado y que era como un dedo que se pisaba por una puerta y que se dejaba allí por espacio de 10 meses, por más que la puerta se retirara, el dedo nunca iba a volver a ser el mismo.

Después de esta platica, fijamos la fecha de la segunda operación para una semana antes de Semana Santa. Esta vez, le pedí a mi suegra que viniera para que estuviera con mi familia. Y luego pensábamos en los niños. ¿Cómo le decimos a los niños? En eso recordé nuestro slogan familiar: "La vida es bella". Así que llamé a la casa saliendo del doctor y le dije a mi hijo: "Hijo, tengo una súper buena noticia que darles. Por favor, espérenme en pijama que mami quiere contarles algo muy bueno". El me respondió con un gran grito de emoción.

Llegamos a la casa y estaban los dos saltando con sus pijamas de spiderman y pantuflas de goofy y winnie poh. Les dije que fuéramos a la sala mientras nuestra nana Cande estaba con la cara descompuesta. Me senté y les dije que si se acordaban que por un favor de mi doctor habíamos conseguido una cita con el mejor doctor de columna de México que era muy importante y que estaba muy ocupado. El me había hecho el favor de revisar mi columna. La cara de mis dos enanos era muy atenta, sus ojos se salían del interés. En eso les dije: "¿Qué creen? Resulta que después de verme, papi y mami le pidieron un enorme favor y después de suplicarle un rato, el doctor nos ha dicho que si. En eso los niños sonreían muy nerviosos. Así que continúe: "El favor que papi y mami le pidieron es que si me podía volver a operar para acomodarme ya definitivamente la columna y que mami ya no use silla de ruedas. Y adivinen que me dijo: que si aceptaba a pesar de que él estaba demasiado ocupado, ¿No se mueren de la emoción? El doctor aceptó hacer el favor de operar a mami. Yupi. Estoy feliz". En eso mis niños comenzaron a abrazarse de la felicidad y a correr por toda la casa de la emoción mientras se reían y decían: "Mi mami es una suertuda. El mejor doctor de columna de México la va a arreglar la columna" mientras saltaban en los sofás con sus pantuflas, corrían por la sala y se abrazaban gritando de alegría. Mi nana se le salían las lagrimas y los abrazaba aguantando las ganas de llorar mientras veía en mi cara diciéndole con los ojos: "Cande, no llores".

Subí a mi cuarto a descansar. Mientras mis niños rezaban dándole gracias a Dios por que su mamá sería operada por el mejor doctor de columna de México por segunda vez. La vida es bella. Creo que ésta es la mejor expresión de este slogan. Se parecía tanto. Mientras en mi cama se me salían las lágrimas y mi marido pensaba de dónde iba a sacar el dinero.

A pesar de que mi corazón se acostó muy arrugado por el sufrimiento de mis hijos, dormimos todos juntos en la cama. Dormí como nunca. Estaba muy cansada de todo el trabajo que había tenido que organizar en la semana.

Llegamos al hospital muy temprano. Esta vez, aunque sabía que corría todavía más riesgos, me sentía muy confiada de que todo sería diferente. Era la segunda operación de columna en un período de diez meses.

A la una vinieron a buscarme. Le pedía a los camilleros que se esperaran pues estaba en el final la película que estaba buenísima. Me llevaron al quirófano. Una vez más me despedí de mi esposo diciéndole: "Te quiero mucho mi amor. Nos vemos al rato". Una vez más sabía que lo vería al rato, solo si Dios así lo tenía dispuesto.

Camino al quirófano hice lo que siempre he practicado en esta circunstancia de vida: rezar el Salmo del Buen Pastor. A la vez, recitar el ofrecimiento que por tantos años he ofrecido toda mi vida, mi entrega y mi sufrimiento. Por la fidelidad de los sacerdotes y de las vírgenes consagradas.

En el quirófano estaban las enfermeras y los anestesiólogos. Otra vez me vi debajo de esa gran lámpara redonda y acostada en la mesa de operación, dura y fría. Una vez más, sentía en una forma muy concreta y cercana que estamos en este mundo "prestados". Vivimos solo porque Dios así lo dispone. No amanecemos sino es solo porque su voluntad así lo ha decidido y que solo vale el amor que hayamos sido capaces de dar y entregar a los demás.

A partir de que el anestesiólogo me dijo: "Mercedes, ya te vamos a dormir", no recuerdo nada más. Lo próximo que recuerdo, es cuando me estaban subiendo al cuarto en el elevador. Me sentía muy adormilada y adolorida. Otra vez, experimenté ese dolor de estar acostada encima de una gran herida.

Pasé el fin de semana recuperándome muy rápido. El sábado cuando solo habían transcurrido 24 horas de la operación, el doctor me levantó. Sentí mucho miedo, pero sabía que tenía que seguir luchando. Fue impresionante la sensación que tuve al poner la planta del pie en el piso. Sentí de nuevo mi pierna, experimenté sensaciones nuevas. Allí me di cuenta realmente, lo mal que estaba y la poca sensibilidad que tenía antes de operarme en toda la pierna. Me pellizcaba y sentía como si realmente sí me hubieran injertado una nueva pierna. Y me di cuenta que sobreviví todo ese tiempo, solo por la gracia de Dios que obra en un corazón que le pida su auxilio.

El lunes me dieron de alta a pesar de mi incredulidad. No salí esta vez en silla de ruedas, sino caminando. Fue impresionante la recuperación que tuve. Después de Semana Santa, pude incorporarme a trabajar desde mi casa y al mes y medio a me encontraba de nuevo en mi oficina.

Inicié mi sesión de fisioterapias por tercera vez. Me iba a las 7:00 de la mañana, para iniciarlas a las 7:30 A.M. Luego, a las 8:30 de la mañana, me cambiaba y me iba a la oficina.

Aunque todo estuvo muy bien, efectivamente la operación solo pudo recuperarme en un 70% la función del nervio. El doctor que me operó fue todo un "artesano" salvándome de una discapacidad importante. Estuve sufriendo de dolores en la espalda hasta la fecha y he tenido que incorporar una lista de limitaciones a mi vida, que se suman a las que ya tenía.

Cuando el clima cambia, me duele mucho la columna. En múltiples ocasiones, he tenido que irme a acostar del dolor. No puedo sentarme en cualquier silla, porque en seguida se inflama mi columna y me envía a la cama una mala postura. Ya no puedo conducir coches frecuentemente. Tampoco puedo cargar peso o agacharme para recoger cosas. Al subir y bajar escaleras, tengo que hacerlo con mucho cuidado porque la pierna me tiembla y a veces me falla. En algunas oportunidades, me he caído literalmente en el piso, ya que cuando la pierna le falta el impulso nervioso, se me dobla sin avisarme. No puedo estar parada por largo tiempo, ni tampoco sentada en superficies duras. Los viajes en coche debo hacerlos en coches muy cómodos para no lastimar mi espalda y no pueden ser por largas horas. Ya no hago casi ejercicio, pues de inmediato me comienza a doler la espalda.

Estas, y otras limitaciones más, se suman a mi larga lista de cuidados.

Así he estado alrededor de varios meses. Con caídas y levantadas. En total fueron 2 operaciones de columna, 60 sesiones de fisioterapias en 10 meses. Infinidad de medicamentos tomados, alrededor de 6 resonancias magnéticas, 3 electromiografías, 6 sesiones de radiografías, muchas visitas al hospital para que me vieran 4 diferentes médicos, múltiples exámenes de sangre. Estuve en total internada 40 días durante ese período de tiempo además de los 103 del año anterior.

Aprendí muchas lecciones de amor que Dios me brindó en estos 40 días de pasión y un año de aprender de nuevo, a vivir con estas nuevas limitaciones de vida.

Fueron 40 días de un gran dolor físico, más un gran dolor moral por pruebas que el mismo sufrimiento conlleva y por otras pruebas que parecen haber venido de "gratis", pero que en el fondo y a pesar del dolor que nos han causado, hemos reconocido como permitidas también por Dios. En cierto modo, fui yo la que en un momento de oración le pedí al Señor en forma de poema por inspiración de mi gran amigo el Espíritu Santo.

Un esposo que ha estado en todos los hospitales al lado de mi cama clínica, mostrándome su amor. Un esposo que ha estado casado conmigo siempre: fiel en las buenas pero sobre todo en las malas que han sido muchas durante nuestras vidas. Muy golpeados por muchos años económicamente gracias a tantos padecimientos de mi enfermedad que mi seguro médico no cubre. Muchos sacrificios vividos por mi familia porque "mami está enferma y no puede ir o no le hace bien para su salud". Una gran soledad humana, pero una gran cercanía con Dios.

Toda esta experiencia también ocurrió en el mes del Sagrado Corazón. Gracias a toda esta experiencia, medité mucho en lo que significa el corazón de Cristo, como núcleo de nuestra fe. Un corazón donde se resume el gran amor que Dios nos tiene. Un corazón que ama sin medida y por lo tanto, un corazón que espera ser amado sin medida por nosotros. Un corazón que está traspasado por una lanza como si hubiera sido un pollo cortado a trozos para el asador. Un corazón que también sufre por las ingratitudes de tantos hombres que no quieren corresponder a su amor, que le cierran las puertas de su corazón.

Éste es un corazón señalado por una mano, la mano de Cristo que nos dice ante las pruebas: "Mira como quedó mi corazón, coronado de espinas, traspasado por una lanza. Yo voy delante de ti para enseñarte como se sufre, no tengas miedo, yo soy tu maestro. Yo soy tu Señor".

Un corazón que está allí, en cada imagen del Sagrado Corazón, en cada Sagrario esperando solo a ser amado por cada uno de nosotros. Un corazón al que podemos acudir cada vez que tengamos una prueba, porque en el se resume todo lo que Cristo sufrió, pero sobre todo, la sangre que derramó por amor a cada uno de nosotros.

El corazón del Sagrado Corazón, de Nuestro Señor Jesucristo, es un corazón que nos recuerda cómo debemos de purificar el nuestro para parecernos al suyo. Un corazón que no alberga egoísmos, faltas de confianza, pesimismos ante la vida, tristezas, preocupaciones vagas, pesares o depresiones. Falta de fe ante las pruebas o faltas de confianza reflejadas por la pregunta ¿por qué yo?, ¿por qué esto me está sucediendo a mí?, ¿por qué Dios me paga con este dolor? Si finalmente, no he sido tan mala y he brindado amor.

Aprendí lo grande que es nuestra religión y cómo ese corazón de Cristo, su pasión, pero sobre todo su resurrección deben ser el eje de todo. Cómo sin Cristo, estaríamos perdidos y cómo con Cristo, entendemos no solo todos los sufrimientos, sino el camino que debemos de seguir e imitar para poder ser felices en medio de todas esas pruebas. Como sufrir con fe, implica forzosamente una gloriosa resurrección del espíritu. Como morir con fe, es vivir para trascender. Como lo importante, no es únicamente que el cuerpo funcione y funcione al cien. Sino tener un espíritu que a pesar de la humanidad caída, dolida, cansada, fatigada; vuele, elevándonos a ideales celestiales, altivos, grandes, trascendentes.

Cristo purificó mi corazón, lo limpió por dentro, me ayudó a quitar todo aquello que le sobraba en aquellos momentos, a imitar su corazón.

Cristo me enseñó que el amor que le tenemos se demuestra con acciones concretas de vida, con obras y no con palabras. Él me enseñó, que es fácil corresponder a su amor cuando todo sale bien, cuando no tenemos ningún percance en la vida, cuando no tenemos problemas económicos, cuando gozamos de buena salud. Cristo me enseñó, que amarlo en las pruebas es lo que realmente vale la pena y que esto solo se logra imitando su corazón, imitando cada una de sus virtudes, imitando la forma como Él cargó con la cruz.

También me enseñó que ese amor hecho obras, no solo debe ser manifestado hacia su persona, sino que ese amor que le tenemos a Él, es lo que debe impulsarnos a mostrarle también a nuestros semejantes, ese amor que profesamos con obras concretas de vida.

Aprendí por mi propia experiencia de vida, que es necesario no sólo decirle a alguien que lo apreciamos y lo estimamos, sino que es importante demostrarle ese amor o aprecio con acciones que realmente sean coherentes con ese amor que decimos sentimos por Dios. Esto, considero que es una lección muy importante que viví en carne propia, sobre todo porque en muchas ocasiones en ciudades tan congestionadas nos perdemos en el día a día, en las muchas cosas urgentes sin que realmente encontremos un tiempo para tener este tipo de detalles con los demás, con los que sufren, con los que están enfermos y no tienen quien los cuide, con los que la están pasando mal. No somos ni nos damos el tiempo para ser misericordiosos como nuestro Padre lo es con nosotros. Sobre todo, acompañar y acoger a aquellos que sufren y que como nosotros, están solos y se sienten a veces solos. A todos aquellos migrantes que sufren lejos de sus familias.

A raíz de esta lección de amor de Dios, pensé por qué debe morirse alguien, para que nos sintamos motivados a hacer un alto en esa rutina tan impersonal y agotadora, a pensar en esos pequeños grandes detalles que no pudimos tener con esta persona. Por qué tenemos que experimentar esta finitud de la vida, para poder ser caritativos con los demás. Y una caridad no forzada u obligada sino una caridad espontánea, generosa, alegre porque nace del corazón, porque la inspira ese mismo corazón de Cristo crucificado, porque nace de mi amor por ese Sagrado Corazón que lo ha dado todo por mí y al cual deseo amar con todo mi corazón, con toda mi alma, con todo mi ser. Porque quiero tener un corazón, como el que Él tuvo, que fue siempre para los demás, es que debo de ser para los demás.

También aprendí, que la caridad siempre debe de estar por encima de la eficacia. Es decir, siempre es más importante la persona en si misma y el amor que le podamos dar; que las juntas, las agendas, las citas importantes ya pautadas, el poder cumplir con la agenda de los acuerdos del lunes, los machotes y las estadísticas. Aprendí que siempre es más importante velar primero por las personas que tenemos a nuestro alrededor, sus necesidades, sus sentimientos, sus estados de ánimo, sus necesidades espirituales y las humanas también, el poder darles amor y compañía en momentos difíciles; que dejar todo esto para después porque tengo citas que no se pueden cancelar, o porque el tiempo que tengo es poco para contestar los miles de correos al día, o porque no tengo un minuto de mi tiempo para poder tomar el teléfono para poder preguntarle a una amiga cómo se ha sentido, o porque tengo demasiadas funciones de trabajo u hogareñas que no me permiten un momento para escribir un corto mail preguntando cómo estás o para tomar el teléfono y tener la iniciativa de llamar a alguien que sufre y preguntarle simplemente ¿cómo estás? Las personas siempre tienen que estar al centro, siempre tienen que tener el primer lugar. No por un interés particular, por un beneficio, sino simplemente por amor.

Aprendí y experimenté, que no somos robots que están aquí para trabajar por Dios apostólicamente sin descanso. Si decimos amar a Dios, debemos primero fijarnos cómo es el tipo de amor que le estamos dando a la gente a nuestro alrededor, a esas almas encomendadas que nos puso Dios en nuestro camino por pura casualidad, sino para que las guiemos con nuestro ejemplo de amor.

Aprendí que la persona debe estar primero que la junta, está el acto de amor por encima de la estadística. Está el nombre de la persona por encima del número. Está la visita al enfermo necesitado antes que la junta para ver cuánto dinero hemos recaudado para el apostolado. Está el dedicarle mi mejor momento a una persona que necesita ser escuchada y consolada, antes de ver el reloj a cada instante durante esa cita para ser eficaz en el cumplimiento de mi horario de trabajo porque debo de ser puntual. Aprendí que por encima de todo siempre debe estar el amor.

Que importante es para un cristiano poder desarrollar una buena capacidad de empatía. Y esto no significa ser simpáticos, políticos o amables. Significa poder pensar en el otro que sufre. Poder percibir sus sentimientos, sus emociones, su sufrimiento para adelantarme a ayudarlo. Para poder donar ese amor que vive en el corazón y que debe de expresarse en obras concretas, en actos concretos. En una llamada. Un mensaje. Una palabra de aliento. Un ¿cómo estás?, ¿cómo te sientes?. O simplemente te dejo este pastel. Pedí por ti. Espero que estén mejor. O vengo a visitarte. Te dejo estas flores. Una nota. Un mensaje. Una palabra de "sigue adelante". O un simple "no estás sola".

A estas alturas de mi vida, considero que una persona que le haya entregado su vida a Dios o que diga vivir con fe su vida pero que no tenga una capacidad de conmoverse de los sufrimientos ajenos es como vivir una fe de razón, pero sin corazón. Es en el corazón desde donde nace el amor para poder sentirnos motivados a corresponder a los demás con algún gesto de cariño o de afecto puro y sincero. Y es que sino, nos sentamos a esperar a que las personas que sufren nos las topemos de frente para esperar decir aquello que hubiéramos querido. O esperamos a que ocurra una tragedia de vida para poder decir lo que realmente llevamos dentro. No debemos de esperar a que pase algo para decirle a la gente que apreciamos lo que las queremos, lo que significan para nosotros. O el cómo han enriquecido nuestras vidas o el profundo agradecimiento que les tenemos por algo en particular.

Todos los estudios de la inteligencia emocional indican que la capacidad de empatía dentro de las 5 dimensiones de la misma, es muy importante para vivir una vida emocionalmente equilibrada, pero con mayor razón, es la más importante para las vocaciones o profesiones de servicio. Y cuando estamos realizando un apostolado o un ministerio en la iglesia qué importante es ser empáticos porque sino es contradictorio estar queriendo "hacer" un apostolado, pero no llegamos a experimentar en el corazón esos sentimientos positivos que nos mueven a la acción y que nos mantienen conectados con las necesidades de aquellos a los que estamos llamados a servir.

Pero para poder ser empáticos debemos primero conectar con nuestros sentimientos, nuestras emociones. No podemos poder percibir las emociones y los sentimientos ajenos si no somos capaces de percibir los propios. Pues si hemos metido el corazón en el congelador no podemos conectar con nuestros sentimientos, pero menos podremos conectar con los de los demás. Y es por esto, que hay que poder sanar nuestras heridas. Poder estar reconciliados con nuestro pasado pues así podremos estarlo con Dios y con las personas que nos rodean.

Muchas veces el dolor puede hacernos meter el corazón en el refrigerador. Y nos convertimos en personas amargadas, llenas de sufrimiento. Incapaces de sonreír, estar alegres o de poder compartir con los que nos rodean. Esta es una de las formas como el dolor puede robarnos el amor, hasta que llegamos a vivir en una desconexión total con nuestros propios sentimientos, con los sentimientos de los demás y además incluso con Dios poniendo un cristal que nos separa del amor. Y nos enfrascamos más en el deber ser o estar bien y el sentirse bien, pero nada más. Y así vivimos la vida hasta que podemos llegar a convertirnos en personas muy frías, calculadoras, incluso hasta crueles que terminan viviendo una fe de razón pero vacía y desposeída del amor que es lo que al inicio nos motivó a entregar la vida por Dios y por los demás. Y puede llegar un día, que nos desconocemos al mirarnos al espejo. Aquella persona que éramos ya no existe. No sabemos en que lugar del camino hemos perdido nuestra esencia, incluso personas que terminan viviendo muy lejos del ideal cristiano aunque estén haciendo muchas obras de caridad y de apostolado. Aunque estén invirtiendo mucho tiempo de sus vidas en el ministerio.

Para poder encontrar el lugar de origen debemos de regresar al punto de partida. ¿Qué fue lo que nos trajo aquí? ¿Qué fue lo que nos motivó un día. Y la respuesta es solo el amor. Nadie que le entregue un tiempo a Dios o su vida entera llega al altar con una idea muy clara en la razón de lo que Dios le pide. Simplemente decide donarse y entregar su tiempo, porque experimentó el amor de Dios en su corazón. Es así de simple. Y para encontrar de nuevo el motivo que nos ha llevado a entregarnos o donarnos parcial o totalmente, debemos de buscar no solo ese amor inicial, sino encontrar las heridas que me llevaron a perderlo, para poder encontrarle sentido y sanar.

Aprendí cómo lo único importante en esta vida, es cumplir con su voluntad sobre nuestras vidas. Aprendí cómo no es importante la forma; es decir, lo que hagamos, en qué trabajemos, que puesto ocupemos, que reconocimiento tengamos o lo "importante" o inteligente que seamos, sino el fondo de nuestro corazón, la pureza de intención con qué hagamos las cosas, la capacidad de sacrificio ofrecido en las pruebas por la salvación de las almas, esos pequeños grandes detalles que nazcan del corazón y que no sean expuestos ante nadie. El poder sobrevivir ante la cotidianeidad sin naufragar siendo el mismo de siempre y ese amor que vive dentro de cada uno y que sea capaz de movernos a la acción, al amor.

Mi corazón es un corazón de "gracias" a Dios. No me cansó de darle gracias por cada una de las pruebas que Él ha permitido en mi vida y por todas las bendiciones que han venido con ellas y después de ellas.

Estoy aquí para hacer feliz a todos los que me rodean. He venido al mundo para ser testigo del amor de Dios, para acercar almas a su corazón. Gracias Señor, porque aún puedo vivir y testimoniar su amor. Y sé que por medio de mi sufrimiento ofrecido a Dios desde el silencio de mi corazón, Él ha podido sostener en la fidelidad a sus almas.

Al final de la vida, solo quedará el amor. Habría que preguntarnos de qué manera vivo ese amor y de qué manera estoy dispuesta a entregar y donar ese amor a los demás, a nombre de Cristo, el Buen Pastor.

"La medida del amor,
Es amar sin medida".

San Agustín

Capítulo 11

El agradecimiento es la memoria del corazón

Después de todo lo que sufrí con las dos operaciones de columna y de haber terminado la fisioterapia número 60, tuve que acudir de urgencia al doctor quien después de hacerme unos estudios me recetó un tratamiento para prevenir un potencial cáncer de mama.

Los doctores me especificaron que me iba se sentir "muy mal" durante 45 días que es el tiempo que duraría el tratamiento y que después de ello, volveríamos a hacer los estudios para estimar el resultado.

El lunes siguiente, después de un intenso día de trabajo fui a recoger a mi hija a casa de una amiga. Salimos muy apuradas ya que no tenía mochila donde llevar sus libros al día siguiente en su primer día de clases.

En el camino, mi hija me volvió a manifestar lo que ya me había dicho semanas atrás, que no quería una mochila nueva, sino usar su mochila vieja del año pasado ya que su papá "había gastado mucho en sus libros y uniformes". En el camino, trató de convencerme de nuevo. Le volví a explicar que el día de ayer había revisado su mochila vieja y que estaba llena de agujeros por la parte de atrás y que no era "digno" usar cosas tan viejas porque la mochila iba a hacer que se le perdieran todos los libros que se le iban a escapar por los agujeros.

Recogimos a mi esposo en la casa y nos fuimos a una tienda de supermercado para comprar la mochila nueva y mi tratamiento para poder iniciarlo el mismo día.

Entramos al supermercado y nos dirigimos de inmediato a la farmacia. Hicimos todo el pedido de medicamentos. Mientras me traían las cajas de los nuevos medicamentos junto con los viejos que me hacían falta (tomaba alrededor de 16 pastillas al día en ese momento) me percaté que siempre ocurría a mi alrededor la misma situación cuando iba a comprar mis medicinas.

A mi lado se encontraba una señora muy viejita, con la ropa un poco rota quien pedía con cara de preocupación cada una de las medicinas que necesitaba. Mientras mi esposo hablaba con la farmaceuta viendo el número de pastillas que cada caja traía y sacando la cuenta de lo que teníamos que comprar, me distraje viendo las manos a la señora: las tenía muy obscuras y con machas negras típicas de la vejez. Luego noté que entre sus manos, tenía un monedero viejito del que sacaba los pocos billetes que tenía todos enrrolladitos. Al subir la mirada, vi a una señora con una cara muy hermosa y pensé que debió haber sido muy guapa cuando era joven.

Enseguida, esta observación y abstracción se vio abruptamente rota por un aparente dramatismo. La señora tenía una profunda cara de preocupación pues le estaban diciendo que uno de los medicamentos costaba 360 pesos (alrededor de 25 dólares). La señora comentó en voz baja algo con la que parecía ser su nuera. La nuera se alejaba a la parte posterior donde se encontraba el que parecía ser su hijo. Un señor con cara de preocupación; con dos hijos a su lado, uno chico que estaba metido dentro del carrito del súper y otro adolescente que le preguntaba "cuánto cuesta mamá". Toda la familia lucia muy humilde y a la vez preocupada.

En eso mi esposo me regresó a "mi mundo". En el mostrador estaban cinco cajas de pastillas, mientras le decía a la farmaceuta que faltaba otra medicina.

Cuando la farmaceuta se fue a buscar dicha medicina por insistencia de mi marido, le dije en voz baja: "Gordo, mira a la señora que tengo a mi lado, pobrecita, no tiene como pagar sus medicinas". El se inclinó para ver a la señora, mientras le decía que teníamos que ayudarla, que se acordara que nosotros en otra escala habíamos pasado por algo similar.

Mi esposo con su mirada comprensiva y visiblemente conmocionado se sacó la billetera de su bolsillo y me dijo: "Merce no tengo mucho dinero ¿Cuánto dinero tienes tú?" Revisé mi monedero y saqué lo que tenía. En total era muy poco. Pensé en pagarle las medicinas con mi tarjeta de crédito, pero ¿cómo hacerlo sin causar revuelo?

Cuando me volteé para dárselos, la nuera y el hijo estaban junto a ella. Intenté descifrar como ayudarlos pues no quería ofenderlos. Esperé para ver si la dejaban sola, especialmente el hijo que se veía todo un hombre, jefe de familia de aproximadamente 45 años. Francamente quería ayudar pero el respeto humano era mayor a mi deseo de hacerlo. Además no quería humillar a nadie.

Me quedé allí parada por algunos instantes sin poder encontrar el hueco o la oportunidad donde colarme. En ese instante me dije a mi misma que era mejor retirarme pues al parecer no solo lo habían solucionado, sino que no quería ofender a estas personas con aires de superioridad. Me debatí entre querer ayudar y el respeto humano. No sabía qué hacer. Mi corazón me gritaba "ayúdala" y mi razón me decía: "cuidado, no los ofendas. No seas metida".

Me fui caminando hacia donde estaba mi esposo diciéndole que no había podido acercarme ya que no quería ofender a nadie. Él se me quedó viendo como intuyendo mi lucha y me dijo: "Merce, tú sabes como hacerlo, dile que quieres ayudarlos porque tú has estado en la misma situación. Me voy a ir al final del pasillo, allá te espero".

Regresé donde estaba la señora. Apuré mi paso. Pude ver que estaba sola en el mostrador. Cuando llegué, la farmaceuta le preguntaba que cuál medicina se llevaría, con un poco de impaciencia y mal humor, si la de 360 pesos, la caja nueva que le estaba trayendo o si se llevaría las dos medicinas. Todo esto en un muy mal tono.

La señora sacaba otra vez sus billetes de su monedero, eran dos billetes de 200 pesos (alrededor de 15 dólares) todos doblados y algunas monedas de 10 pesos (menos de un dólar). Contaba las monedas, miraba las cajas, intentaba sumar las cantidades con sus dedos para poder decidir qué se llevaba y qué dejaba. Creo que su nerviosismo y el sentirse presionada por la vendedora no le ayudaban a tomar una decisión. La vida la ponía en esas situaciones donde a veces tenía que tomar una decisión que implicara "el mal menor". Pero qué difícil es decidir cuál es "el mal menor" en temas de salud. Qué me hará menos daño, dejar de tomarme esta pastilla o la otra. Parece mentira, pero pensaba en esto mientras miraba a la señora. Había en el pasado estado en la misma situación por diversas circunstancias de vida.

El pensar en esto y sentirme identificada con lo que estaba viendo, me animé y en ese instante me paré a su lado muy cerca de ella para que nadie me escuchara. Baje la cabeza mientras la abrazaba y le dije: "Señora, me permite decir algo". La señora volteó un poco espantada. Me dijo: "si". A lo que le dije: "Mire, también estoy enferma desde hace mucho tiempo y en muchas oportunidades en el pasado. No he tenido como pagar mis medicinas. Sé muy bien lo que usted ahora está sintiendo ¿usted me permite ayudarla en nombre de la Lupita?" En ese instante, la señora bajo la cabeza y se puso a llorar sin hacer mucho ruido y sin levantar la mirada del mostrador. Las lágrimas se le escurrían sin mucho esfuerzo. Estiré la mano sin que nadie nos viera, le puse los billetes muy enrollados en su manita toda arrugada y le dije: "No se deje vencer. Siga luchando. La Lupita la quiere mucho y por eso, le manda esto. Recíbalo en su nombre. Ella nunca nos deja abandonadas. No es mucho, pero sé que en algo la va a ayudar para completar este gasto que ahora tiene que hacer". La viejita me vio a la cara con sus ojitos llenos de lágrimas. En ese momento, me dieron muchas ganas de abrazarla para darle ánimos, para darle consuelo, para decirle que no estaba sola. Que no se sintiera abandonada. Que allí estaba un Dios que puede llenarnos de su amor. Darnos la fuerza para continuar. Inyectarnos energía para seguir caminando bajo el sol, incluso en el desierto, con esperanza en un mejor mañana. Me di la media vuelta y me fui lo más rápido que pude.

Al final del pasillo estaba mi esposo, al verme se sonrió. Iba aguantando las ganas de llorar. Me dijo: "¿qué paso?". Le respondí: "estaba regresando una caja de medicinas que valía justo lo que le íbamos a dar, no tenía como pagar sus medicamentos". Carlos se sonrió como solo él sabe hacerlo y me dijo "Te lo dije Merce, tenías que ayudar a esa señora, por eso Dios la puso en tu camino".

Salí del súper con lágrimas en los ojos. Cada vez que me acuerdo de sus manos manchadas por la vejez sacando de su monedero una y otra vez sus dos billetes de 200 pesos todos doblados y arrugados reflejo de lo mucho que había costado conseguirlos se me vuelven a salir una y otra vez las lágrimas. Cuántas veces me he encontrado en la misma situación. Quizás no tan dramática. Quizás no con las manos tan arrugadas. Quizás mejor vestida. Quizás en un nivel o rango de dinero más alto, pero al final en la misma situación. Pensaba cómo Dios también había puesto en mi camino, a tantas y tantas personas que como este día, habían salido a mi auxilio. Personas que me estiraron la mano para –metafóricamente– darme esa ayuda en forma de billetes enrolladitos y ponerlos en nuestras manos estiradas y cansadas de luchar.

Esa noche lloré. Y no lloré por la experiencia vivida en si misma. No lloré por haberme topado con una persona tan humilde. No lloré por sus manos arrugadas. Tampoco por su condición social, por su enfermedad o por su incapacidad para costearse su enfermedad. Lloré por mi condición de privilegiada. Lloré por lo pobre y limitado que somos de corazón. Por mi desconfianza, por mi ingratitud.

Somos tan ingratos, tan indiferentes y a la vez, tenemos tanto que agradecerle a Dios, que no puedo más que llorar por lo poco que somos. Pensaba en que esta señora si está sufriendo mucho en la tierra, pero qué lugar tan especial le espera en el cielo, muy cerquita de Nuestro Señor.

Pensaba en lo poco que ella tenía que hacer para llegar al cielo y los grandes méritos que nosotros teníamos que lograr acumular para lograr devolverle al menos algo a Dios de lo mucho que nos ha dado. Reflexionaba el mal humor que en esos días me había generado el sentir de nuevo tanto malestar, tanto dolor. No solo sabemos quejarnos ante las pocas cosas que nos suceden o las muchas tan insignificantes que nos suceden a menudo. Pensaba en como siempre exageramos las cosas, como magnificamos lo que nos pasa, como le ponemos más peso y una gran carga afectiva a cosas que no son tan graves y que además tienen solución. Como creamos fantasmas de pequeñas ofensas. Somos tan indiferentes al sufrimiento humano y a la vez estamos tan poco preparados para pasar penas, recibir ofensas, para ofrecer aquello incómodo y que no nos gusta de buena manera.

Meditaba en lo mucho en que las ciudades en la que nos han tocado vivir; su ritmo, su tráfico y sus problemas nos absorben el día a día sin dejar espacio a nada más. Espacio a los pequeños detalles de caridad con nuestros semejantes, con los que tenemos a nuestro lado, porque estamos envueltos en las "grandes cosas", en el trabajo, el tráfico, las juntas, los números y los pendientes, sin pensar que en las pequeñas cosas es que se construye la verdadera caridad.

Reflexionaba en la poca capacidad que tenemos para maravillarnos del día a día, de esas pequeñas grandes cosas que nos suceden, de la sonrisa de un hijo, de ese sol que sale o del día que amanece nublado, de las olas del mar, de como se mesen los árboles con el viento, de un hermoso paisaje. Maravillarnos quizás porque podemos caminar o hablar o escuchar una hermosa melodía. O simplemente, maravillarnos porque aún podemos estar aquí, podemos vivir, podemos gozar de una total o parcial salud. Pensaba la gran deuda que tenemos con Dios, no solo porque nos ha permitido tener recursos o formas como salir adelante, sino por el gran regalo de haber conocido su amor.

Salí del súper muy renovada, con una nueva lección de amor de Dios y con un gran agradecimiento por todo lo que soy, por todo lo que tengo y por todo lo que me ha tocado vivir.

La gran lección que recibí, no fue tanto la oportunidad que me dio de ayudar a esta señora, sino la oportunidad que esta señora nos dio de darnos cuenta una vez más, del gran amor que Dios nos tiene. Cómo debemos de tener los pies en la tierra para no perder de vista todo aquello que inmerecidamente hemos recibido. Cómo debemos de estar atentos para no caer en las garras del egoísmo que experimentamos cuando tenemos un problema y nos hace siempre centrarnos en nosotros mismos, en lo que sentimos, en lo que pensamos perdiendo de vista todo lo positivo que aún tenemos. O peor aún nos hace perder de vista el dolor de la gente que nos rodea.

El dolor que podemos experimentar en las pruebas, nos puede robar el amor. Nos ciega al hacernos creer que nosotros sufrimos más que cualquier persona y que lo que sentimos no lo esta sintiendo nadie. Nos hace comportarnos de una manera muy egoísta, irracional, encerrándonos a vivir en un mundo interno con nuestro dolor, incapacitándonos y robándonos la oportunidad de donarnos a los demás, de entregar más y mejor amor.

Como mis doctores me dijeron, experimenté de nuevo un pequeño calvario, casualmente de 40 días. Cuarenta días a partir de ese día hasta el día de mi nueva cita donde evaluaron mis resultados. Experimenté de nuevo algo de lo que Cristo ya experimentó en el desierto. El sentir de nuevo mucha tentación de desfallecer, de sentirme derrotada, de sentir que ya no tenía fuerzas para seguir luchando, para aguantar más dolor. Pero también sé que esta oportunidad que me dio tanto a mí, como a mi marido, es una nueva oportunidad para agradecerle una vez más todo el amor que nos tiene. Para agradecerle la confianza, que una vez más nos ha dado para demostrarle nuestro amor, no de palabras sino con hechos concretos de vida. No con bombos, platillos y aplausos ante muchos, sino con el sacrificio y el sufrimiento ofrecido en silencio en el interior de nuestros corazones. Con la alegría que siempre se vive en mi hogar y con la confianza y el amor que nuestra Madre, la Lupita siempre nos infunde.

Al salir esta mañana de misa pensaba que tenía muchas cosas que agradecerle a Dios. Un marido que siempre ha estado a mi lado, animándome, amándome, consolándome, siendo paciente y demostrándome lo mucho que me ama. Unos hijos especiales, que me piden que por favor "no gaste más en su inicio a clases". Una nana que me cuida, me prepara mis medicinas todas las semanas, que adora a mis hijos y los cuida, que me arropa cuando me siento mal. Un trabajo que me apasiona y me ayuda a no pensar en mí misma, a no centrarme en mi dolor, sino que me ayuda a levantarme de mi cama cada mañana sin importar como me sienta al pensar en todas las personas que puedo tener la oportunidad de ayudar. Un grupo de personas que sin conocerme, siempre me han ayudado con mi enfermedad. Un médico de cabecera excepcional, que le hace de sacerdote, doctor y psicólogo a la vez, que me echa porras y no deja que me desanime en el camino, que me escucha y dedica todo su tiempo. Y unos amigos, que son muy pocos, pero especiales, que siempre han estado allí a pesar de sus graves problemas para ayudarnos. Muchas personas que hemos conocido por el camino de la vida y que rezan mucho por nosotros. Una oportunidad más, de recibir un tratamiento para prevenir una potencial enfermedad.

Toda esta experiencia me llevo a hacer esta reflexión. Desde pequeña tuve la oportunidad de ir de vacaciones a un afamado parque de diversión. Ese maravilloso mundo de fantasía y diversión donde todo padre quisiera poder llevar a sus hijos. Y es que en si mismo, no tiene nada de malo. Sin embargo, a lo largo de mi vida he podido constatar la gran frustración que le genera a algunos padres el no poder llevar a sus hijos a vacacionar a uno de estos magníficos lugares.

Y es que el asunto va mucho más allá. Este mundo hedonista, que nos enseña a buscar la felicidad en todo aquello que nos produzca placer, les ha hecho creer a muchos padres que para que sus hijos sean felices, tienen que hacer de sus vidas un constante parque de diversión con el castillo de princesas y todo como centro.

Les dan premios por cumplir con su única responsabilidad que es la de estudiar. Les evitan cualquier oportunidad de hacer un pequeño sacrificio. Hacen una tragedia cuando tienen un dolor de estómago. Sino les gusta la comida que se preparó en casa, los dejan que ordenen "a la carta". Cuando se caen de la bicicleta, sacan todo el botiquín de auxilios y hasta llaman al pediatra. Les hacen creer, que para ser feliz en la vida, siempre tienen que tener a diario un parque de diversión. No les dan la oportunidad real de experimentar el dolor, de sacrificarse por los demás, de descubrir lo que la vida, en sus amarguras y caídas tiene para enseñarnos. Lo mucho que podemos aprender de las malas experiencias que la vida puede traer consigo y el valor que ante los ojos de Dios tiene el poder darle sentido a los sufrimientos que experimentamos en nuestra propia vida.

Gracias a que los padres de hoy quieren hacerle la vida a sus hijos un constante parque de diversión y a que aprendieron a que las palomitas se hacen en tan solo dos minutos con presionar un simple botón en el microondas, que además ya viene señalizado con un icono, los jóvenes de ayer se han convertido en adultos de hoy con un bajo umbral de tolerancia a la frustración. Porque creen que detrás de cualquier esfuerzo siempre obtendrán un resultado consonante. Y ante cualquier revés en la obtención de un resultado, se sienten derrumbados, abatidos, perdidos, profundamente desdichados. Al final, fracasados. Porque les hicieron creer que son merecedores de todo y que la vida, es únicamente subirte a disfrutar de un paseo en la mejor montaña rusa del planeta.

Que importante es para un adulto vivir con un nivel adecuado de tolerancia a la frustración. Pero si nuestros hijos crecen en un constante parque de diversión, cómo podrán entonces estar preparados para las adversidades normales de la vida cuando crezcan. Es importante que aprendan desde pequeños a que muchas veces —a pesar de nuestro esfuerzo- las cosas no salen como lo planeamos. Y que cuando esto suceda, siempre podremos tener el consuelo de que lo importante es que hemos hecho las cosas con amor y que pusimos nuestro mejor esfuerzo. También es importante enseñarles que una de las formas como aprendemos en la vida, es justamente cuando nos equivocamos. Pues toda experiencia por más negativa que sea, siempre tiene algo bueno que enseñarnos. De igual forma, podrán estar preparados para luchar por solucionar los conflictos que toda relación interpersonal tanto en el ámbito personal como profesional podría tener. O simplemente, mantener el balance emocional, cuando hay una noticia adversa sobre la salud de algún miembro de la familia o cuando han perdido el trabajo.

Y es que cuando vivimos sin tener tolerancia a la frustración, confundimos lo que realmente significa ser feliz. La felicidad se percibe como un sinónimo de los resultados orientados a poseer algo, aunque sean cosas buenas en si mismas. Creemos que ser feliz es que todo te salga bien o ausencia de problemas. Parece entonces que ser feliz es sinónimo de no sufrir. Y cuando sufren, no saben como afrontarlo porque no aprendieron de pequeños a afrontar las adversidades que la vida en si misma siempre trae consigo.

Placer, poder, riqueza y fama. Trabajo excesivo, materialismo, diversión y ocio. Incluso, poseer un compendio de obras buenas que se han acumulado. A eso hemos resumido lo que es ser feliz. Pero resulta que la felicidad es una actitud de vida donde tenemos el poder de decidir cómo vivimos las adversidades de la vida, lo que podemos compartir, el tiempo que dedicamos a los demás, en la renuncia que hacemos de nosotros mismos por servir y por ayudar. Es vivir de cara a esa verdad, a esa misión que cada uno, desde su interior descubrió como sentido de su propia vida.

Ser feliz no es un estado de ánimo que sube y baja en relación a las circunstancias que se vivan o algo que experimentaré cuando alcance una meta laboral, material, incluso apostólica o filantrópica. No es un lugar al que quiero llegar cuando cumpla con una lista de cosas que deseo tener, hacer o adquirir. Tampoco es no tener problemas. O simplemente sentirme "siempre bien".

Ser feliz es una decisión personal que se toma cada mañana al levantarnos. Es el hacer todos los días una lista de cosas que tengo, en vez de pensar en las que no tengo. Es aprender a agradecer todos los días por la salud, por la gente que me ama, por un trabajo, por los amigos, por aquello que la vida me ha dado y no tanto por lo que me ha quitado. Ser feliz es luchar por lo que deseo, pero sin perder de vista lo que ya tengo. Es aprender a disfrutar al máximo esas pequeñas cosas de la vida. Es apreciar el paisaje, un cielo estrellado y la luna llena. Es no perder nuestra capacidad de asombrarnos. Es practicar ante el espejo una sonrisa. Es agradecer por la salud y por la vida. Es buscar en el corazón, cuando las cosas se ponen difíciles, aquello que me motiva, me ilusiona y me ayuda a continuar. Es decirles a las personas que me rodean que los amo y disfrutar su compañía. Ser feliz es vivir de cara a la verdad que he descubierto en mi corazón como una misión de vida para la cual Dios me pensó desde toda una eternidad. Ser feliz es intentar dialogar, cuando he tenido un problema. Ser feliz, es poner todo mi esfuerzo por comprender a los demás a pesar de "como me sienta". Ser feliz, es buscar desesperadamente en la comunión a aquel que me ama profunda e incondicionalmente y que siempre esta esperando para consolarme y darme la fuerza para continuar. Ser feliz, es aprender a verme con los mismos ojos de amor con los que Dios me ve y aprender a mirar de la misma manera a los demás.

En ocasiones hay circunstancias de vida que no podemos cambiar, pero si podemos decidir como vivirlas. Para ser feliz se necesita tomar una decisión personal y poner en práctica la actitud. Para ser feliz se necesita amar a Dios y a amar a los demás.

La vida es una montaña rusa en una realidad concreta, no virtual o imaginaria. Tiene subidas y bajadas, a veces vertiginosas pero de la mano de Dios, siempre felices y plenas. Debemos estar preparados con las verdaderas bases que nos ayudarán a ser felices en cualquier parte de ella.

En mi corazón tengo tatuado el nombre de cada una de esas personas que durante nuestro caminar hacia Dios se han hecho presentes para ayudarnos. Con coches, regalos, medicamentos, tarjetas de crédito para pagar hospitales, supermercados, departamentos para vacaciones, pero sobre todo, con su amor y su compañía para acompañarnos en el camino. Sin tener mucho que decir. Solo estando allí.

Que importante es hoy en poder ser empáticos ante el sufrimiento de otras personas. Es increíble que a veces nos tiene que llegar el sufrimiento para que podamos ser capaces de compadecernos con el sufrimiento de otros. Y es que ser empáticos no es ser simpáticos sino poder percibir los sentimientos, las emociones y los sufrimientos de otras personas y así, poder adelantarnos a sus sufrimientos dando una respuesta de consuelo.

Que importante es esto en la vivencia de la fe. Muchas veces queremos imitar a Cristo con nuestras obras, pero no somos capaces de compadecernos y de ser empáticos con aquellos que sufren. Esa imitación de Cristo se queda solo en las obras, pero si las obras no nacen del corazón, no estamos realmente imitando a Cristo de donde es más importante imitarlo que es en su propio corazón, por medio de sus sentimientos. Si vemos en el evangelio, Cristo fue para todos. Para el alto de Pedro y para el chaparro de Zaqueo. Para el pobre y para el rico. Para el pecador y para el que observaba la ley. Cristo mostró sus emociones. Se enojó en el templo. Lloró cuando vio que Lázaro había muerto. Hizo milagros porque se conmovió con el sufrimiento de muchos. Cristo sudó sangre de miedo en el Gólgota. Cristo lloró en la cruz.

Por lo tanto, creo que para vivir una fe operante y a plenitud, debemos de ser empáticos con los sufrimientos de los otros. Y no esperar a que los demás vengan a pedirnos un favor sino adelantarnos nosotros a sus necesidades buscando manifestarles de la manera que podamos nuestro amor de mil formas y maneras. Para que se sientan acogidos.

Esto desde mi punto de vista es básico para la vivencia de la fe de un cristiano. ¿Cómo podemos vivir una fe en coherencia, si estamos solo pensando en nosotros mismos? Sino tenemos tiempo de poder llamar a una persona que sufre. Sino nos comportamos como pastores, que buscan a las almas. Como ese Buen Pastor que dio la vida por una oveja y se fue por ella a la cañada. A veces queremos quedarnos en nuestra posición de confort, esperando a que las personas nos pidan ayuda y nos perdemos de lo mas valioso de nuestra fe, que es la de ser verdaderos instrumentos del amor y de la misericordia del Señor. Terminamos viviendo una fe de razón, desde la cabeza llena de grandes y brillantes ideas y no una fe desde el corazón, llena de amor y que pueda ser capaz de imitar ese mismo amor de Cristo.

Esa fue la gran lección de amor que recibí con esta pequeña gran experiencia. Definitivamente, si somos privilegiados de su amor y esa misma gratitud es la que debe de inspirarnos a ser cada día mejores, a responderle a Dios a la altura de su amor. Si estamos agradecidos con Dios, eso se reflejará en nuestros corazones y cada vez que estemos pasando por una situación difícil de vida, recordaremos, con agradecimiento lo mucho que Dios nos ha dado y lo privilegiado que, dentro de todo, aún somos.

Si somos agradecidos, el dolor no nos terminará por robar ese amor. Porque el agradecimiento, es la memoria del Corazón[5]

"En la medida en que se ama algo temporal, se pierde el fruto de la caridad".

Santa Clara

---

5 Lao Tsé. Filósofo Chino.

Capítulo 12
Jesús....en ti confío

Después de haberme ido a terminar mi libro en el verano del 2005, tuve una recaída importante con mi columna que me mantuvo en silla de ruedas por espacio de casi un mes. Era el segundo intento de terminar este libro que hoy escribo.

Durante toda la convalecencia de mi lesión en la columna, hubo un angelito de la guarda que Dios me mandó para cuidarme, pero sobre todo, para llevarme a Nuestro Señor. Como menciono anteriormente, mi amiga Rebe, fue la persona que se tomó esto como una misión de vida.

Rebe diariamente me llevaba la comunión y me leía una hermosa oración. En muchas ocasiones, se quedaba acompañándome, mientras me platicaba de sus hijos y me mostraba fotos de sus vacaciones familiares. Por todos estos cuentos, ya les había tomado cariño a cada uno de sus hijos, aunque no los conocía a todos en persona, sabía todas sus historias, sus noviazgos, sus estudios y sus gustos.

Después que viví esa experiencia en el supermercado, inicié mi tratamiento con un gran optimismo. El primer síntoma que experimenté fue en la boca, la tráquea y el esófago, sentía que se me estaban quemando. Luego, me comenzaron las náuseas y los mareos. Me sentía muy fatigada, pero con el espíritu alegre y fuerte para luchar. Una vez más constaté esa fragilidad en mi organismo, pero ese gran contraste con la fortaleza de mi interior, en mi corazón.

Una tarde, después de haber dormido una siesta debido al malestar y estando ya en mi segunda semana del tratamiento, me puse a ver el calendario mientras revisaba las semanas que me quedaban por delante. Al ver que eran muchos los días que tenía aún por transcurrir con mi tratamiento, me levanté a ver el cielo por la ventana de mi cuarto, acostumbraba a platicar y meditar con Nuestro Señor a través de esa ventana.

Viendo al cielo, le dije que necesitaba su ayuda pues no iba a poder tolerar este tratamiento sin la fuerza de la fe. En eso, recordé un poema escrito en mi primer libro y el cual era como una especia de trato con mi Señor: "Primero, enséñame a sufrir. Luego hazme saber el nombre del alma por quien quieres que lo haga".

Tenía tantos años pidiendo por la fidelidad de los sacerdotes y las vírgenes consagradas, que quizás mi psicología necesitaba nuevos motivos para ofrecer todo ese dolor. Había ofrecido lo de la columna por el hijo de unos amigos, además de mi "caduca" intención. Quizás requería algo más porque ofrecerlo, una aire fresco. Estaba rezando cuando la voz del Espíritu Santo mi gran amigo me hizo saber que esa semana me diría por quien sería el alma que ofrecería todo ese sufrimiento.

A tan solo dos días de esta petición, me encontraba en mi oficina en una junta muy complicada.

En medio de la junta, me llamó mi esposo muy alterado. Acababa de hablar con Salva por celular y éste le había dicho que Salvador su hijo, había tenido un accidente de coche muy grave la madrugada anterior. Habían muerto dos de los jóvenes que iban con él. A Salvador su hijo lo estaban operando en ese momento ya que se encontraba muy grave. Mi esposo me dijo que lo que Salvador, pedía que me avisara a mi para que me fuera a acompañar a Rebeca al hospital, pues estaba sola.

Después de haber escuchado la noticia solté todo en la oficina muy apurada. En el camino, se me salían las lágrimas de pensar en mis buenos amigos. De igual forma, sentí que era mi oportunidad de devolverle tanto amor que habían tenido conmigo. No sabía cómo comenzar, lo único que sabía es que ellos iban a poder contar conmigo, como yo pude contar con ellos. Pensé que mi misión era llevarles lo único valioso que tengo en mi vida: mi fe. Y que así, como ella me llevó a Cristo, a mi Señor físicamente en la hostia, yo también iba a llevarle a mi Señor, pero no de una forma física en la hostia, sino en forma de amor por medio de mi compañía.

Luego me di cuenta en el coche mientras manejaba muy apurada, que Dios me estaba diciendo quien era esa alma por quien quería que ofreciera todo mi sufrimiento de ese tratamiento que me tenía mareada y vomitando todo el día. Se me puso la piel erizada cuando me di cuenta de todo. Solo habían pasado dos días de mi oración y ya sabía quién era esa alma especial por quien Dios quería que ofreciera todo, además de por la fidelidad por la que he pedido toda la vida. Esa alma ahora se llamaba Salvador.

Me bajé y recorrí el hospital por varios pisos y pasillos. Finalmente, me dijeron dónde estaban. Al llegar la abracé lo más que pude. Le dije al oído que lo sentía mucho y que estaba allí solo para acompañarla.

Estuvimos allí todo el día. Desde las 11 de la mañana hasta las 11 de la noche. Comenzó a llegar mucha gente al hospital, especialmente todos los papás de los amigos de Salva. Me iba a caminar por el ancho pasillo del hospital, mientras veía a muchos jóvenes, tirados en el piso, en la cafetería, en las salas de la planta baja del hospital. Por todas partes estaban esperando los resultados de la operación. Me impresionó ver como un sacerdote, después de hablar con Rebe, se fue a la cafetería a acompañar a estos jóvenes. Cómo uno a uno iban sentándose a platicar con el Padre y luego le pedían confesarse. Era un cuadro muy desolador por la tristeza de estos jóvenes y su juventud, pero a la vez, esperanzador. Ver a tantos jóvenes tocados de esa forma, confesándose, reencontrándose a través del dolor con Dios era digno de reflexión. El sufrimiento de la familia Cors, ya estaba sin darnos cuenta, dando sus frutos. Este era solo el inicio de un camino lleno de bendiciones que se desprendieron para la vida de muchas personas.

Escribir sobre toda esta historia de amor y dolor, es sumamente difícil. Intento hacerlo con el mayor respeto por el dolor de mis amigos, que nos dieron una gran lección de amor.

Escribo sobre esta historia de vida con el permiso de ellos, porque es un testimonio muy fuerte del amor a Dios y de la fe. Un testimonio que debe de llegar a muchos rincones para que siga cambiando vidas. Una profunda historia de fe, una profunda historia de amor, una historia de esperanza, una historia de un gran dolor pero también de misericordia; que finalmente Él quería que compartiéramos con todos ustedes.

Es muy difícil para mí escribir sobre todo lo vivido. Pero sé que es mucho más difícil para toda su familia. Sé que al leer estas líneas, se removerán muchos recuerdos; volveremos a derramar lágrimas y todo quedará aquí escrito por siempre a pesar de que los años transcurran. Sin embargo, si están leyendo estas líneas, es porque ellos así lo han querido. Y es que su amor a Dios es tan grande, que se lo ofrecerán por todas las almas que ellos desean que se acerquen a ese corazón de Nuestro Cristo misericordioso y doliente, a Nuestro Cristo Redentor a través de su dolor.

Nos acostamos esa noche muy perturbados, como todos los que habíamos estado en el hospital. A pesar del cansancio, no pudimos dormir. Mi esposo y yo comentábamos, lo difícil de la situación de ver a un hijo sufrir así, debe ser el dolor más grande que humanamente alguien podía vivir. Este es desde mi perspectiva de vida, el culmen del dolor.

A la mañana siguiente nos despertamos un poco tarde. Nos vestimos muy apurados y nos fuimos al hospital.

Llegamos allá como a las 12 del día. Desde ese día, mis hijos comenzaron una verdadera campaña de oración por la salud de Salva Cors.

Pasamos allí casi todo el día acompañándolos. La gente seguía llegando. Ese día, comenzó un ritual de visitas, el cual se llevó a cabo por todos los días que Salva estuvo en terapia intensiva internado. Las visitas eran tres veces al día y solo dejaban entrar a un familiar por paciente.

Ese día estábamos todos relativamente alegres. Salva estaba estable y había reaccionado muy bien a todos los medicamentos y a la operación. Aparentemente Salva estaba recuperándose. Teníamos todos mucha fe y esperanza de que saldría adelante. Salimos en la noche tarde con la esperanza de que cada día fuera mejor.

Carlos y yo organizamos la semana en base a turnos para irlos a visitar. Esa noche después de nuestra visita, Salva empeoró. A partir de allí, toda su familia comenzó a vivir un gran calvario interior. El cansancio humano comenzó a mostrarse. Los días transcurrían entre la esperanza y la desesperanza. Entre los días en que todo se complicaba aún más y las noches en que lograban estabilizarlo.

Intentábamos irlos a visitar lo más que pudiéramos. Sin embargo, hubo una semana en que no pude irlos a visitar. Mi tratamiento había hecho estragos esa semana y todas las tardes, al regresar de la oficina, me tenía que acostar.

Mi consuelo era saber que podía ofrecer todo por ellos. Sabía que mi dolor en forma de amor ofrecido por ellos, valía mucho más que mi compañía y que Dios nos unía en el dolor, mucho más que si estuviera sentada al lado de ellos. La sala de espera de terapia intensiva, parecía todo un altar.

Unas semanas antes del accidente uno de los mejores amigos de Salva, le habló acerca de la devoción a la Divina Misericordia, obsequiándole un pequeño libro sobre la devoción y el diario de Sor Faustina. Pocos días después un sacerdote de manera providencial, le habló acerca de la devoción, despertando en el aún más su curiosidad.

Desde ese primer día en el hospital, Salva tomó como libro de cabecera el diario de Sor Faustina y mientras los días pasaban, ellos no dejaron de tener muestras de su misericordia de una manera descarada. Salva comenzó a adentrarse en el diario y a encontrar en el, un gran consuelo. De igual forma, comenzó a descubrir ciertas coincidencias, como que el día en que sufrieron el accidente, era el día en que Sor Faustina nació.

Rebe y Salva comenzaron a enviar mensajes en cadena por el celular para mantenernos informados. Me impresionaba ver, como en cada uno de estos mensajes, había una gran muestra de fe. En todos firmaban, Jesús en ti confío, inspirados en el Señor de la Misericordia, que tanto amor les estaba demostrando. Todos estos mensajes nos conmovían a todos los que los recibíamos.

Salva se estuvo debatiendo entre la vida y la muerte por espacio de un mes. Por espacio de un mes, mucha gente se hizo presente para manifestarles su cariño. Salva y Rebe estaban decididos con mucha fe a cumplir la voluntad de Dios a – si era necesario- dejarlo ir, dejarlo partir a la casa del Padre a su tesoro más valioso en la tierra: su propio hijo, pero ya no con un dolor experimentado desde la desesperación, sino con un dolor lleno de resignación y de amor a Dios.

Estábamos un domingo sentados comiendo cuando recibimos mensaje de que su situación era crítica. Nos apuramos a comer y les pedimos a los niños que se apuraran porque teníamos que irnos a la Basílica de Guadalupe a pedirle a la Virgen que salvara a Salvador. Bajamos un gran cirio a la mesa. Este cirio comenzó a consumirse por medio de una gran llama. Al verlo, mi niña dejó de comer y se quedó con la mirada perdida mientras nos dijo: "Creo que ustedes están equivocados. Lo que tenemos que pedir, es que se cumpla la voluntad de Dios pero que se cumpla ya para que no sigamos esperando y sufriendo". En eso Andrea se levantó de la mesa y dijo que ella le iba a escribir un recado a la Virgen para dejárselo a sus pies pidiéndole que decidieran qué querían hacer con Salvador, pero que lo hicieran ya.

Nos levantamos de la mesa un poco "noqueados" con el comentario de Andrea. Tenía mucha razón. Había que pedir que se cumpliera únicamente la voluntad de Dios, fuera esta cual fuera.

El lunes me fui a trabajar. Carlos pasó por el hospital. Me sentía muy cansada por que aún continuaba con mi tratamiento para prevenir un potencial cáncer de mama.

Carlos en la noche me dijo que Salva estaba muy mal, estaba realmente preocupado. Le dije que si no sería como otras veces en que había estado al borde de la muerte, pero que de repente se recuperaba. Carlos me dijo: "no sé Merce, creo que Salva ahora si se esta muriendo".

Esa noche a pesar de mi cansancio no pude dormir. Pensaba en mis amigos. Qué más podía hacer por ellos ¿había hecho todo lo que había estado en mis manos? ¿habríamos rezado lo suficiente? Eran preguntas que me rondaban la cabeza. No pude conciliar el sueño. Me sentía muy inquieta y preocupada.

Logré conciliar el sueño a las 6 de la mañana. Esta era la hora que marcaba el despertador la última vez que volteé a mirarlo.

De repente, me desperté con el ruido del celular con un acostumbrado mensaje. Estaba muy adormilada. Carlos entró corriendo al cuarto mientras decía: "Seguro es un mensaje de Salva, estaba esperando que fuera más tarde para marcarle a ver como habían pasado la noche".

En ese momento, Carlos se puso pálido. Me dijo: "Merce, Salva se murió". Salté de la cama como pude. Mientras los dos leíamos con lágrimas en los ojos el siguiente mensaje: Sep. 19. 8:07 am. "Refugio mío, alcázar mío. Dios mío en ti confío. Mi amado hijo Salvador ha partido al encuentro con Dios Nuestro Señor. Gracias por sus oraciones. Salvador"

Nos sentamos en la cama mientras los dos llorábamos. Dios mío, después de tanta lucha, se fue. Ese día no pude levantarme de la cama. Creo que toda la tensión que vivimos por ese mes sumado a mi cuadro de salud, me hicieron colapsar. No tenía fuerzas para caminar. Me sentía muy agotada. Como si hubiera estado cargando un gran peso durante muchos días.

El Martes por la mañana, aparecimos en la funeraria. Aquello no se creía. Llena de tantos y tantos jóvenes. Al vernos, Salva nos abrazo como "junta de equipo de fútbol americano", como acostumbrada a abrazarnos durante todo ese mes cada vez que íbamos a visitarlos y nos dijo: "Mis hermanos Carlos y Merce, los de la fe de hierro. Cómo nos han ayudado este mes. Cómo nos ha acompañado con su fe. Ustedes me entienden perfecto lo que voy a decirles: Mi gozo puede más que mi dolor. Siento un profundo dolor en mi interior, como nunca antes me había sentido, pero a la vez, siento una profunda alegría porque sé, que mi hijo ya goza de la presencia de Dios y no sé cómo explicarlo y sé que el mundo, para los que no tienen fe, esto no se entiende, pero yo se que ustedes si me entienden. Mi gozo puede más que mi dolor".

Nunca antes presencié un velorio así. Con tanta gente joven, con tanta fe. Solo para los que tienen fe, puede sobrellevarse de esta forma un dolor así.

Acudimos a la misa del depósito de las cenizas. Los mismos padres que habían estado visitándolos por tanto tiempo, estuvieron presentes para oficiar las misas. Los acólitos fueron sus mejores amigos. Al final y después de una larga cola pudimos de nuevo abrazar a nuestro amigos. Él, una vez más, nos repitió lo mismo que el día anterior nos había dicho: "Mi gozo puede más que mi dolor. Jesús en ti confío". Al cabo de un mes, Salva y Rebe fueron a un congreso en Puebla del Señor de la Misericordia. Allí, en todo un estadio dieron su testimonio que su prima Adriana me compartió:

Salvador: "Quisiéramos compartir con todos ustedes un suceso que involucra al Señor de la Misericordia y cómo llegó su devoción a nuestra familia.

Hace aproximadamente un mes nuestro hijo Salvador tuvo un accidente automovilístico en donde murieron sus dos acompañantes y amigos de manera instantánea. Salvador quedó muy mal herido, estaba en terapia intensiva y solamente lo podíamos ver algunas veces al día.

El Señor de la Misericordia se hizo presente por medio de muchas personas, De muchas y variadas formas llegó a nosotros ¨La oración de Abandono". Se nos restregó de tal manera que no hubo más que hacerle caso.

Empezamos a rezar repetidas veces esta oración, la corinilla y diversas devociones a la Misericordia, finalmente después de tres semanas de agonía nuestro hijo Salvador fue llamado a la presencia del Padre y a nosotros nos bendijo con la paz y la tranquilidad de saber que nuestro amado hijo está en el cielo.

No dejamos de repetir en estos momentos difíciles: Jesús en ti confío. Nos rodea una triste alegría, al saber que Dios no se equivoca. Hemos sido testigos de la enorme misericordia y el amor de Dios. Junto con nuestros amigos y familiares pudimos acompañar a nuestro Salvador en su peregrinar hacia la casa del Padre. Son enormes las gracias recibidas. Nuestro gozo puede más.

Les voy a leer la oración que milagrosamente llegó a nuestras manos y que no nos hemos cansado de repetir. Jesús en ti confío".

Rebeca: "El dolor humanamente es demasiado grande, no se podría soportar sin la ayuda de Dios. Una espada atravesó mi corazón de madre. Pero Dios no se equivoca, aunque extraño mucho y me duele mucho. Sé que mi hijo está en el cielo, donde debe de estar. Dios no se equivoca. Jesús en ti confío".

Después de un tiempo de vivir su duelo de una manera muy sobrenatural, Salva y Rebe decidieron crear una fundación llamada "Acompaña" que se dedica a "acompañar" a todos aquellos padres que perdieran a sus hijos por diversas razones. Salva y Rebe reconocieron que la forma como estaban llevando su dolor, no era humana, era de Dios y que solo viviendo con fe una prueba de este tipo, es que ellos podrían continuar viviendo con alegría la vida.

Para los que hemos estado a su lado, no podemos encontrar explicación humana a la forma como ellos han sobre llevado este dolor. Fueron demasiado las lecciones de amor que recibí de esta experiencia tan profunda de vida y no de muerte humana, sino de lo que es la verdadera vida. La eterna.

En primer lugar, pude apreciar lo que el cuerpo místico de la iglesia significa. Hubo tanta y tanta gente que estuvo a su lado para ayudarlos, para confortarlos, para animarlos. Fue por ello, por todo ese amor que Dios les manifestó a través de tanta gente, lo que los motivó a crear su Fundación. Para así poder entregar algo de lo que habían recibido por medio del amor de Dios manifestado en otras personas. Han sido ya tantas y tantas personas a las que ha podido ayudar con su entereza, su paz, su amor, formando una verdadera cadena de amor, donde como verdaderos cristianos nos ayudamos unos a otros. Es solo cuestión de decidir, como cristianos, acompañarnos en el dolor. Pues esta es la verdadera comunión de los santos que estamos llamados a vivir. Apoyándonos unos a otros.

El Señor de la Misericordia que se hizo presente de tantas maneras para manifestarles su amor. Para darles la fortaleza necesaria para dejar partir a su hijo a la casa del Padre. La serenidad que vimos en ellos, asumida con dolor y dolor del bueno, es algo que las palabras no pueden explicar.

La mayor lección de amor que recibí en esos momentos es el poder de la fe y lo que esto debe significar para todo cristiano. No hay peor dolor humano en el mundo, que perder un hijo, pero para mis queridos Salva y Rebe, no fue el perder a un hijo, sino el ganar un hijo para Cristo, porque sabían que su verdadero rol como padres es poblar el cielo de almas para Cristo. Es llevar en primer lugar, al encuentro con el Padre a todos los seres que amamos. Y de qué forma, ellos estuvieron a lado de su hijo cuando este partió a la casa del Padre, a encontrarse cara a cara con Él y fue caminando de la mano de su familia.

Cuántas familias hemos visto destrozadas por un hecho de este tipo. Cuántas familias rotas porque han vivido "tragedias" humanas como ésta. Cuántos matrimonios rotos porque hechos de este tipo no se logran humanamente superar. Cuántos padres hundidos en los vicios o en la depresión porque no se logró aceptar la pérdida de un hijo.

En este ejemplo de vida, vimos el corazón de nuestra fe, porque vivimos en un sentido práctico la verdadera creencia de lo que significa esta vida; corta, pasajera aquí en la tierra, versus la verdadera vida que es la eterna. Cómo nuestros queridos amigos asumieron en primera persona y en carne propia el corazón de nuestra fe, que la verdadera vida es la eterna y que trabajamos aquí en la tierra para hacer méritos para optar por esa verdadera vida y gozar por siempre con la compañía eterna de Dios o para vivir por siempre separados del amor de Dios.

Puedo escribir muchas líneas del testimonio de amor que toda la familia nos dio. Todos, incluyendo a sus hermanas, han sabido continuar con alegría sus vidas. Teniendo siempre presente, que su hermano Salva está en el cielo, velando por ellos. Y es que han recibido muchas pruebas de ello.

Que importante es que entre nosotros los cristianos vivamos la verdadera Misericordia del Señor. Y es que podamos acompañarnos entre unos y otros cuando sufrimos. Sin apariencias efímeras que la sociedad nos impone. Sin barreras entre nosotros. Sino con mucho amor y mucha sencillez. Imitando ese corazón del Buen Pastor que se lanza a la cañada por la oveja perdida. Que deja a las 99 para ir por la extraviada. Para acoger con amor, al hombre doliente, al que sufre.

En el modelo del Buen Pastor he encontrado ese Cristo que deseo todo los días imitar. Jesús dejó a su cargo por medio de la iglesia a los pastores, que son los sacerdotes elegidos por vocación a seguirlo. Pero no necesariamente tenemos que ser sacerdotes para imitar el corazón de ese Buen Pastor. Todos somos ovejas de esta iglesia. Todos podemos, imitando el corazón de Cristo, tener un corazón de pastor. Un corazón que se conmueve ante los dolores y sufrimientos de las personas. Que las acoge, que las ama, que se conmueve y que va en busca de ellas. Que le toca el timbre porque sabe que está pasando por un mal momento. Que lucha por acercar y consolar a las almas cuando sabe que están sufriendo.

Un Buen Pastor, es guía para sus ovejas. Él va delante de las ovejas para enseñarnos el camino, el buen pasto, incluso el lugar donde podamos alimentarnos. Eso es lo que también nosotros debemos de imitar cuando veamos a alguien sufrir. Ayudarlos a encontrar ese camino donde alimentarse, donde puedan sanar ese dolor. Llevarlos a la fuente que sana todo y que es el mismo Cristo, el Buen Pastor que se quedó en la eucaristía.

Acompañar es llevar también misericordia, amor y perdón. Pedir perdón por el daño moral que otros pudieran haber causado o por el daño que nosotros pudiéramos haber causado. Acoger también cuando otros nos piden perdón. Imitar ese corazón del Buen Pastor, es convertirnos en guías y faros de luz para los corazones que están sumidos en el dolor. Es ayudarlos con nuestro consuelo a darles seguridad en ese camino de la vida, es cuidarlas cuando están pasando por un mal momento. Es pastorear a las ovejas que el Señor ha puesto a nuestro cuidado.

Jesús es el Buen Pastor que nos guía y nos vigila en la lluvia, pero también bajo el sol. Que nos da esa confianza extrema para no perdernos, para que el dolor no nos robe el amor. Jesús ama a sus ovejas y nos ama profundamente. Debemos estar prestos a escuchar su voz en medio de acontecimientos de dolor. Debemos abrirnos a recibir su auxilio cuando nos veamos que no podemos caminar más. Pero también debemos estar abiertos a sumar nuestra libertad a su gracia, para dejarnos llevar consuelo y amor a aquellos que sufren.

El Buen Pastor ama a sus ovejas. Va por ellas, las acoge y las escucha. Las cuida y las lleva a pastos seguros. El buen pastor da la vida por sus ovejas. Como dice el cántico de Zacarías: "El que se compadece de su prójimo, educa, enseña y guía como pastor a su rebaño". Y aquí vemos una clave espiritual de cómo debe de darse ese acompañamiento. En primer lugar, compadeciéndonos de la situación del otro. Para luego, poder educar en el amor de Dios, enseñar con todo lo que podamos y así guiar con el propio ejemplo que inspire a otros.

Hay situaciones en la vida que nos sobrepasan. Incluso, aunque seamos psicólogos no sabemos cómo actuar. Qué decir. Cómo responder ante una realidad de dolor que nos sobrepasa. A veces, es solo acompañar lo que podemos hacer. Que significa "estar allí" para el otro. Estar con el otro. Muchas veces el solo estar allí para la otra persona cuando la otra persona lo necesite parece insignificante y parece que es poco lo que podemos hacer.

Para los que tenemos fe, la vida debe ser un canto donde sepamos decir con alegría en cualquier circunstancia de vida: "Mi gozo puede más que mi dolor. Jesús en ti confio".

"Ahora comprendo bien que lo que une más estrechamente el alma a Dios es negarse a sí mismo, es decir, unir su voluntad a la voluntad de Dios. Esto hace verdaderamente libre al alma y ayuda al profundo recogimiento del espíritu, hace livianas todas las penas de la vida y dulce la muerte".

Sor Faustina

Capítulo 13
Corazón valiente

En enero del año 2008 me encontraba convaleciente de todo lo que me había pasado con la columna, el cuello y las manos.

Como familia, nos estábamos recuperando de tanto sufrimiento. Carlos trabajaba arduamente para intentar pagar tantas deudas de salud a la vez que tuvo que tomar una decisión muy difícil de vida, que fue el separar a la familia pues conseguimos una oportunidad de que nuestro hijo Laureano se fuera a estudiar con una beca a Estados Unidos, junto con la familia de mi esposo. La situación había estado tan difícil que vimos era lo más conveniente dado que mi hijo estaba en plena adolescencia. Fue una decisión muy dura pero que luego tuvo sus beneficios. Nos avocamos a cuidar a Andy y darle toda la seguridad afectiva necesaria pues sentía mucho miedo de que su mami podría regresar al hospital y morir.

Salva y Rebe nos invitaron a pasar el puente vacacional que se celebra en febrero a Querétaro, México con la idea de que pudiéramos cambiar un poco de ambiente.

Salimos los tres con mucha precaución ya que me encontraba con la faja de fierros para la columna, el collarín para una hernia en el cuello y las férulas en las manos. Llegamos y estábamos muy contentos de poder compartir con nuestros buenos amigos.

El sábado transcurrió muy bien. En la noche, estábamos planeando la comida en función del Súper Bowl que se jugaría al día siguiente. Mientras platicábamos de la hora del juego y a qué hora comeríamos, estaba con mi termo de agua en la mano leyendo una placa en el lavamanos que decía: "agua purificada al 100%". Le comenté a mi esposo que se me hacía un poco raro que en México pusieran que el agua del lavabo fuera purificada. Pero luego pensamos que un hotel como ese, cinco estrellas, no iban a poner ese letrero si no fuera cierto. Así que procedí a llenar mi termo hasta el tope y comencé a tomar el agua.

Me fui a dormir. Ingerí todo el termo de agua durante toda la noche. Al día siguiente nos levantamos a hacer nuestros planes. En la tarde fuimos a comer a un restaurante y en eso comencé a sentirme un poco mal, así que decidí no comer lo que había pedido.

Llegamos al hotel y subimos a la habitación. Nos pusimos a ver el juego del Súper Bowl mientras me sentía mal. Me quedé dormida del malestar. Nos levantamos al día siguiente y seguía sintiéndome peor. Nos fuimos al DF y en el camino comencé a vomitar. Mi esposo me subió a la cama a acostarme mientras seguía devolviendo con mucho esfuerzo con mi faja de fierros que no me dejaba doblarme, mi collarín y mis férulas de las manos que tenía por el síndrome del túnel del carpo.

Me la pasé toda la noche en un muy mal estado en el baño. A la mañana siguiente, mi esposo llamo a nuestros amigos para que se llevaran a Andrea y así yo pudiera irme al hospital.

Llegué al consultorio de mi doctor en un estado muy deplorable. El doctor al verme me dijo que tenía que quedarme hospitalizada de nuevo. Así que me pasaron directo a la habitación. Allí me vi, una vez más con mi faja, mi collarín, mis férulas y además un gran malestar por la inflamación en mis órganos internos.

Me pusieron suero y me hicieron muchos estudios. Al cabo de un tiempo, comentaron que tenía una infección gastrointestinal muy severa en todos los órganos internos y que estaba creciendo. Así que me comenzaron a dar antibióticos por la vena.

No puedo decir que esta vez estaba muy serena y con mucha fe. Creo que estaba en estado de shock de verme de nuevo en el hospital. Otra vez la misma historia. Pasé una semana en el hospital, no puedo decir que de muy buen ánimo. Creo que en esos momentos sentía rabia de haberme tomado el termo del agua "purificada" del hotel cinco estrellas donde habíamos ido para descansar y poder tomar un nuevo aire. Pensaba que era un chiste cruel aquella nueva prueba. Me sentía un poco enojada con Dios por un extremo abuso de confianza. Mi entrega y mi vocación de amor se estaban consumiendo entre tanto dolor. Mi ofrecimiento por la fidelidad de los sacerdotes y de las vírgenes consagradas, no me motivaba a continuar. Todo había perdido el romanticismo inicial de ese primer amor. Si aquello era amor de esposos a Dios, prefería mil veces el amor de novios. Solo amarlo por encima pero no de esta manera.

Así estuve un día, sintiéndome muy mal. Al segundo día mi esposo me despertó y me dijo: "Gorda, voy a bajar a desayunarme, ya subo ¿okey?" Abrí el ojo y le dije que estaba bien y seguí durmiendo.

No sé cuánto tiempo pasó, pero al rato sentí a una enfermera gritándome como en una película donde escuchaba una voz pero no lograba despertarme. "Señora, ¿me escucha, se siente bien, le duele el pecho?" En eso abrí los ojos y vi a una doctora residente muy preocupada haciéndome las mismas preguntas. Le dije que me sentía igual de mal que el primer día. En eso noté que tocó el botón de emergencias y comenzaron a llegar otros doctores. Una y otra vez me tomaban la presión. Y las preguntas eran las mismas. No entendía qué pasaba, solo me sentía muy aletargada y pensaba que era por los medicamentos.

De repente, un médico me preguntó que si me dolía mucho el pecho. Le contesté que si, que desde ayer me dolía. En eso me dijo: "Señora, usted tiene bradicardia, su corazón está latiendo a 18 pulsaciones por minutos. Es posible que le pueda dar un paro cardíaco". Volteé a ver el monitor y vi que mi corazón latía verdaderamente lento y como en segundos pasó de 18 pulsaciones por minuto a 17, hasta llegar a 16 pulsaciones por minuto.

En ese momento pidieron la máquina que vemos siempre en las series de televisión que sirven para resucitar a la gente. Pensé que estaba muriendo. Estaba rodeada de doctores, tenía la máquina de mi lado derecho, los doctores entraban y salían. En ese momento intenté recordar a cuánto debía latir un corazón y pensaba: "lo normal es 80 ó 100....pero cuando uno hace deporte, puede llegar hasta 150". Todo esto lo pensaba mientras veía como en cámara lenta a la gente salir y entrar del cuarto sin entender qué hacían o qué pasaba. Veía como mi corazón se estaba apagando en el monitor. Y con ello, mi propia vida. Creo que estaba presenciando mi propia muerte. Mi vida se me estaba yendo entre las manos frente a mis ojos.

En ese momento, vi llegar a mi marido con su periódico bajo el brazo y una taza de café. Un doctor lo detuvo en la puerta. Lo sacaron de la habitación. Él me contó que cuando llegó vio a tanta gente que pensó: "Pobre, esta persona se está muriendo" y se metió en la habitación de al lado. Como no había nadie, se dio cuenta de que la que se estaba muriendo era yo. En ese instante mi marido casi se desmaya de la impresión al saber lo que estaba pasando.

No supe mucho más. Creo que fue un evento tan traumático para mí, que quizás borré de mi mente todo lo que paso. Solo recuerdo que llegaron dos padres amigos y le pedí a uno que se esperara para hablar con el. Luego, recuerdo que llegó mi doctor con cara de descontento junto con un cardiólogo. Éste considero que era necesario trasladarme a terapia intensiva intermedia para monitorear mi corazón.

Me inyectaron algo y mi corazón comenzó a latir muy fuerte, sentía que se me salía del pecho y me dio una fuerte migraña, las venas de mi organismo estaban dilatadas.

Me trasladaron a la habitación de terapia intermedia. Me colocaron un catéter por el cuello directo al corazón. Fue una sensación aterradora.

Esa noche no pude dormir pensando en que momento mi corazón dejaría de latir. Estaba toda conectada. Pensaba que estaba preparada y lista para morir. En tan solo tres años, me habían impartido el sacramento de la Unción de los enfermos muchas veces. Ese sacramento donde Cristo médico viene a auxiliarnos para darnos la fortaleza y su gracia para este tipo de situaciones. Pensaba que me acababa de confesar. Había entregado hace algunos años a un sacerdote amigo, mi carta de deseos en caso de mi muerte. Pensaba que le había entregado el corazón a Cristo con amor. Que no sabía si esta entrega había sido perfecta, con excelentes resultados, pero si con un profundo amor y con un corazón puro, que no significa no haberme equivocado, sino el haber luchado para unirme a Él y a su voluntad. El haber intentado siempre al haber caído, haberme levantado rápido. El haber querido restaurar la gracia en mi corazón cuando por momentos la había perdido. Pensaba que a diferencia de cuándo me diagnosticaron esta vez si tenía algo que llevar entre las manos: mis miserias, pero también mis luchas. Mis caídas, pero también mis levantadas. Mi ofrecimiento que por tantos años había recitado en tantos hospitales con docilidad y amor.

Una profunda y extraña paz invadió mi espíritu. Me sentía físicamente muy mal, despojada de todo. Sin fuerzas para continuar. Pero con el espíritu rebosante de paz. Una vez más, Él me hacía experimentar la paradoja de la cruz. Cómo se puede experimentar tanta paz en medio de tanto sufrimiento, cómo se puede experimentar tanta debilidad en el cuerpo y tanta fortaleza en el espíritu. Esa es la verdadera grandeza que nos vino a traer Jesús en la cruz.

Cómo confundió al mundo, siendo rey y muriendo como un mendigo. Cómo una aparente derrota, nos trajo la victoria. Aquella definitiva y final. Aquella que nos abrió las puertas del cielo. Cómo por medio de tanta debilidad es cuando realmente podemos experimentar la gracia de Dios. Cómo cuando estamos perdiendo humanamente hablando, en realidad estamos ganando gracias para nosotros mismos y para las almas. Es increíble pensar cómo nos unimos al sufrimiento de Cristo y Él al nuestro para así, ayudar a las almas. Estamos unidos a Cristo y a la iglesia de una manera muy palpable.

Al día siguiente el cardiólogo regresó con el monitoreo de mi corazón. Nos dijo que el corazón seguía latiendo a 16 pulsaciones por minuto, que él me había dejado lista para meterme un marcapasos por el catéter si mi corazón bajaba un punto más.

En esos momentos donde me invadió una gran paz, no podía mucho hablar. Así que otra vez me topé en el silencio de mi corazón y de mi mente con mi propia realidad que es inherente a todo ser humano. La realidad de que esta vida es finita, tiene un principio y un fin, a diferencia de la verdadera vida que nos espera en el cielo y que es infinita llena de amor y paz si logramos llegar a gozar de esa compañía de Dios.

Pensaba como Dios siempre respeta nuestra libertad para optar y como la vida está llena de esas "opciones" diarias que hacemos. Optamos a diario por dos caminos: el del bien y el del mal reflejados en tantos hechos y acontecimientos. Optamos por amar o por odiar. Optamos por perdonar o por guardar rencor. Optamos por extender la mano para ayudar o por cruzarnos de brazos. Optamos por reír o por llorar. Por agradecer o ser indiferentes. Por ver lo bueno que aún tenemos o por quejarnos toda la vida. Por la unidad o por la división. Por el dolor o por el amor.

Esas noches fueron muy duras e intensas. La infección interna había provocado un derrame pleural en mis pulmones. Estaba llena de flema y me la pasaba tosiendo. En las noches me daban ataques de tos muy fuertes y tenía que dormir sentada para no ahogarme. Mi corazón se forzaba y enseguida venían las enfermeras a buscar calmarme.

Muchas veces he pensado en esas circunstancias de vida, qué gran consuelo ha sido para mí poder encontrar un ejemplo tan grande de sufrimiento en la cruz. Jesús es mi héroe. Mi ejemplo. Pues Él no dijo: "Toma tu cruz y sígueme" y se sentó a vernos sufrir. Jesús dijo: "Toma tu cruz y sígueme porque yo iré delante de ti mostrándote cómo se sufre. Haré de mi vida, vida para ti" y como en Él, he podido encontrar todo lo que necesito y todo un ejemplo para poder llevar un sufrimiento con alegría.

A la mañana siguiente, el cardiólogo nos dijo que mi corazón estaba perfecto y que habían descartado el mal de Chagas y que todo apuntaba que la infección gastrointestinal había sido tan fuerte y mi sistema inmunológico estaba tan débil, que la infección se había ido al corazón. Luego, con una gran sonrisa y el electro en la mano me dijo: "¿Está rezando un batallón de gente por ti verdad? Pues como soy un hombre de fe, solo te puedo decir que tu corazón esta repuntando y subiendo puntos cada hora. Si esto sigue así Mercedes, no vamos a tener que ponerte el marcapasos. Creo que Dios te ama mucho y tienes una misión especial en este mundo. No tengo otra explicación".

Después que el doctor salió, se me escurrían las lágrimas de la emoción. Estaba conmovida por tanto amor de Dios y de tantas personas que con sus oraciones estaban suplicándole a Dios que me dejara vivir. Era increíble palpar el poder de la oración.

Pasé esos días en terapia intensiva intermedia muy atendida y muy consentida por esos ángeles que me cuidaban, por nuestros hermanos Salva y Rebe y por muchas llamadas de muchos amigos que no dejaban de hacerle saber a mi esposo lo mucho que estaban pidiendo por mi.

Una mañana llegó el cardiólogo con una sonrisa muy grande y las ya tan conocidas hojitas del electrocardiograma. Se acercó a la cama y me dijo que la recuperación de mi corazón había sido milagrosa y que se notaba que Dios le había hecho caso el batallón que estaba rezando por mí. Nos dijo que lo del marcapasos estaba descartado y que aunque mi corazón aún no alcanzaba los latidos normales, iba subiendo poco a poco todos los días, pero de una forma poco normal. El estaba convencido, que era por la fe y las oraciones de tantas personas.

Salí del hospital después de varias semanas. En la entrada del mismo, mientras esperaba en silla de ruedas el coche, hice mi acostumbrada señal de la cruz y le agradecí a Dios el poder haber salido, una vez más con vida de esa experiencia.

Camino a la casa agradecía tanto el ver los árboles, las flores, el paisaje, la vista, el sol. Mientras pensaba que si todos los seres humanos al menos alguna vez en su vida, tienen la experiencia de sentir que pueden morir de una manera en concreto, vivirían la vida de otra manera. El sentir que estás muriendo te ubica todas las cosas en perspectiva, te hace relativizar las cosas y ponerles el peso afectivo y emocional que tienen. Te hacen poner cada cosa en su lugar y dar la respuesta que cada cosa merece. Son tantos los aprendizajes que estas experiencias nos dejan, que no puedo más que agradecerlas a Dios. Estoy segura, que sin ellas, no sería le persona que soy hoy, no podría estar escribiendo nada de lo que aquí les comparto. He vivido muchas batallas y he salido victoriosa. Muchas veces he pensado que soy como una especie de marinera de muchos mares, que ha librado muchas tormentas en la vida. Pero que solo he salido triunfante por mi fe. Y también por el amor de mi familia. Ese gran amor que nos tenemos y que nunca ha dejado que me caiga en el agujero.

El mejor regalo de todos fue al llegar a mi casa y volver a abrazar a mi bebé. Mi pequeña niña de trencitas. ¡Cuánto había sufrido! La encontré con una gran alegría, pero con una mirada triste. Asustada de volverse a ilusionar para que mami partiera de nuevo. Dibujos y globos. ¡Cómo agradecerles a las personas que siempre estuvieron al lado de ella. Consolándola y queriéndola. Diciéndole que todo iba a estar bien.

Estuve por espacio de muchos meses en reposo. No podía bajar las escaleras, agitarme y recibir malas noticias. Nada que me pudiera alterar el ritmo cardíaco, pues tenía que terminar de recuperarse. En esos momentos, me avoqué a usar las pocas fuerzas físicas que me quedaban, para darle lo poco que saliera de mí, a mi pequeña niña de trencitas.

Después de estar unos días en casa, tuve el efecto "post hospital" que siempre he experimentado. La adrenalina se deja de segregar, pues la mente percibe que el peligro ha pasado. Que ya no debe de estar "alerta" para defenderse de una amenaza real. El cuerpo se relaja, al igual que los sistemas de alerta del organismo y el profundo agradecimiento por estar en casa y esa alegría desbordada por haber pasado la crisis de los primeros días, de repente se convirtió en llanto y tristeza. Y la razón se pregunta ¿cómo es posible que me sienta así, si estoy viva, si ya estoy en casa, si el peligro ya pasó? A pesar de que ya estaba acostumbrada a experimentar este "síndrome post hospital" que he definido a raíz de mi propia experiencia de vida, me sentí muy triste, sin ganas de continuar. Y más cuando me enteré que el seguro solo cubriría el 1% de la cuenta total del hospital, debido a que habían alegado que me había dado la infección y lo del corazón, por mi enfermedad.

Hubo días en que me sentí que no tenía fuerzas para luchar. Que la gracia de Dios me había abandonado. De repente pasé de estar en el cielo, en las nubes, a aterrizar muy fuerte en el piso de concreto.

Dios calla. Y habla muchas veces en el silencio. Pero nunca nos abandona. Solo quiere que sigamos caminando por nuestros propios pies pero con fe. Pensaba que me había tenido cargada en sus brazos todo ese tiempo y que ahora me había puesto en el piso en un aterrizaje forzoso y que había caído de cara al piso. Pues muchas veces, nos quita todas nuestras seguridades humanas, para dejarnos a solas con Él.

Lo único que pude hacer en esos momentos, fue solo confiar. Cultivar pensamientos positivos en mi mente. Pensar que esa situación era "temporal" y no "para siempre". Y que tenía que tener paciencia para que mi organismo recuperara su nivel a la normalidad. Pensar que el árbol en invierno, con el frío, se le caen las hojas y parece no dar frutos, pero que cuando llegara la primavera, las hojas saldrían de nuevo, de muchos colores y ya no haría tanto frío. Pensar que había un mañana y que a pesar de que me sentía en un túnel sin salida, la esperanza de la resurrección debía acompañarme cada mañana en que las cosas podían e iban a estar mejor. Soñar en eso, nos abre a la esperanza. Creerlo, hace que suceda.

Poco a poco me fui reincorporando de nuevo a la vida. A medida que mi oxigenación en la sangre mejoraba, que mi corazón latía fuerte, que mis energías se incrementaban, comencé poco a poco a recuperar mi rutina, incorporándome una a una con pausa y con calma. Poniéndome metas semanales para alcanzar. Viviendo un día a la vez. Y así fui evolucionando.

Después de 6 meses, decidí que era hora de regresar a trabajar. Comenzaría un par de horas y así poco a poco incrementando la rutina. Expandiendo el corazón y esforzándome un poco todos los días. Cuando salí de mi casa por primera vez, me percaté que la noción del tiempo había sido perdida. Había edificios ya construidos, cambios en la ciudad. Solo observaba todo y me daba cuenta de que para mí el tiempo se había detenido el día del Súper Bowl donde toda esta historia había comenzado.

¡Qué misteriosos los caminos del Señor! Incomprensibles a la razón humana, pero llenos de sabiduría y de amor. Solo en el cielo es que entenderemos esta pedagogía del Señor y lo mucho que nos ha servido como familia. Hay que tener fe, para poder palpar todas las bondades que el sufrimiento trae consigo.

Después de esta prueba me sentí que poseía un "Corazón Valiente", como el que tiene el Sagrado Corazón de Jesús con el que tantas veces he discutido, he dialogado, le he dicho que lo amo y me he enojado.

Cristo ahora me había pedido ser la portadora de un "Corazón Valiente", que no solo hubiera resistido a la tormenta, sino que continuara su camino dispuesto a entregar amor. Que hubiera decidido a no dejar que ninguna amargura, ningún reclamo, ninguna queja se plantara dentro de Él. Qué pesada hacemos la prueba, cuando decidimos cargarla sin fe y qué consuelo tan grande nos da Nuestro Señor, cuando decidimos cargar la cruz con fe. Cuando decidimos unir nuestro corazón, con el corazón de Cristo.

Es solo su amor el que puede hacer que nuestro corazón se convierta en un corazón valiente. Un corazón que no tema a amar. Un corazón que no permita que las dificultades de la vida, lo arruguen. Un corazón que sepa seguir amando aunque no haya recibido nada a cambio. Un corazón que no le salieran callosidades con el paso del tiempo. Un corazón duro, que se hiciera indiferente ante el dolor de los demás.

Cómo a veces la vida con sus dolores y sus dificultades, hace que nuestro corazón se seque y se endurezca perdiendo esa flexibilidad para amar, esa frescura, esa sangre roja, nueva, revitalizada. Pensaba que de ese corazón traspasado, salió sangre y salió agua. De ese corazón, nació la iglesia y las puertas del cielo se abrieron y cómo mi corazón valiente estaba llamado a seguir dando, a seguir entregando, a seguir amando.

En esos días meditaba mucho en que había sido llamada a entregarle mi vida a Dios, pero sobre todo mi corazón.

De allí es de donde sale lo mejor de un hombre o donde se cultiva lo peor. Lo que sale de la boca es solo un reflejo de lo que llevamos en el corazón. Resulta que muchas veces tanto sufrimiento, tantos dolores, tantas penas, nos hacen cruzarnos de brazos en el pecho para cubrir el corazón porque no queremos sufrir más. Nos aislamos de todos y de todo hasta que construimos un abismo por donde nos vamos un día. Nos consumimos en esos sentimientos que cultivamos en búsqueda de respuestas en mi razón de lo que pasó y del por qué pasó.

Qué importante fue para mí trabajar para sanar el corazón, pero ya no físicamente, sino también espiritualmente porque como dice el evangelio, lo que sale del corazón es donde tenemos que librar la batalla más grande, para llevar paz y amor primero a la familia y luego a las personas que me rodean.

Dios nos llamó para dar y recibir amor. Cristo fue crucificado con los brazos abiertos en señal de que entregaba su amor a cada uno y a todos. Cristo abrió los brazos porque donó su vida en la cruz, pero sobre todo donó su corazón, ese que fue traspasado por amor. Ese que tantas veces había sido humillado en el camino al Calvario. Ese que albergaba sueños de esperanzas para la humanidad, pero que también sintió miedo. Ese que se hizo uno solo con la voluntad del Padre.

Cuando le abrimos el corazón a Cristo en medio de la prueba, Él va haciendo, poco a poco que vayamos abriendo los brazos y que comencemos a confiar un poquito de nuevo y ese temor a sufrir más, a ser heridas de nuevo se va y comenzamos a ver las cosas de manera diferente. Su amor nos va conquistando todos los días un pedacito y volvemos a llenarlo de tantas cosas buenas, de tanto amor. Comenzamos a estar optimistas y alegres de nuevo ante las realidades que nos llegan. Y terminamos como Cristo Resucitado, con los brazos abiertos para volver a recibir su amor.

Qué increíble ver que Cristo por su paso en el mundo siempre vivió con los brazos abiertos. Cuando predicó, cuando estuvo en la cruz y cuando resucitó. Siempre con los brazos abiertos, sin temer a nada, sin guardarse nada para Él. Siempre entregando amor, ese profundo amor que emanaba de su corazón.

Muchas veces he visto como muchas personas buscan solucionar un dolor profundo con cursos de todo tipo o incluso con pseudo religiones. Está muy bien que nos formemos, que aprendamos, que nos superemos, que estudiemos, pero no debemos de buscar únicamente respuestas racionales en cursos especializados para dejar sanar un dolor, para dejar de odiar o para perdonar.

La respuesta al dolor, está en el amor. El amor a Nuestro Señor que nos debe inspirar a volver a amar, a perdonar a aquellos que objetivamente nos hirieron, a comprender a la que critican sin conocerme, a la que está enojada y no sabemos ni que le hicimos, a la paciencia, a la disculpa, a no emitir juicios. A perdonar a la persona de un hotel cinco estrellas que decidió poner un letrero de agua purificada cuando el agua estaba contaminada. A comprender que es el amor lo que traerá de nuevo la unidad entre los hombres.

Entregarle la vida en totalidad ha significado también entregarme a confiar en totalidad. A confiar en aquel que me enseñó a amar en totalidad. Fiarme de Él. Confiarle todo a Él. Dejar a su cuidado mi vida. Confiar hasta el extremo en esa luz que quizás en medio de la prueba no alcanzamos a ver o que aún no hemos visto, pero que sabemos que algún día alcanzaremos a ver. Fiarme de aquel con el cual he establecido una relación interpersonal profunda y sencilla, pero que no habla a mi manera. Aquel que busco porque lo necesito y que me corresponde por que me ama. Y cómo termina bastando la gracia.

Recordé una historia sencilla. Un hombre había pintado un lindo cuadro. El día de la presentación al público, asistieron las autoridades locales, fotógrafos, periodistas y mucha gente, pues se trataba de un famoso pintor, un reconocido artista.

Llegado el momento, se tiró el paño que revelaba el cuadro. Hubo un caluroso aplauso. Era una impresionante figura de Jesús tocando suavemente la puerta de una casa. Jesús parecía vivo. Con el oído junto a la puerta, parecía querer oír si adentro de la casa alguien le respondía.

Hubo discursos y elogios. Todos admiraban aquella preciosa obra de arte. Un observador muy curioso, encontró una falla en el cuadro. La puerta no tenía cerradura. Y fue a preguntar al artista: "Su puerta no tiene cerradura, ¿Cómo se hace para abrirla?"

"Así es," respondió el pintor. "Porque esa es la puerta del corazón del hombre. Sólo se abre por el lado de adentro". Y solo se abre ese corazón con nuestro permiso. Porque Dios quiere salvarnos. Él respeta nuestra libertad, pero requiere de nuestra colaboración para hacerlo. Sin nosotros, sin la entrega de nuestro corazón, no puede haber salvación.

La batalla que libro todos los días, la libro con un corazón valiente desde la trinchera del amor, no desde la trinchera del dolor. El corazón del Buen Pastor, es mi modelo a seguir. Él es el que me inspira todos los días para tener un corazón valiente dispuesto a amar hasta la muerte.

"Debemos amar a Dios porque Él es Dios, y la medida de nuestro amor debe ser amarlo sin medida".

San Bernardo

Capítulo 14

Robo pop

Después de haber vivido muchas experiencias de todo tipo esos dos últimos años, que estuvieron caracterizados por dolores físicos y morales muy profundos, planeábamos ir a una boda a Veracruz. En ese momento ya no necesitaba usar la silla de ruedas que utilicé por casi año y medio; aparentemente había aprendido a vivir con las limitaciones de mi columna. Los calambres en la pierna izquierda donde estaba mi lesión eran muy seguidos y me daban dolores muy fuertes con los que había aprendido a vivir.

A pesar de que la segunda operación de columna fue un éxito, me quedó claro que nunca volvería a ser normal y que tenía que vivir con hábitos que me ayudarían a no tener una recaída. No caminar largas distancias, no usar un tipo de tacón, no estar sentada por mucho tiempo en superficies duras. No agacharme. No cargar peso. Cuidar mucho mis posturas. Tener cuidado al subir o bajar escaleras. Pedir silla de ruedas en los viajes. No viajar en coche largas horas. No conducir coches de velocidades. Y usar coches con buena amortiguación.

Partimos a Veracruz muy felices. Pasamos un fin de semana increíble. En la boda, disfrutamos mucho la alegría y sencillez de los amigos, quienes nos trataron como si fuéramos de su propia familia.

Al regresarnos al día siguiente a la ciudad de México, comencé a sentir algo "raro" en la columna. Un dolor bastante familiar. Pensé que el trayecto en coche me había resentido un poco, así que no le hice mucho caso.

Llegamos a la casa y al día siguiente cuando amaneció no me podía casi levantar del dolor. Pase una noche muy mala, con mucho dolor. En la mañana siguiente, mi esposo llamó al doctor. Ya no podía hablar del dolor. Así que una vez más, regresamos a urgencias del hospital donde había estado muchas veces.

Mis médicos llegaron a urgencias. Al hacerme la prueba de reflejos se dieron cuenta que el asunto se veía muy mal. Me llevaron a hacer una resonancia magnética, ya había perdido la cuenta del número de resonancias que me habían hecho en todo ese período. Fueron quizás diez en total.

Me llevaron "al tubo" de nuevo y una vez más tuve que hacer un acto de dominio de mi misma, de control del miedo, de la claustrofobia que el mismo me imponía y del dolor. Pensaba ¿otra vez lo mismo Señor? Pero ¡Qué creativo eres! ó más bien eres todo un inventor. Ofrecía de nuevo todo ese dolor por mi petición de disco rayado de los ochenta y pensaba al escuchar tantas veces "que raro" o "usted tiene una misión", qué tanto tenía que purificar Dios dentro de mí. Acaso, ya no fue suficiente.

Mi médico estaba dentro de la cabina, no quería esperar a los resultados. Acabó el estudio y cuando me estaban sacando del tubo allí estaba parado con cara de preocupación. Se me paró al lado y me dijo que "había perdido la operación" que tenía de nuevo todo el nervio pisado y tenía que operarme de nuevo. Él no sabía porque pasaba esto, la estadística era muy baja a él nunca le había pasado que un paciente recayera de esta manera.

Le contesté como pude, que no se preocupara, que siempre caía en las estadísticas y probabilidades de lo que no sucedía y que no tenía una explicación humana, sino que era Dios que así lo permitía, debíamos de aceptarlo con amor. Mientras pensaba "Señor, qué tanto vale mi intención. Qué tanto vale mi sufrimiento".

De allí me regresaron a urgencias. Mi esposo tenía la cara desencajada. "Dios mío, tercera operación de columna. Te he hecho esta pregunta mil veces, pero ¿acaso no crees que ya fue suficiente?"

Me subieron a la habitación y me programaron la cirugía para el día siguiente. Otra vez a pasar por lo mismo. Conseguir dinero para pagar. Deudas acumuladas. Preocupación de los hijos. Otra vez interrumpir el ritmo normal de una familia por una nueva operación. Era demasiado. Pero, cuánto es demasiado. Si El murió en la cruz, por qué yo no.

Al día siguiente me bajaron al quirófano. En esa cirugía tuve un sueño hermoso. Soñé que Salva hijo vino por mí. Estaba muy radiante, muy feliz vestido todo de blanco. Me hizo saber que él era mi ángel custodio. Me tomó de la mano y me llevó a un lugar hermoso, una playa muy azul. Nos sentamos en la arena y me dijo: "Merce, no tengas miedo, aún no es tu tiempo de partir. Nuestro Señor quiere que sigas viviendo por Él y para Él. Te tiene reservadas cosas hermosas. Te quiere pedir aún muchos favores. Él cuenta contigo. Te va a llevar a lugares insospechados para ti, donde serás muy feliz. Tienes una misión, pero aún no es tiempo de que Él te la revele". Estuvimos allí sentados en la arena, platicando y viendo el mar. Al final, me dijo: "Dame tu mano, ya es tiempo de regresar. Por favor, dile a mis papás y a mis hermanas que no se entristezcan por mí, que soy muy feliz. Diles que estén felices por mi".

Después de esto, me desperté en recuperación. Se me salían las lágrimas ¿Cómo podía experimentar tanto dolor en mi cuerpo y tanto amor en el espíritu? Ahora era yo la que repetía "mi gozo puede más que mi dolor" ¡Qué paradoja!

Estaba conmovida por tan hermoso sueño, de esos que no quieres despertar.

Me subieron y la sensación física era aterradora. Nunca pensé volver a experimentar lo mismo otra vez. Recordaba que nunca debemos decirle a Dios nunca.

Estuvimos varios días en el hospital. Pocos pero buenos amigos nos fueron a visitar. Creo que con mi salud, es como el cuento del lobo, las personas pierden su capacidad de asombrarse y solo comentan: "Otra vez Mercedes en el hospital. Ella siempre va al hospital, seguro se recupera como siempre". Estuvimos muy solos esos días, solos otra vez con Dios.

Llegamos a la casa. Estaba usando una gigantesca faja de fierros que me aprisionaba todo el torso. Mi pequeña niña me recibió como siempre: con globos y dibujos pegados a la puerta. Mi hijo se encontraba en Estados Unidos con sus primos.

Pasaron las semanas mientras seguía de reposo trabajando desde mi casa. Al mes de operada fui a consulta y el doctor me dijo que me veía muy bien y que estaba lista para comenzar de nuevo una ronda de fisioterapias para mi recuperación. Estaba feliz de poder estar evolucionando, aunque me enfrentaba de nuevo al reto de las fisioterapias, que en realidad eran lo que más me costaba.

Al día siguiente comenzamos las fisioterapias a las 7 de la mañana. El plan era que mi santo marido me llevaba y me esperaba para luego llevarme a la oficina pues no podía manejar.

Llegamos a esta primera fisioterapia. La primera de la tercera operación, pero en realidad era la fisioterapia número 61 que hacía en dos años. En total iban a ser 20 fisioterapias más. Pregunté por mi doctora y me dijeron que había tenido un inconveniente pero que me iba a atender un joven nuevo que él ya sabía de mi caso.

Pasé al cubículo donde había estado muchas veces. Me puse la bata y esperé. En lo que el joven llego vio la receta y me pidió que me acostara boca abajo. Le comenté que desde la primera operación no podía acostarme boca abajo porque me dolía mucho la columna y que la otra doctora me ponía las comprensas estando de lado. El me discutía que debía de ponerme boca a bajo y comencé a discutirle cuando me acordé que mi marido me había dicho la última vez en el hospital que mandaba en la casa, en la oficina y también quería mandar en el hospital y que fuera humilde y dejara de mandar tanto. Así que pensé: "Merce, humildad. Deja de mandar. Él sabe lo que hace", y me acosté boca abajo.

El joven me puso los electrodos con corriente y me preguntó como siempre lo hacen hasta donde aguantaba. Después me puso las compresas calientes encima. Me sentía un poco rara en esa posición, pero pensaba que tenía que ser "humilde".

A los pocos minutos, comencé a experimentar un gran dolor. La corriente estaba demasiado fuerte y sentí que me estaba "electrocutando". Comencé a gritar pues me di cuenta que no me había dejado la tradicional campanita que siempre le dan a un paciente. Gritaba tan fuerte como pude, el dolor era insoportable. Intentaba arrancarme los electrodos pero por la posición no alcanzaba a agarrarlos. Me dolía a morir mientras seguía gritando. Comencé a llorar. Sentía que me estaban "torturando". En ese minuto no supe como salir de aquella realidad, hasta que me acordé que tenía el celular debajo de la almohada y le marque como pude a mi marido, la voz no me salía del dolor. Mi marido le gritó al joven fisioterapista que estaba allí en la recepción tomando café y riéndose con la recepcionista mientras yo gritaba de dolor dentro del cubículo de rehabilitación.

Mi marido y el joven entraron. El jaló los cables mientras yo lloraba a mares. No me salía la voz. Mi marido le comenzó a gritar y a decirle que cómo me había dejado sola con la corriente tan alta y ni siquiera me había dejado la campana. Que era un irresponsable de haber salido a tomar café olvidándose de que había un paciente y que sino sabía mi caso.

El joven pidió disculpas. Mi marido se salió y la fisioterapia prosiguió con la segunda de cuatro cosas que el doctor había recetado. Con cada una, le discutía que era raro que para la primera fisioterapia el hiciera todo lo que decía la receta. En otras ocasiones, el fisioterapista va poco a poco y me va agregando cosas a medida que las sesiones avanzaban pero, que por qué él quería hacerme todo en la primera sesión. El joven muy seguro de si mismo me comentó que él sabía lo que hacía y que si yo era fisioterapista. Como estaba con el propósito de ser una enferma "humilde" le dije que estaba bien e hice todo lo que me mando a hacer. Ejercicios y otras terapias a pesar de que sentía demasiado dolor.

Salí de la fisioterapia como si hubiera ido a la guerra. Pensé que quizás era "normal" aunque antes no había pasado. Me fui a la oficina con mi cara descompuesta. Me dolía demasiado la columna. Allí estuve toda la mañana, hasta que le pedí al chofer que me llevara a mi casa, me sentía muy mal.

Llegué a mi casa a acostarme. El dolor era insoportable. Al darme cuenta de que acostada me dolía igual, presentí que algo malo había pasado. Mi esposo llegó en la noche y al ver mi cara se dio cuenta de que algo malo había pasado.

En la madrugada estaba casi desmayada del dolor. Otra vez lo mismo. Sentía que no tenía más fuerzas para continuar siendo cordero. En todos estos momentos de profundo dolor, recordaba la intención personal por la cual lo estaba ofreciendo desde hace tantos años todos mis sufrimientos y pensaba si ya no era demasiado. Si ya no valía la pena seguir ofreciendo todo este dolor por algo que para mi no tenía tanto sentido.

Mi marido me llevó a urgencias a las 4 de la mañana. Cuantas veces habíamos vivido esta situación. Se me escurrían las lagrimas de pensar que otra vez mi niña linda de trencitas se iba a levantar y le dirían al preguntar que su mami otra vez se había tenido que ir al hospital. Es fácil haber aceptado lo que Él quiera permitir en mí vida. Pero que difícil se hacía aceptar que este sufrimiento heriría profundamente a mis hijos. El sentir que todo esto los estaba haciendo sufrir, era muy difícil para mí aceptarlo. "Señor, sufro todo en mi carne pero mis hijos no".

Llegué a urgencias del hospital casi desmayada del dolor. Llamaron a mis doctores quienes llegaron en la mañana. No me salía la voz del dolor. Me preguntó que me había pasado, pues él me había visto dos días antes y todo estaba muy bien. Mi esposo le contó lo que me había pasado en la fisioterapia y el doctor puso cara de pocos amigos.

Me trasladaron de nuevo a la resonancia magnética. El encargado de la máquina no lo creía. Me decía "señora, otra vez usted por aquí. Qué le pasó ahora. Usted está bien salada". No tenía voz para poderle contestar. El dolor me robaba las fuerzas para poder hablar.

Salí del estudio con un dolor todavía más grande. La posición y lo duro de la camilla del estudio, me habían agudizado el dolor. Al salir, mi doctor estaba con Carlos, ambos tenían una gran cara de angustia. Me dijo que había sido tan alta la intensidad de la corriente que me habían puesto en la fisioterapia, que había ocasionado el efecto contrario al deseado y que en vez de relajarme los músculos, estos se contrajeron como piedra y se metieron dentro del espacio que tenía en la lesión de la columna y que como no había podido ponerle una placa debido a la osteoporosis que padezco por mi enfermedad, estos músculos estaban aprisionando de nuevo la raíz de los nervios. Nunca antes había visto tan claro unos músculos en una resonancia, se veían como una gran piedra era impresionante. Para ayudarme me iban a tener que internar.

Se me salían las lágrimas del dolor. Este dolor en la raíz de los nervios es algo que paraliza, que no se lo deseo a nadie, es algo que sientes te roba todo: tu intelecto, tu voz, tus energías, tus ganas de vivir, tu amor.

Al rato vi a los doctores en el puesto de enfermeras revisando el "Vademencum" o libro de medicinas. Veía que movían la cabeza en señal de negativa y que pasaban una y otra vez las páginas de adelante y hacia atrás. Al poco rato regresaron al cubículo y nos comentaron que no sabían que recetarme pues había hecho alergia a todos los analgésicos potentes y que esto se les había escapado de las manos. Los medicamentos que no he hecho alergia no los podía tomar porque chocaban con las medicinas de mi enfermedad y que los que si podía tomar había hecho alergia. La solución que ellos me ofrecían era llamar a un médico especialista en dolor para que el decidiera como calmarme el dolor.

Mis lágrimas se escurrían más. Tenía más de 12 horas con un dolor intenso, de esos que no crees tener más fuerza para cargar. Mi marido como siempre a mi lado, sosteniéndome la mano. Dándome ánimos. Sufriendo conmigo.

Llegó el doctor del dolor a las pocas horas. Al estudiar el caso, dijo que con lo único que nos quedaba probar era con morfina.

Prepararon todo e incluyeron la máquina de resucitar junto con varias enfermeras. Comenzó el doctor a inyectarme la morfina y a estar pendiente si me causaba algún cuadro alérgico. A medida que iba inyectando me iba preguntando si el dolor estaba cediendo. Su sorpresa fue que el dolor comenzó a ceder un poco a los 16 mg de morfina. Con eso, no había cedido del todo. El doctor nos dijo que era un dolor inigualable, algo más a allá de los límites humanos para requerir esa gran dosis de morfina. Acto seguido, me comenzó a dar la reacción normal a la morfina. Comencé a sudar y a temblar. Terminé toda mojada, como si hubiera salido de la regadera. Fue una sensación muy desagradable.

Me sentía que algo extraño había invadido mi organismo. Aunque el dolor había cedido a la mitad.

Me subieron a la habitación conectada a una bomba de morfina. Me explicaron que ella me iba a estar inyectando las dosis sin que supiera, cuando me doliera mucho, podía hacer disparos, pero que iba a tener un límite de disparos al día, porque la morfina generaba adicción.

Al cabo de una semana estaba como si nada hubiera pasado, tomando desinflamatorios a los cuales hice muchas alergias. Mis brazos todos llenos de moretones de tantos piquetes, las venas se habían roto como en todas las ocasiones y se infiltraban los medicamentos muy fácil. Aquel cuadro era muy deprimente.

Una madrugada me desperté con un gran dolor. El mismo dolor de nuevo. Pensaba que era una pesadilla y traté de controlarme y no asustarme. El dolor comenzó a subir de intensidad y yo a disparar la bomba de morfina, hasta que al cuarto disparo vi que ya no salía más. El dolor era tan agudo que rezaba para que amaneciera, pues no quería despertar a mi esposo. Me repetía una y otra vez mi intención y mi ofrecimiento. Lo había repetido tanto en años que ya me salía en automático "por la fidelidad de los sacerdotes y las vírgenes consagradas". Veía la noche queriendo que amaneciera como una forma de pensar que el amanecer, una vez más me traería el alivio de mi dolor. A las 5 de la mañana ya no pude más y desperté a mi esposo. El no creía lo que estaba escuchando. Llamó al doctor de turno y éste tampoco lo creía. Llamaron a mis doctores quienes llegaron a las 8 de la mañana.

Los doctores llegaron muy preocupados. Otra vez tenía esa cara de dolor que aunque no me quejé habla por mi misma. Los doctores me dijeron que lo que había pasado es que la morfina estaba programada para terminarse anoche y que estaban sorprendidos. La razón por la que me volvió a doler, es que la inflamación no había cedido nada.

Estábamos metidos en un túnel oscuro, en esas situaciones donde piensas que no hay nada que hacer. No había más medicamentos como tratarme pues hacía alergia a la mayoría y los otros no los podía tomar porque chocaban con los medicamentos de mi enfermedad. La morfina sería el último recurso no había funcionado. Y yo con un dolor insoportable. Solo quería que me sedarán para no sentir más dolor en mi cuerpo.

Los doctores se reunieron para explorar el caso: los dos neurocirujanos, mi endocrino y el médico del dolor. Llegaron a la conclusión de que había que infiltrarme la columna para inyectarme la morfina dentro de la dura madre en la propia médula espinal.

Llegaron a la habitación todo el equipo. Estaba demasiado adolorida como para pasarme a una camilla. Llegaron varias enfermeras, el doctor del dolor y varios ayudantes. El doctor me explicó que iban a introducirme dos tubitos de menor grosor a mayor grosor para ir abriendo el espacio donde tenía que entrar la última aguja donde inyectarían el medicamento. No podía moverme, porque podían no ser precisos y que corríamos el riesgo de lesionarme la columna gravemente.

Me pusieron en posición fetal conectada al oxigeno. El primer pinchazo es lo más doloroso que me han hecho en mi vida. Sentí que me quedaba sin oxigeno. Solo escuchaba el ruido del agua, el oxigeno y mi respiración. En ese momento cerré los ojos y pensé "estaré llegando al cielo. Señor, no puedo más. Llévame contigo" mientras repetía mi ofrecimiento en el silencio de mi corazón y pensaba justo en la crucifixión. "Este Señor es el primer clavo. Te lo ofrezco con todo mi corazón y con lo que queda de mi". En eso el doctor me aviso que iba a introducir la segunda aguja que era más ancha que la primera. Sentí que otra vez moría del dolor y que me quedaba sin aire. "Señor, solo queda un despojo de mi. Te ofrezco todo por mi intención". Mientras pensaba, "este es el segundo clavo Mercedes, no más que Cristo. No estás sufriendo más que

Nuestro Señor. Él pudo. Ve la cruz. Él pudo ofrecer todo por amor. Allí tienes tu ejemplo". Mientras seguía escuchando el ruido del oxigeno y veía las burbujas en el agua mientras esto se fundía con el silencio de todos en el cuarto. Me aviso el doctor, que venía la última aguja. La más gruesa de todas. Ese fue lo más dolorosa. Pensaba que ese era el clavo de los pies: "es el último y ya no puedo más".

Creo que este ha sido uno de los momentos de mayor dolor físico en mi vida. Nunca pensé que esto dolería más que una operación de columna, pensé que moriría del dolor. Era algo insoportable, más allá de mis fuerzas. Más de lo que podía humanamente cargar. Esto estaba por encima de mi misma. De mis fuerzas. De mi amor. Sé que solo la gracia de Dios me mantuvo durante este trance en que pensé que estaba entrando al cielo. Me inyectaron el medicamento mientras me pedían que no me moviera. Si me movía, podía quedarme paralítica.

El doctor terminó y me dijo que el efecto sería en una semana más. Pensaba "una semana con este dolor, ¿no pueden dormirme por una semana?" No quiero y no soy capaz de tolerar más dolor". Creo que esta fue una forma excesiva de amor de Dios. Creo que se la pasó la mano, pero por mucho. Demasiado amor el cual no me sentía capaz de sobrellevar.

Cuando me voltearon para acostarme boca arriba, me di cuenta que aquel procedimiento había sido muy rudo. Estaba todo el piso lleno de sangre, la cama y mi bata. Mi propia sangre estaba derramada en el piso. Una muchacha de limpieza trapeaba el piso y veía mi sangre en el piso que había derramado por amor. Esta escena me recordaba tanto la escena de la película de la pasión de Cristo cuando Jesús fue flagelado, su sangre por todo el piso y Él caminando siendo arrastrado arriba de ella. Eso me ayudó a sentirme más identificada con Nuestro Señor. También había derramado mi sangre y al ofrecerlo por amor a las almas, esa sangre, cada gota derramada, no quedaba así en el olvido, sin que Él la convirtiera en oro para cada corazón. Le arrancaría gracias para la misión de cada alma por el cual lo estaba ofreciendo. Sabía que Él le haría llegar a través de mis sufrimientos las gracias que cada una necesitara para perseverar en su camino de amor.

Meditaba al ver mi sangre en el piso, la manera de amar que Cristo tenía para conmigo. Hasta pensaba como había sido capaz de pedirle que me mandara el sufrimiento hace tantos años. Nunca pensé que se lo tomaría tan en serio y como hace muchos sufrimientos atrás si hubiera sido por mi misma, hace tiempo que hubiera parado esta historia. Humanamente para mí era suficiente. En ese momento mi alma quiso gemir de dolor. Gritar: "Señor, que esto pare ya. No puedo continuar". Cuánto dolor experimenté en el amor. En ese amor que Él me demostraba por medio del dolor, para hacerme sentir muy amada, especial, única.

En ese momento también sentí un profundo miedo. El pensar que no era capaz de sobrellevar más dolor en mi propio cuerpo, un profundo dolor físico asociado a muchos dolores morales. ¿Qué más quieres de mi? ¿No te he demostrado mi amor muchas veces, muchos años, con hechos concretos de vida? Sentí en esos momentos que quería morir.

Estuve así hasta el día siguiente que dejé que me cambiaran las sabanas y me bañaran. Experimentar tanta fragilidad en mi cuerpo y a la vez la grandeza de lo que Él puede hacer con tanto dolor, me motivaba a seguir entregando confiada, como cordero pascual por mi intención. Sentí muchas veces en esos días en que la morfina aún no hacía efecto en bloquear las vías del dolor, que iba a desfallecer. Que no iba a ser capaz de cargar con tanto dolor.

Pasé la semana así. Metida en mis pensamientos y en mi espíritu. Cultivando pensamientos de amor, no de dolor. Para que ese dolor, no me robara el amor. No fue fácil. Él me sostuvo con su gracia. El Espíritu Santo, mi gran amigo y aliado me acompañaron siempre.

Un día amanecí sin dolor. No sabía lo que era vivir sin dolor. Allí me di cuenta que me había acostumbrado a vivir así, en medio el dolor. Sentía que tenía un cuerpo nuevo. Un cuerpo anestesiado. Mi alma estaba ensanchada. No sé como explicarlo. Un cuerpo agotado lleno de moretones por todos lados. Con 15 kilos de más debido a la morfina y la cortisona que me habían estado poniendo. Mis pies, mis manos y mi cara deformes de la hinchazón, sin que mis zapatos de tenis con que entré al hospital me quedaran de lo hinchado de mis pies. Un cuerpo en el piso, frágil, agotado de sufrir y un gozo en mi alma de amor por Nuestro Señor. No había resucitado, pero sentía que había superado la prueba. En mi espíritu experimentaba un gozo más allá de mi dolor, que trascendía fronteras, que se escapaba de mi razón, que no era de este mundo.

El día que iba a ser dada de alta estábamos muy contentos. Sentíamos que habíamos vivido un "tsunami". Quizás, estábamos un poco en shock de todo lo que había pasado, sobre todo cuando el hospital nos informó que el joven que me atendió y me puso mal la corriente no era un fisioterapista graduado, sino un estudiante de prácticas y que había cometido un error al quererme aplicar toda la receta. Pensaba cómo era posible que fuera víctima de tantos errores humanos. Cómo era posible que nadie hubiera supervisado a este joven. Cómo es posible que le hayan entregado en la mano un caso de una persona con 3 operaciones de columna. Cómo es posible que caiga mi vida en tantas probabilidades, errores, estadísticas e historias inverosímiles.

Humanamente no tiene explicación alguna. El estar enferma por tantos errores humanos. Cuando nació mi hijo y me enfermé de por vida, cuando me operaron la columna por primera vez y ahora. No tuve la tentación de llenarme de odio, porque sabía que esto era permitido por Dios para sacar un bien mayor a través de todo este sufrimiento. Iba a perder el tiempo preguntándome por qué esto había pasado, incluso, tratando de sacar mi enojo no me iba a llevar a ninguna parte, solo haría empeorar las cosas.

Estaba mi marido empacando y yo acababa de colgar con mi niña de trencitas. Me tenía una sorpresa en la casa después de 15 días en el hospital. Estaba muy emocionada de que ya iba a la casa a verla, abrazarla y de decirle que ya todo había pasado. De repente, sentí que algo me había mojado. Cuando volteé la sábana vi que estaba llena de sangre donde estaba sentada. Le grité a mi esposo que algo pasaba. Él tocó el timbre muy asustado. Me puse a llorar, tenía demasiado miedo. Llegaron los doctores un poco espantados y me revisaron. Había que llamar a un gastroenterólogo. No podían darme de alta así, pues tenía una hemorragia y no sabían por qué.

La desilusión me invadió el espíritu. Solo pensaba en mi niña de trencitas que me esperaba en la casa con globos y dibujos. Le supliqué al doctor que me dejara salir. Llegó el gastroenterólogo y me dijo que había que hacerme una endoscopia y una colonoscopia, pero que la endoscopia la podía hacer ahora, pero la otra no porque tenía que estar en ayuno.

Le suplique hacerme la endoscopia lo antes posible. Me la hicieron y me dijeron que la hemorragia no era en el estómago y que pensaban que el colón quizás estaba sangrando por tanto medicamento. Le dije al doctor que me iba a la casa y que a la mañana temprano regresaría a hacerme el estudio. Necesitaba estar con mi hija, pues ella no iba a aguantar esa desilusión.

El doctor me dejó salir no sin antes firmar que estaba yéndome bajo mi propia responsabilidad y comprometiéndome a ir al día siguiente para poderme hacer la colonoscopia. El riesgo es que hubiera una hemorragia interna y que pudiera desangrarme.

Salí del hospital sin pensar mucho en mí y en lo que me estaba sucediendo. Solo pensaba en mi niña de trencitas. ¡Cuánto había sufrido a tan corta edad! El corazón se me encogía de dolor de pensar en tanto sufrimiento. No en mí, sino en los seres que más amo en este mundo: mis hijos. Gracias a Dios, al menos pensaba que mi hijo se había librado de este sufrimiento ya que estaba estudiando en Estados Unidos y pensaba lo mucho que le hubiera afectado estando en la adolescencia vivir tantas ausencias mías por estar en el hospital.

Llegué a mi casa con el corazón fuerte para darle amor y seguridad a mi pequeña bebé. Al verle la carita en las escaleras gritando de emoción: "Mami, al fin llegaste" pensé que todo mi esfuerzo valía la pena. Qué motivación más grande para seguir luchando por estar viva, por estar bien. Había un ser pequeño e indefenso que necesitaba que estuviera bien. No podía darme tiempo para estar triste, para lamentarle por todo lo vivido, para llorar. Mi niña necesitaba que estuviera bien.

Me acosté en un reposé con mi gran faja de fierro. Mi niña como siempre quería hacer de enfermera. Me traía todo lo que le pedía, me consentía, me hacía cariños, me peinaba. Me decía "Mami, que linda estás". Todo este amor en familia, me hacía no pensar en mi misma, en mi dolor. No pensar en lo que perdí. En lo que sufrí. Sino en lo que tenía hoy que vivir que era el donarme a los demás, en este caso, a mi pequeña niña. Darle seguridad. Decirle que todo iba a estar bien. Que mami se iba a poner bien.

Me hicieron el estudio con una nueva anestesia y los cuidados para que no me diera alergia. Salí muy dormida a mi casa. El doctor me dijo que el colón se había irritado de tanta morfina y que gracias a Dios, no tenía una hemorragia interna.

Llegué a la casa justo pocos minutos antes de que llegara mi niña. El solo verle la carita de emoción al verla llegar, con su rostro iluminado, era gasolina para mi alma. ¡Qué responsabilidad tenía de estar bien! De recuperarme rápido.

Mi marido un gran santo. Siempre teniendo que ver de dónde conseguía dinero para pagar las altas sumas de cuentas de hospital que el seguro a veces no cubría en totalidad. ¡Qué desgaste tan grande! Pero siempre, intentando vivirlo con profunda fe.

Me pasé así un buen tiempo hasta que me pidieron hacer fisioterapias de nuevo. Solo que ahora me atendería directamente el jefe del departamento y me asignarían a la mejor.

Comencé las sesiones con un poco de miedo después de la experiencia vivida. Eran sesiones de dos horas pues tenía que rehabilitarme las manos también. Los nervios en las muñecas estaban pisados, así que había perdido la pinza fina y las manos se encontraban "engarrotadas".

Las sesiones iniciaban con las fisioterapias de las manos y luego pasábamos a la fisioterapia de la columna. En esa época, usaba unas férulas especiales para las manos color café y mi faja gigantesca de fierros para la columna.

Todo iba muy bien, hasta que un día amanecí sin poder mover el cuello. Pasaron los días y comencé a paralizar en la mitad del cuerpo. Mi médico y mi esposo se asustaron así que tuve que correr a urgencias, una vez más.

Me hicieron una resonancia y se dieron cuenta que tenía una hernia en el cuello que estaba aprisionando los nervios en la cervical. Estando internada y en ayunas para mi próxima operación de cuello, mi médico de cabecera, el endocrino apareció en mi habitación a decirnos que había analizado mi situación general de salud y que el opinaba que no debía de operarme pues el deterioro de mi salud en los 3 últimos años había sido demasiado.

La cirugía se canceló y decidieron probar con medicamentos. Así que estuve varios días en el hospital. Ahora salía con la faja de hierros para la columna, las férulas de las manos y un collarín. Al verme llegar a la casa mi hija me dijo: "Mami estás linda, ahora te pareces a Robo Pop".

Así estuve circulando por la vida: vestida de "Robo Pop" y utilizando la silla de ruedas para salir, ya que no podía sentarme todavía en superficies duras y caminar largas distancias. La gente que me veía pensaba que me había atropellado un coche. La verdad me sentía como si me hubiera atropellado un camión pero en los últimos tres años de manera seguida y sin parar.

Había en cambio una fuerza interior que no me dejaba hacerlo. Que me sostenía y que no me permitía caminar por la vida como una víctima, sino como una privilegiada. A pesar de todo, me sentía como una bendita. Nuestro Señor había puesto su ojo descarado sobre mí. Lo que estaba a la vista, no necesitaba anteojos para darnos cuenta de que no era algo "normal".

Al ver atrás todo lo que nos había pasado, ver mi intención personal que por muchos años había estado ofreciendo, pensaba que Nuestro Señor a muchos escoge como pastores y a otros escoge como corderos. Sentía que Él me había escogido como cordero que ofreciera el sufrimiento como Cristo redentor y así, poder sacar frutos para otras personas y para toda la iglesia.

También meditaba en la fidelidad del amor de mi marido. Solo un año de salud y 22 de enfermedad. Como, la gracia es lo que nos ha mantenido. Como él no se casó con esta persona en que me convertí ese día. Como él no se casó con una Robo Pop, sino con una mujer flaca, deportista, muy alegre, sana y muy activa. Como de repente me convertí en una persona dependiente, enferma de algo que no se cura y además con una lesión en la columna y llena de síndromes. Cuánto amor había demostrado mi marido en medio de la prueba. La fidelidad que él ha tenido conmigo, cómo me ha amado, cómo me ha apoyado, cómo siempre ha estado a mi lado. Cómo me ha demostrado su amor, en las cosas buenas de la vida, pero especialmente en las difíciles.

También pensaba que había sido fiel porque Nuestro Señor había sido fiel con nosotros. La parte humana hubiera podido sentirse defraudada por Él, el pensar cómo es posible que hayamos entregado la vida para amarlo, para acercar almas a su corazón y se le haya ocurrido permitir esta enfermedad y tantos sufrimientos venidos por errores de tantos doctores.

Hablando de ambas fidelidades; tanto la de Dios como la de mi marido, pensaba que esto justamente es el significado del amor en el Antiguo Testamento. Es un acto de voluntad, de fidelidad, de lealtad y de obediencia. El amor que expresan los profetas cuando hablan de Dios no es un sentimiento, es una decisión de la voluntad que expresa ese amor. Eso fue a lo que Dios nos mandó: a amar. Y cuando se ama profundamente, pueden incluso convivir sentimientos adversos en la misma persona. Es el Espíritu Santo el que nos ayuda a llevarlas por buen camino y a orientarlas positivamente.

Esta fidelidad que podemos mostrar es debido a esa fidelidad que Cristo mostró en la cruz. Él, aceptando la verdadera pasión con amor, nos dio la posibilidad salvándose y liberándose de eso mismo. Él nos salvó no desde afuera, sino desde dentro de su ser. Así fue como rompió con ese espiral de violencia, de desamor y de maldad.

El amor no se posee. Hay que pedirle a Dios ese don para poderlos ejercitar en la caridad, buscando al Señor de los dones, no los dones del Señor. Desde mi punto de vista, no es otra cosa que romper con esa cadena de maldad no perpetuando en nosotros, no heredando a otros, ese mismo desamor que quizás hemos recibido de otros: un estudiante que se hizo pasar por fisioterapista.

Jesús dijo en la cruz: "Padre, perdónalos porque no saben lo que hacen" (Lc, 23, 34). Lo que en lenguaje psicológico podríamos decir: "Padre, no le tomes en cuenta este gran daño que me han hecho porque ellos no son conscientes del mal contenido en este acto". Porque Jesús perdona en la cruz, es que puede entrar al mundo la salvación y con ello, la capacidad de poder cambiar. Si imitamos este ejemplo y aplicamos lo mismo en nuestras vidas, estamos de igual forma uniéndonos a Él y con ello, estamos brindando la posibilidad a aquellos que nos han ofendido y herido profundamente de cambiar. Aceptando con verdadero amor la pasión que tengamos que vivir, es que podemos brindar esa posibilidad de redención a los otros que nos han herido.

Nadie escoge el mal por el mal en si mismo. Escogemos optar mal porque quizás pensamos que nos traerá un bien. Pero optando como Cristo a ser fieles, es que no perpetuaremos la cadena de desamor. Es el amor, lo que nos impulsará a ser fieles.

A Cristo le gusta vernos confiar para poder actuar. Le gusta que no preguntemos sino que lo hagamos, que confiemos, que lo ofrezcamos. Que llenemos las tinajas de agua aunque pensemos que lo que falta es vino.

Esto es un vino diferente. Es un vino que Jesús ha convertido en un milagro. Nos ha pedido poner nuestra seguridad en los milagros que Él puede actuar por medio de lo que nos ha pedido entregar, por lo que nos ha salido diferente a como lo planeamos, entregar aquello que pensamos no podía faltar, para sacar algo mucho mejor a lo que hemos perdido.

Jesús nos demuestra que Él puede hacer todas las cosas nuevas. Necesita odres nuevos para el vino nuevo. Necesita que nos vaciemos de nosotros mismos, de aquello caro, superfluo que creemos que es esencial, de aquello que estamos muy aferrados para poder llenarnos de aquello que si es esencial. La confianza extrema. El poner la mirada en su corazón. El creer en sus planes, aunque no los comprendamos y no tanto en los nuestros. En confiar en sus caminos, aunque pensemos que son torcidos.

"Él nos alienta en nuestras luchas hasta el punto de poder nosotros alentar a los demás en cualquier lucha, repartiendo con ellos el ánimo que nosotros recibimos de Dios." (2 Cor 1, 1-5)

Jesús es el único que puede darnos la fortaleza cuando creemos que no podemos más. Él, es capaz de transformar cada anhelo en esperanza, la duda en certeza, la tristeza en alegría, el dolor en amor. Aunque hay veces que tengamos que caminar por la vida disfrazados de Robo Pop.

"La espiral de la violencia
sólo la frena el milagro del perdón"

San Juan Pablo II

Capítulo 15

¡Hasta que duela!

Después de la prueba del corazón la vida regresó a la normalidad. Cuánto esfuerzo debíamos de invertir después de cada prueba para levantarnos de nuevo. Teníamos que imprimir un gran esfuerzo en lo físico, lo espiritual, lo emocional, lo humano y también dentro de ello, lo económico.

Después de muchos sufrimientos de diversa índole, se nos presentó la oportunidad de irnos a vivir a provincia. Era lo que estábamos buscando. Mi hijo llevaba dos años estudiando en Estados Unidos y no quería regresar a la realidad de vida en la ciudad. Sentíamos como familia necesitábamos cambiar de ambiente, como una manera de poder comenzar de nuevo del tsunami que había pasado en nuestras vidas por tanto tiempo.

En julio del 2009, nos fuimos a vivir a Cancún con la esperanza puesta en un mejor mañana. Con el deseo de seguir amando a Cristo, de dar. Aunque realmente, no sabía que tanto podía entregar. Sentía que ya había entregado todo lo que tenía y que había llegado mi época de vivir mi sueño: ser una mujer contemplativa. Es decir, que tuviera suficiente tiempo para rezar y hacerme una con el Señor pero ahora en la oración.

Dejé en el DF mi puesto de directora general de una fundación de la mujer la cual ayudé a diseñar, institucionalizar y operar por casi 7 años. Allí, había dejado la vida. Me llevaba cada recuerdo, cada historia, cada dolor de todas aquellas mujeres tan pobres pero a la vez tan ricas en su sencillez y su pureza.

A la semana de haber llegado recibíamos la mudanza. Hacía demasiado calor. Era el mes más caluroso del año. Llegó después de muchos retrasos e inconvenientes con la compañía que habíamos contratado.

Un día me sentía agotada. Los niños comenzaban clases y deseaba que la casa estuviera lo más asentada posible. Mi columna estaba muy adolorida por la mudanza. Me latía donde tenía la lesión, así que busqué la caja de mis medicinas sin decirle a Carlos y la abrí. La inspeccioné toda y entre todos los medicamentos que había, escogí uno para el dolor, pidiéndole a Dios que no me diera una reacción alérgica. No quería preocupar a mi marido.

A partir de allí comencé a tomarme las cosas con más calma. Teníamos un agotamiento crónico y agudo. El tiempo pasaba y no sentía que "encajaba" en aquella vida. Todo era tan diferente a lo que estaba acostumbrada. Nuevo clima, nueva ciudad, nuevo código de vestir. Nueva misión de vida. Nueva casa. Mi familia se adaptó muy rápido, mis hijos no tuvieron proceso de adaptación, creo que a la primera semana ya estaban felices en su nueva vida.

El dolor de mi columna era insoportable. Veía a mí alrededor y sentía que no tenía opciones. No podíamos ir al DF a verme con mi doctor y no tenía idea quien podría verme en Cancún. Una mañana amanecí con un ojo brotado en sangre. Incluso inflamado. Era algo un poco aterrador, incluso para la gente que me veía en la calle.

Como pudimos viajamos a México de urgencias. Después de verme el doctor, me pidió que le dijéramos que medicamentos estaba tomando y las dosis. En ese momento mientras el doctor escribía las recetas de los estudios se me vino a la mente la pastilla de la columna que por 6 meses me había auto recetado. Le dije al doctor, de repente le vi su cara de asombro mientras me preguntaba desde cuándo estaba tomando esa pastilla y en qué dosis. Le dije que desde hacía 6 meses y 3 pastillas diarias de tantos miligramos.

El doctor se comenzó a molestar y a decirme que ya le iba a llamar a mi doctor de la columna a reclamarle pues no entendía cómo me había mandando esa pastilla por tanto tiempo y en esa dosis. En eso, le dije con cara de niña regañada que no había sido culpa del doctor, que me lo había prescrito sin preguntarle a nadie porque me comenzó a doler demasiado la columna en media mudanza y que no podía alterar los planes de mi familia para detenerme a ver que pasaba.

El doctor en seguida se calmó y me dijo que no me preocupara. Pero que me había dicho mil veces que no podía tomarme ni una aspirina sin consultarle. Era demasiado peligroso porque algunas medicinas podrían chocar con lo que tomo y que eso era lo que había pasado en mi caso.

Luego me mandó a hacer unos análisis para confirmar lo que sospechaba. A los pocos días regresamos al hospital. Aunque mi inflamación de los ojos había bajado, me sentía muy mal. El doctor nos informó que tenía un nuevo síndrome llamado "síndrome de cushing" donde había un exceso de cortisona y que me había intoxicado el organismo. Este era el síndrome número cuatro que me diagnosticaban.

Salí de allí con una cara de luna furiosa. Por eso ya entendía mi hinchazón en el cuerpo y el aumento de peso sin justificación. Estaba furiosa conmigo misma por haberme ocasionado mi cuarto síndrome. Estaba enojada por esta irresponsabilidad, ahora había sido yo la que había cometido una negligencia y un grave error.

Regresamos a Cancún y me recetaron reposo por un mes. Ahora además del dolor de la columna que regresaba con fuerza, tenía que lidiar con los nuevos síntomas de este síndrome. Además de manejar mi sentimiento de culpa. Ahora no me tocaba perdonar a un doctor por haberse equivocado, ahora me tocaba perdonarme a mi misma.

La amargura llegó a mi puerta y a mi corazón. La dejé entrar. Le abrí el cerrojo desde adentro. Mis sentimientos eran muy parecidos a lo que experimenté en Manila cuando me diagnosticaron de mi enfermedad. Una gran amargura interior. Un gran coraje. Me sentía traicionada de nuevo por Dios.

Cuando perdemos algo, siempre sentimos que pudimos haberlo evitado: "si hubiera", "si le hubiera hecho caso a la señora que me dijo que no me viera con ese doctor", "sino hubiera ido al hospital", "sino le hubiera hecho caso al letrero del hotel", "sino me hubiera atendido con el estudiante de fisioterapia", "sino me hubiera tomado esta pastilla".

El hubiera no existe. No hay forma de vivir con el hubiera. El hubiera es un mecanismo que alimenta profundamente sentimientos negativos. Porque no hay forma de resolver este hubiera. No podemos regresar el tiempo hacia atrás y volver a decidir qué hacer. Hay circunstancias de vida donde pensamos que estamos tomando las mejores decisiones y muchas veces, no solo no tomamos esas mejores decisiones porque a veces nos vemos atrapados en circunstancias de vida que se juntan pero que también son permitidas por Dios. Si no existiera el error en la vida, que poco aprenderíamos. Porque cuando las cosas salen bien, estamos tan poco dispuestos a aprender lecciones porque generalmente estamos envueltos en la felicidad que nos produce, en el placer, en el hedonismo. En el creer que tenemos todo bajo control. Esta es una gran mentira.

La peor consecuencia que ese sentimiento de culpa me hizo experimentar es que comencé a boicotear las cosas buenas y hermosas que la vida aún me regalaba: el amor de mi familia, el vivir en una ciudad llena de magia y encantos naturales, el tener la oportunidad de vivir mucha calidad de vida. A pesar de que me conocía la teoría, que difícil es hacerla vida.

Pase unos meses muy malos. Debido a que me tuvieron que suspender los medicamentos para la columna, ésta comenzó a doler más fuerte. A esto se le sumaba el que debido al síndrome de Cushing había subido y seguía subiendo demasiado de peso a pesar de que no comía mucho.

De repente me encontré en un túnel sin salida. Por una parte, no salía casi de mi casa. Estaba tan hinchada de cortisona que los zapatos no me quedaban. Me encontraba muy enojada y muy triste. Sentía que esto no había venido de la mano amorosa de Dios, sino de una estúpida equivocación mía. Me sentía seca por dentro, sin nada más que dar a los demás. Mareada, con muchas náuseas. Con un cuerpo que subía más y más de peso y con una columna que no podía soportar aquel peso. ¡Qué desastre! Subía de peso por un síndrome que me ocasioné y la columna sin poder soportar ese peso, sin que pudieran darme algo para el dolor. Son de esas situaciones en la vida, en que verdaderamente sientes que no hay solución.

Viajamos a México de nuevo. El cuadro era espantoso. Mi doctor analizó la situación y después de estudiar el caso me propuso la única solución que él pensaba para poderme sacar de este túnel sin salida. Hacerme una operación gástrica y así pudiera bajar de peso drásticamente para aliviar el dolor de mi columna.

Le habló a un especialista del mismo hospital y nos recibió de inmediato. Al escuchar mi historia nos dijo que él había aceptado el caso porque mi doctor se lo había pedido. Nos explicó los riesgos uno por uno, así como la operación. Al ver el tamaño de la operación y literalmente ver que me iban a hacer un sistema digestivo nuevo, me asusté un poco. El mayor riesgo en mi caso era una hemorragia y una infección interna. Él además nos dijo que me la iba a hacer mucho más "estricta" de lo normal.

Regresamos a Cancún a esperar el gran día. Había muchos temas que acomodar, el económico y que mi salud estuviera lo más equilibrada y fuerte para aguantar una cirugía de este tipo.

Esos meses de espera para la cirugía, me sentí la mujer más desdichada del mundo: el dolor en la columna me había robado el amor. El amor por la vida y por las almas. La tristeza me invadió así como la desesperanza. Me convencí de: "nada de lo que haga va a cambiar mi situación".

Muchas veces me pregunté dónde había quedado la que alguna vez fui. Recordaba mis épocas de campeona de tenis, recordaba como esquiaba en la playa y el viento soplándome en la cara y sintiéndome tan libre. Recordaba mis paseos a caballo en el rancho de mi papá y pensaba ¿cómo llegué aquí? Creo que veía con nostalgia mi pasado, esos días de gloria donde sentía que podía vivir la vida libremente. Dónde me sentía ágil, con fuerzas para luchar. Invencible para recorrer el mundo y disfrutar de la vida. Ahora, ni siquiera podía sentirme como mi ídolo y modelo Pablo de Tarso. Ese sueño cuando salí para Manila de sentirme en un caballo recorriendo el mundo entero predicando el evangelio y convirtiendo a los paganos había quedado como sueño de aventuras de caricaturas. Tan ingenuo, tan ajeno a la realidad de la vida, tan ajeno al dolor.

Siento que no tenía más palabras. Más razonamientos. Más fe ¿Qué más podía repetirme después de todo lo que había vivido? Sentía que las palabras eran huecas y que nadie podía saber lo que sentía en mi interior. Una profunda tristeza. El dolor me había robado el amor que un día me había inspirado a entregarlo todo. Sentía que no tenía nada más que dar, nada más que entregar. No había más lágrimas dentro de mí que derramar.

Creo que este ha sido el período más oscuro de mi vida. Mi interior estaba negro. Sabía que mi mente estaba deprimida. Lo peor del asunto y que acentuaban los síntomas, es que tenía razones fundamentadas para dar gracias a Dios: por mi santo marido, mis bellos hijos, trabajo, casa, nueva ciudad. Sin embargo, creo que el saber que tenía motivos para luchar y a la vez sentirme tan mal, me hundían más en mi soledad y en lo oscuro de mi interior.

Pasé así varios meses sumida en un profundo dolor físico y en un todavía más profundo dolor moral. Muchas veces en la oración llegué a pedirle a Dios que me llevara su lado. Sentía que no tenía sentido mi vida y que iba a ser más justo para mi familia poder descansar de tanto sufrimiento que mi salud les había hecho experimentar toda la vida.

Un día nos hablaron. La cirugía podía llevarse a cabo. Sería el 10 de noviembre del 2010. De pronto, una luz en mi interior revivió. A pesar del dolor de columna que seguía allí, la esperanza se asomó en forma de una pequeña luz al final del pasillo.

Nos fuimos a México y mis hijos se quedaron a cargo de mi cuñado que vino desde Estados Unidos a cuidarlos, agradecimos mucho el gesto.

La noche antes no pude dormir entre el temor y la emoción. Dialogaba con mi Señor: "No hay razón que me haga dudar de tu corazón. Tú has tapado el sol, me has sostenido hasta este momento. Siempre has sido fiel. He buscado verte en el desierto y en la lluvia, encontrarte en la salud y en la enfermedad, agradecerte en la alegría. He intentado dar cada paso de tu mano. Todo te lo entrego y todo te lo ofrezco por mi intención. Por la fidelidad de aquellos que te han entregado la vida. Sostenlos con mi sacrificio. Gracias Señor, por haberme permitido llegar aquí. Mi vida, en tus manos".

Esa noche me preguntaba qué papel había jugado en la crucifixión. Quién fui, que rol jugué, que personaje interpreté. Había sido Poncio Pilatos que se lavó las manos y soltó el plan de vida como el trapo con el que se secó las manos después de lavárselas. O fui el que le escupió. Fui el que con un palo le clavó la corona de espinas. El que se burló mientras sangraba y gemía de dolor. Fui el que con furia lo azotó, desfogando todo su enojo en su débil carne.

Pensé que había querido ser más bien la Verónica, que intentó darle un poco de agua y solo alcanzó a darle un paño mojado. También me arrastré a Él y quise ser ese consuelo a su corazón con mi propia vida. Ofreciendo tanto dolor en el silencio de mi corazón. Un dolor que emanaba del corazón del dolor humano: la raíz de los nervios.

Llegamos temprano al hospital. El gran día había llegado. Ese día por el que tanto había esperado. Llegue al quirófano con 110 kilogramos de peso y un dolor muy fuerte en mi columna. El doctor me había dicho que después de la cirugía me iba a doler mucho la columna debido a las horas en que iba a estar acostada en la mesa de operaciones. No podrían darme analgésicos.

Sentía que iba a una nueva batalla, pero que esta vez me jugaría el futuro de la guerra. Esta no era una batalla más, era a vivir o a morir y estaba dispuesta a hacerlo en el intento. Me despedí de mi marido sabiendo los riesgos que corría y que quizás no lo volvería a ver. Qué buen hombre me regaló Dios para estar a mi lado. Su sonrisa, su alegría, su amor y su fe me habían sostenido todo ese tiempo.

Entré al quirófano muy nerviosa. Aunque era un ambiente muy familiar, no parecía que fuera mi onceava operación. No supe más.

Me desperté con un gran dolor, no en el estómago sino en la columna. El doctor estando una vez en la habitación me dijo que no habían podido operarme por laparoscopia porque no me había "inflado", que era algo muy raro.

Esas noches las recuerdo con un profundo calvario. Tenía una herida de guerra pero el dolor en mi columna era insoportable. El doctor me recordaba que no podía darme ningún medicamento. Así que solo le pedía a la enfermera, que me metiera en el baño debajo de la regadera en una silla, para que el agua caliente me corriera y me ayudara a aliviar el dolor. Allí me quedaba por horas. Estaba agotada de sufrir.

Me dieron de alta quizás a la semana de haber estado internada. Solo recuerdo un profundo dolor, voces de visitas que hablaban con mi marido. Pobre hombre, otra vez solo en un hospital sin tener mucho con quien hablar. Cuánta soledad humana, pero cuánta cercanía con Dios. Cuánto dolor en el amor.

Llegamos a casa de nuestros amigos Salva y Rebe. Nuestros amigos de tristezas y alegrías. Unos ángeles que Nuestro Señor puso en nuestro camino. Nos hospedamos en el cuarto que era de Salva hijo y recordaba aquel hermoso sueño donde él me había dicho que aún no era mi tiempo de partir.

Ese día que me dieron de alta comencé a sentirme mal. Un malestar general. Mi marido dice que solo tomaba agua y dormía. De repente dice que comencé a hacer unos ruidos muy raros mientras respiraba y comencé a sudar y a delirar. Mi marido intentaba despertarme y preguntarme que me pasaba, pero dice que no sabía responderle. Cuando me preguntó mi nombre y no supe quien era, supuso que algo malo sucedería.

Me llevó corriendo al hospital. No recuerdo mucho esa noche, solo que tosía. Me ingresaron de emergencias y se dieron cuenta que tenía todos los fluidos del cuerpo desestabilizados, especialmente los electrolitos y que tenía un ruido en los pulmones.

Me subieron al cuarto. Al dolor de la columna y de la cirugía de estomago se le sumó este nuevo malestar. Otra vez experimentarme más débil aún. No solo era sentirme como un saco de papas, sino como un trapo. Algo inútil y que ya no tenía remedio. Quizás había un grito interior humano que decía "ya déjenme morir" esto es demasiado para mi esposo. No gasten más dinero en mi. No quiero hacerlo sufrir más. Y por el otro había un grito de esperanza que quería salir una vez más de esta crisis con una fe victoriosa.

Me pusieron oxigeno y mi marido decía que seguía haciendo unos ruidos raros con la respiración. Los doctores aún no sabían que tenía. Ese fue un fin de semana festivo en México, así que mi marido vivió un poco de soledad. Otra vez solos con Dios.

A la mañana siguiente me dijeron que lo más probable es que me había dado una trombosis pulmonar. Pero que para saberlo a ciencia cierta, había que hacer una resonancia magnética y que dado mi cuadro de salud por mi columna, eso lo iba a emporar. Así que ellos habían decidido tratarme el trombo. Mi marido accedió.

Me introdujeron de nuevo un catéter por el cuello. No recuerdo mucho más que noches llenas de un dolor infernal. Otra vez sin voz. El dolor me robaba la voz y las fuerzas para hablar. No sé que hubiera hecho sin mi mundo espiritual interior que yo misma me fabriqué en mi mente y en mi corazón. Cuánto dolor físico y cuánto consuelo interior. Cuánta paz en medio de tanto sufrimiento. Una gran paz me invadió el espíritu. Otra vez vivía esa paradoja, tanta debilidad de mi cuerpo y tanta fortaleza en mi espíritu. Tanto gozo en medio de tanto dolor.

Pasó el puente y estaba sentada en el reposé del cuarto. Mi columna ya no aguantaba más la cama. No hablaba en medio del dolor y del oxigeno. Nadie entendía como me dolía tanto la columna y no la propia operación de estómago. Abrí los ojos y en un gemido del alma le dije que ya no podía más con el dolor. No podía soportar ese dolor en la columna sin medicamentos, humanamente quería lanzarme por la ventana.

Pasaron los días e iba recuperándome del trombo. Me dieron de alta con otras medicinas más que ahora se sumaban a todas los que tomaba. Estuve en casa de nuestros amigos recuperándome quince días más.

A las tres semanas me dejaron viajar a Cancún para recuperarme. Con unos cuidados muy rigurosos para que el estomago cicatrizara bien. Antes de irme había perdido 10 kilos de peso. Al parecer, estábamos cumpliendo con las expectativas de la operación.

Llegamos a Cancún en medio de una gran felicidad. Seguí todo el proceso normal de la operación entre "vómitos" diarios. Mi rostro y todo mi interior comenzaron a cambiar. Comencé a abrirme de nuevo a la esperanza. La luz comenzó a inundar mi espíritu, a alumbrar toda aquella oscuridad que por meses había vivido por tanto dolor. Mientras seguía experimentando el sentirme con una columna nueva.

El año 2011 fue un año muy importante para mi. A medida que me recuperaba pensaba que en vez de ser una jubilación mi ida a Cancún, iba a ser más bien un "año sabático" donde necesitaba recuperar muchas cosas en mi vida que quizás había perdido.

A nivel espiritual me dediqué todo este tiempo que fue alrededor de un año y medio a cumplir mi sueño espiritual: ser una mujer contemplativa. Me dediqué a rezar. A profundizar en mi vida de oración. Comencé a practicar tres tipos de oración que a la fecha me han enriquecido mucho. La oración vocal tradicional, la oración de alabanza e intercesión y la oración de la plegaria del corazón, que busca hacer de tu corazón un oratorio donde repose el corazón del Señor. De igual forma me dediqué a leer muchos documentos de los santos. Y allí descubrí palabras y vidas tan actuales con las cuales podía identificarme.

Comprendí que Él me había llevado de la mano por una dura pero a la vez hermosa pedagogía. Me había hecho transitar todos estos años por esa noche oscura del alma que San Juan de la Cruz nos ha dejado como legado en su doctrina. Esos meses de espera a mi cirugía de estómago, había estado en esa noche oscura donde nos sentimos profundamente abandonados, solos, desamparados, donde mi alma sintió que estaba en desolación y desesperación. Hubo un grito silencioso que mi alma emitió, en forma de gemido. Lloré muchas noches. Esperando que el amanecer me trajera la luz. En esa oscuridad, donde sentimos que la noche no avanza, que no hay un amanecer, que no hay salida y un profundo dolor nos oprime el corazón. Pensamos que si amanece todo desaparecerá con la noche. Pero el dolor golpea y el interior se siente como una lápida por dentro. Uno siente que ha perdido todas las ilusiones por vivir.

Hay veces en la vida, que sentimos que nos ha caído un camión de basura encima y esto nos causa efectos emocionales y psicológicos que no sabemos como manejar. Intentamos espiritualizar estos dolores, pero hay veces que necesitamos también complementar la fe, comprendiendo como la psicología y en especial la psicología femenina responde ante el dolor.

Cuando hemos experimentado un profundo dolor ya sea físico o moral, cuando hemos estado sometidos por mucho tiempo a un constante dolor que nos taladra el corazón y nos oprime el alma, sentimos una gran desolación en el alma, un gran abandono. Sentimos que Jesús nos ha abandonado, que calla. Que no habla en el silencio. Espiritualmente, San Juan de la Cruz lo describe. La Amada (el alma) emprende un camino de búsqueda del Amado (el amor de Nuestro Señor). Pero para que la amada llegue a descubrir al amado, tiene que pasar por las tres vías. La purgativa, la vía iluminativa y la vía unitiva.

La vía purgativa tiene como fin purificar el alma para hacerla digna de Dios para que la amada pueda ser digna de recibir al amado y que pueda experimentar un alejamiento de todas las preocupaciones terrenales y tentaciones de manera que nada pueda distraer al alma del anhelo de encontrar a Dios.

La noche no se refiere a la noche del mundo real, sino a la oscuridad que atravesamos cuando estamos padeciendo un gran dolor y la noche representa ese "velo" que esconde a la amada (el alma) de aquellos o aquello que podría impedir su amor. Ese velo, nos impide ver la luz.

La noche es esa noche del espíritu, es un estado del alma en el que ésta, no presta atención a nada externo, porque para que Dios entre en ella, la amada debe olvidarse del mundo y concentrarse solo en Dios.

Cuando el alma llega a esa noche donde el alma está sola, pero no físicamente, sino espiritualmente, comienza la vía iluminativa. Es el paso en que el alma, ve o siente la presencia de Dios. El alma es iluminada por la luz de la fe. Y de repente ocurre un milagro y como una suave brisa llega la paz. En el texto de San Juan de la Cruz dice: "Que en corazón ardía". Y es la luz lo que hace arder al corazón. Dios hace arder en el corazón esa luz como una gracia que concede al alma para señalarle su presencia. La luz, es una muestra de ese amor de Dios.

Luego finalmente llega la vía unitiva. "Amada en el Amado transformada". El alma logra sentir plenamente a Dios en ella y pierde la conciencia de si misma, llega a ser una con Dios. En este etapa el alma deja de ser ella misma para formar parte de la divinidad y vivir una sensación que está incluso más allá de la razón humana.

La noche oscura en la vía unitiva se termina viendo como una noche donde se exaltan los valores positivos: noche guiadora, noche amable, noche donde se juntan los amantes.

El alma, avanza segura y encuentra esa luz especial que hace que se transforme "la noche oscura" en "noche dichosa", que propicia el encuentro con el amado: "Oh noche que guiaste, oh noche que juntaste", juntaste a la Amada, con el Amado

El alma se une definitivamente al Amado y descansa de largo camino que ha tenido que recorrer. "Me quedé y olvidé (buscando a quién perdonar). El rostro recliné sobre el amado. Cesó todo y me dejé. Dejando mi cuidado entre las azucenas olvidado".

La estructura del alma que San Juan de la Cruz plantea en el primer anillo periférico que está en contacto con el exterior, que se llama los sentidos, allí experimentamos el amor de Dios pero a un nivel sensible. Sentimos profundamente su amor. Aquí radica la primera gran experiencia del amor de Dios. Es lo que llamamos ese "amor primitivo" que nos lleva a hacer grandes desprendimientos por Él. Pero en este amor de novios no podemos quedarnos toda la vida. Pues si fuera por nosotros no saldríamos de éste amor sensible que nos hace experimentarnos amados. Allí es cuando Dios permite la purificación y esta es llamada por San Juan de la Cruz, como la noche de los sentidos. Al parecer, ya no sentimos ese amor de manera sensible. El alma se sume en una preocupación porque piensa que Dios la ha abandonado.

Si no dejamos de hacer nada de lo que antes hacíamos, esta noche de los sentidos esta orientada a hacernos crecer en nuestra maduración y nuestra capacidad de amar a Dios. Cuando todos descubrimos el amor de Dios, tenemos que recorrer este camino, para así poder pasar de un amor de novios, a un amor de esposos.

Así es la pedagogía de Dios. Al madurar ese amor penetra el espíritu. Donde habita el amor y la voluntad. Cuando el amor crece y se experimenta maduramente, ese amor se expresa, se dona por medio de la voluntad a todos los que nos rodean. Y se expresa como una necesidad de donar aquello que por gratuidad se ha recibido. En este espíritu, es donde recibimos los dones del Espíritu Santo, es donde experimentamos la paz, el amor, la sabiduría pero la que proviene de los propios sentidos y no tanto de la razón.

Al final esta vía unitiva nos lleva a conectar con ese núcleo del alma donde hemos sido creados a imagen y semejanza de Dios. Ese núcleo o recinto donde vive la Santísima Trinidad y donde todo ser humano tiene tatuado el rostro de Cristo, como una especia de "sello de fábrica" donde dice que somos hijos de Dios. Según los místicos, en ese recinto todo es santo y todo es sano. Ese recinto es donde se desprende un anhelo que todo ser humano tiene de Dios, porque responde a esta necesidad profunda de estar unidos desde aquí a nuestra verdad, hemos sido creados para amar y ser amados por Dios. Los padres espirituales nos recuerdan que en este recinto no pueden entrar las acechanzas del demonio. Allí está oculta la verdad de cada uno, es decir, esa misión para la cual estamos en el mundo. Vivir de cara a ella, es lo que nos hace vivir en plenitud.

Luego de todo este año y medio descansé de un largo camino. La paz llegó a mi alma y a mi espíritu. Pude reposar después de mucho sufrimiento en el corazón de mi amado. Esta paz llega, cuando nos damos cuenta también de que la vocación al sufrimiento no es una vocación individual, sino universal.

Al convertirse en una vocación universal que emana del interior de una persona, pasa de ser "inmanente": que se queda atrapada en el mismo ser, encerrada en sí misma agotando su ser y su actuar, a convertirse en algo "trascendente": que va más allá del aquí y del ahora, que sale de uno mismo, que alcanza niveles que ni uno mismo puede alcanzar a ver, niveles que trascienden a la eternidad. Algo mucho mayor a nosotros mismos, algo que va más allá de los límites del tiempo, algo que sirve para la eternidad.

En estas crisis debemos de buscar conservar la paz, en medio de la "no paz" (al referirse a la "no paz" lo que quiere decir es cuando aun las cosas no se han resuelto del todo). Cuando estamos en estos momentos de dolor, es muy importante el autoconocimiento personal. Este autoconocimiento nos permite dejar de aferrarnos a los ídolos que vamos acumulando durante nuestra vida, incluso en nuestra vida espiritual y que son todas aquellas ataduras a cosas exteriores o cosas de forma con las que pensamos no podemos caminar.

También podemos estar apegados a nuestra ocupación u oficio, incluso a un apostolado o ministerio; estar apegados incluso a cosas buenas no nos dejan libres para amar y servir a Dios. También los ídolos pueden ser posesiones a las cuales nos aferramos o incluso formas de piedad como la manera como nos comunicamos con Dios. Podemos apegarnos a tener una vocación "buena" conformándonos con lo que hasta ahora somos sin aspirar, serenamente a mejorar.

En estas crisis interiores por donde todos pasamos en nuestro camino espiritual, debemos buscar controlarnos a nosotros mismos, controlando esos impulsos que nos pueden llevar a tomar muy malas decisiones. De igual forma, podemos en un examen de conciencia en la oración, ver que es lo que nos impulsa y mueve de fondo mis acciones. Dejar nuestra forma de hacer las cosas, esas posturas inamovibles a las cuales nos aferramos.

Cuando estamos en medio de una crisis espiritual de igual forma es muy importante cuidar lo que hacemos pero también de lo que nos abstenemos. Porque sino cuidamos lo que hacemos, podemos estar buscando formas de escapar de nosotros mismos y de lo que Dios nos quiere enseñar, pero también podemos irnos al otro polo de querer encerrarnos en nosotros mismos y de abstenernos de hacer cosas que nos pueden ayudar a salir de nuestra propia realidad, de ese encierro en que las almas nos introducimos cuando estamos en crisis. De no querer salir de nosotros mismos.

Es muy importante también observar nuestros pensamientos si tomamos en cuenta que uno se siente tal como piensa. Muchas veces no queremos sentirnos tristes, impotentes, mal, pero por otro lado estamos en nuestra cabeza fabricando pensamientos negativos de forma acelerada. Es imposible intentar salir de una crisis cuando estamos siempre pensando mal, pensando negativo, pensando y percibiendo todo negro a nuestro alrededor. Qué gran poder tiene la manera como pensamos. Pues, muchas veces esta dimensión psíquica no nos ayuda, sino que por el contrario, nos separa de las intenciones que existen en el propio corazón. Como dice San Pablo en su carta a los Romanos 12, 1-2, "Y no se acomoden al mundo presente, antes bien transformados mediante la renovación de la mente de forma que puedan distinguir cuál es la voluntad de Dios: lo bueno, lo agradable, lo perfecto".

El mayor medio que debemos de poner en práctica en medio de la crisis, es la serenidad. Estar tranquilos en medio de la crisis, sabiendo que Dios nos ayudará en el momento que Él disponga a salir adelante. Debemos de fomentar esa capacidad de entregar la propia voluntad a la de Dios. Esto se hace cuando somos capaces de dejar cosas buenas, prácticas buenas, virtudes buenas por algo mayor: virtudes más altas y exigentes.

En el contexto de la teoría de crisis los psicólogos decimos que no se deben tomar decisiones de vida trascendentes en tiempos de crisis. San Agustín decía que no se hace mudanza en tiempo de crisis. Cuando no hay certezas profundas en el corazón. Cuando no he tocado ese fondo: esa verdad que debemos de hallar cuando las crisis llegan a nuestra vidas. Y muchas veces nos equivocamos al tomar una decisión en un tiempo de crisis porque siempre será una decisión velada, motivada por la inquietud de salir de esa crisis que solo Dios ha permitido que experimente por un bien mayor. Si la asumo con fe, debo también asumirla con verdad. Es decir, con la verdad que está oculta en uno mismo. Con la realidad de lo que somos sin engaños.

La crisis espiritual, esa noche oscura del alma es obra de la gracia de Dios. Es solo Dios el que debe conducir al alma por ella. Es una oportunidad que Dios nos brinda. Solo debo esperar a que Él obre en mí. No hay que acelerar el proceso ni adelantarnos. No hay que evadir. Solo estar allí. Y en medio de ella, no debemos de dejar esas formas de piedad que practicábamos antes. Solo esperar a que Él se haga luz en el interior.

En las crisis interiores, a nivel psicológico nos sentimos perdidos. Pues realmente las crisis nos generan un poco la pérdida de nuestra propia identidad. No nos reconocemos al espejo un día, quizás por la forma como pensamos, por la forma como nos sentimos o incluso por la forma como actuamos. Si somos seres más espirituales, que vivimos un camino de oración e intentamos cumplir con la voluntad de Dios en nuestras vidas, estas crisis se viven más profundamente pues sentimos que esta forma de pensar, de sentir y de actuar está muy lejos de esas profundas intenciones en el corazón que quiere amar a Dios y ser coherente con su voluntad.

Es por esto que la resolución de las crisis interiores, nos ofrecen una nueva oportunidad también a nivel psicológico de construir una nueva identidad: sin lo que perdimos y con lo que ganamos. Ésta nueva identidad de nuestro ser, nos lleva a un nivel de madurez mayor porque terminamos fortalecidos en nuestra propia identidad. Incluso, aprendemos a vivir con todo lo bueno que la misma crisis nos trajo de beneficio.

Todo esto implica que podamos reorganizar todos los recursos interiores psicológicos con los que contamos para que puedan estar disponibles y funcionales para las nuevas circunstancias de vida que llegaron. Dios nos dotó con esa capacidad, fue Él quien nos creó y si por la fe creemos que no permitirá en la vida sino solo las cruces y sufrimientos que podamos con su gracia cargar, entonces debemos de pensar que Él a la hora de crearnos nos dotó con esos recursos necesarios para poder afrontar esas nuevas realidades dolorosas que a veces la vida trae consigo.

Tenemos que estar siempre conscientes de cuáles son nuestras limitaciones y defectos, pero también de cuáles son nuestras capacidades, nuestros talentos, los dones que hemos recibido. No debemos de fijar obsesivamente la mirada en nuestros defectos y enfocarnos únicamente a crecer en virtud porque es probable que perdamos la oportunidad de ver también todo lo bueno que tenemos y que nos permitirá salir de la situación en la que estemos; además de perder esa mirada de amor que Dios nos tiene.

El vivir el aquí y el ahora es de suma importancia. Intentar no anticipar la vida, pues podemos gastar mucha energía pensando lo que nos podrá pasar en un futuro perdiendo la capacidad de vivir el hoy. Hay que rodearse de personas optimistas y evitar aquellas que se quejan de todo en el día a día, pues pueden robarnos nuestras pocas energías en un desgaste emocional importante. Hay que ayudar al flujo motivacional que todos tenemos dentro a movilizarse, intentando hacer aquello que más nos motiva, lo más fácil, lo que tenemos al alcance y eso nos traerá el día de mañana otras cosas mayores que nos motiven más pero estando un poco más fuertes.

Para ser resilientes, no hay que invertir tiempo en lamentarnos. Hay que ser flexibles a los cambios pensando que un cambio puede traernos una nueva esperanza de vida pues de seguro Dios tiene planeado algo mejor que lo que perdimos. No hay que invertir tiempo en intentar controlar sobre todo aquello que no hay manera de restaurarlo. De igual forma, hay que intentar vivir de cara a Dios y a la meta que nos hemos trazado sin perdernos intentando agradar a todo el mundo. Las personas resilientes no tememos a la soledad pues en el silencio es probable que escuchemos la voz del Espíritu Santo que nos viene a consolar, a alentar y a inyectarnos esperanza de vida.

Esas largas noches de tanto sufrimiento donde aún cuando amanecía me sentía en una profunda oscuridad y sentía que Dios había enmudecido, me preguntaba: "¿Señor, hasta dónde quieres que te ame y hasta dónde quieres amarme? ¿Ya no fue demasiado amor por parte tuya? Me recordé de una celebre frase de la Madre Teresa de Calcuta que decía: "Ama hasta que duela y si duele es buena señal".

"La caridad es el centro
que une a la comunidad
con Dios y a todos sus miembros
entre sí; contribuye a la unión de
los corazones y los vincula
indisolublemente a Dios".

San Vicente de Paul

Capítulo 16

Que el dolor no te robe el amor

El año del 2011, fue un año de mucho descanso, de mucha introspección, de mucha oración. Me convertí en una mujer contemplativa. Todo esto, me ayudó a recuperar tantas cosas que sentía había perdido en el camino por tanto tiempo, pero nunca perdí lo más importante y esencial para la vida de un cristiano: la fe. Cada pérdida, cada lucha, cada caída, me había enseñado algo muy profundo, ahora que había llegado una paz absoluta a mi vida y a mi familia, quería en serenidad averiguar que más quería Dios de mí. A dónde debía dirigir mi vida.

La sensación de sentirme turista en una ciudad de turistas comenzó a desaparecer a medida que me recuperaba. Mi adaptación vino de la mano de mi recuperación. Comenzamos a disfrutar mucho más de la vida familiar y comencé con la pérdida de peso a vivir muchas cosas que me había perdido por mi salud.

En diciembre de ese año, me sentí muy feliz. Otra vez esa sensación de profundo agradecimiento a Dios por la vida que había tenido, por una nueva oportunidad de vida. Quise abrazar esos momentos de estabilidad en mi salud, para que no se me escaparan de la mano. Pero mientras intentaba abrazarlos, Él se me adelantaba y me abrazaba primero.

Ese diciembre vi en contexto mi año y toda mi vida. Comprendí que mi vida, había sido todo un milagro. Me di cuenta de que no solo había sido el más grande milagro de tener a mi hija, sino que toda mi vida estaba llena de esos pequeños grandes milagros de amor de mi Buen Pastor. De esas muestras de amor de Dios, que me había dado de forma descarada. Habíamos vivido 20 años de milagros de todo tipo. Él había salido a nuestro encuentro. Él, había estado siempre allí presente de una u otra manera. Creo que es la primera vez, que pude ver la acción de Dios en mi vida, pero en conjunto: todo el panorama, globalmente y no solo parcialmente.

Recordé las tantas batallas que había ido y que había salido victoriosa. Me sentía como un pirata que había navegado en muchos mares y al verme tantas cicatrices en el cuerpo, me hacía sentir orgullo porque me recordaban que era toda una sobreviviente. Definitivamente ningún mar en calma hace experto a un marinero. Es, en la tormenta donde se aprende a navegar. Cuántas veces me había dado una oportunidad de vida. Cuántas veces me habían dicho que había caído en la baja probabilidad de que algo pasara y aún salía adelante. Cuántas situaciones que humanamente no tenían salida. Sin embargo, aquí continuaba con vida.

Lo esencial estaba intacto y siempre estuvo conservado: mi fe y mi estabilidad emocional. Ese año sentí un profundo agradecimiento para con Dios y para con la gente que había estado a nuestro lado. Para todos aquellos que de alguna u otra manera habían hecho posible mi recuperación. Ese año me diagnosticaron mi quinto síndrome. Al escucharlo, le sugerí al doctor inscribirme en el libro de records Guinnes.

Me dediqué mucho a agradecer. A agradecerle a Dios y a las personas. Todos los días, mi vida se había convertido en un constante "gracias", en un "Fiat" al Señor. Todo el año, me acostumbré a agradecer en mi oración y de palabra. Le escribí a muchas personas para agradecerles, incluso a aquellas que en alguna ocasión sentí que me habían herido en algo. Cuánto descaro de amor por parte de Dios y cómo el dolor muchas veces nos ciega y no nos hace ver las realidades que nos rodean en perspectiva.

Ese diciembre y después de meditar mucho en una oración de agradecimiento, le pedí a Nuestro Señor que me mostrara el camino, que me dijera que quería de mi. A dónde quería dirigir mi vida. A qué quería que me dedicara. Decidí que era hora de ponerle fin a mi año sabático. Ya no quería ser una jubilada y menos una pensionada que se sentaba a disfrutar en el sofá del amor de Dios y a amasar en el corazón las gracias recibidas de una forma egoísta. Es decir, gozar de los beneficios que su amor me brinda todos los días, pero sin hacer nada a cambio.

Él habló claro y descarado a mi corazón. Y habló también por medio de mi familia quienes un día me dijeron que ya no querían tener una mamá contemplativa únicamente, sino una mamá que entregara a los demás, los dones y talentos que Dios me había regalado. Me pidió ser un consuelo para los corazones que sufren. Ser un instrumento de su paz y de su amor por medio de mi profesión como psicóloga y de mis experiencias de vida.

Regresé a Cancún con la firme decisión de comenzar a ser además de una mujer contemplativa, una mujer que pudiera entregar el amor y la experiencia profesional que había acumulado en mi vida, especialmente cuando fui directora de la fundación para la mujer. Abrí un consultorio de psicología católica "virtual" (por medio del internet) para ayudar a las personas con un enfoque psicoespiritual que había estado desarrollando con todas mis experiencias de vida por el camino del dolor, donde me había ayudado mucho a integrar toda mi vida espiritual con mi dimensión humana.

A partir del año del 2012, ha sido un periodo hermoso de vida. El Señor nos trajo a Cancún para lavar nuestras heridas del camino. Ha estado lleno de sorpresas. Lleno de cosas hermosas donde sigo intentando entregarme a Cristo. Imitando ese modelo del Buen Pastor que acoge, sana las heridas, reconcilia, brinda misericordia y amor. He viajado mucho en el cumplimiento de esta misión queriendo ayudar a muchas almas que sufren. Ha sido un verdadero regalo de Dios, que nunca busqué, pero que le entregué todo intentando siempre tener un corazón puro y sencillo. Él me ha sorprendido. Me ha llevado por unos caminos que nunca imaginé. Ha llenado mi corazón de mucho más amor. Me ha hecho experimentar que ha sido poco en comparación con lo mucho que he recibido.

Mi salud sigue poniendo nuestra fe a prueba. Sin embargo, todos en mi casa hemos aprendido a vivir con ella aunque no han dejado de pasarme cosas, pero creo que mi espíritu al ser purificado tanto, ha aprendido a unirse a la voluntad de Dios sin turbaciones. En total, me han dado en promedio 9 infecciones en el año. Me caí por las escaleras en un viaje y se me inflamó la columna. Tuve una recaída con mi estómago al diagnosticarme una hernia externa con la cual experimento como si me estuvieran pellizcando el estómago todo el tiempo y otra interna que me hace sangrar un poco. Pero a la vez, experimento a diario cómo la gracia de Dios obra por medio de un cuerpo enfermo. Cómo la fe hace que tengamos una actitud de vida para asumir todo con felicidad y paz.

En el 2013, me realizaron la operación número doce para sacarme un quiste del tamaño de una lata de refresco. El anestesiólogo, al escuchar por 3 horas mi historia clínica me dijo que era todo un milagro de vida y que si le permitía "grabar mi historia". Luego me dijo que lo que más le impresionaba es que aún conservábamos la fe y el sentido del humor.

Esa operación fue muy fructífera espiritualmente. Los días en el hospital fueron un verdadero retiro espiritual. Llegué una vez más, a la mesa de operaciones recitando mi salmo favorito, el salmo del Buen Pastor. Elevando una plegaria ahora con mayor sentido por mi intención que por tantos años me ha sostenido. Hice como siempre, alergia a los antibióticos y me operaron con una pequeña infección en las vías respiratorias, pero todo salió muy bien.

De todas las cosas que tengo, he escuchado la misma constante que hace 20 años en la que fui diagnosticada: "esto pasa poco, pero a ti te pasó", o "caíste en la probabilidad o la estadística", "si fueras otro paciente te tendríamos que operar de emergencia, pero con tu cuadro de salud es mejor esperar y ver sino se agrava", "qué raro".

En el 2014 fue un año muy difícil para todos. Me realizaron tres operaciones en el año. Una en la cabeza de seis quistes grandes que estaban a punto de romper el cuero cabelludo y otras dos operaciones en una misma operación de un quiste del tamaño de una pelota de softball que estaba aplastando el intestino, por lo que tuvieron que cortar mi intestino de nuevo. De igual forma, me dieron otras nueve infecciones ese año y me diagnosticaron una enfermedad en la vejiga.

Después de 20 años hemos aprendido a vivir en paz a pesar de las tribulaciones por mi salud. Hemos aprendido a vivir lo que nos toca vivir sin cuestionarnos y sin agitarnos, pero sobre todo sin perder la paz y el amor. Hemos aprendido a vivir con las deudas económicas por tantas cuentas de hospital que no cubre el seguro. Hemos aprendido a confiar en la divina providencia que siempre sale a nuestro paso a solucionar un problema por más humano que parezca.

Muchas son las personas que nos han preguntado al conocer nuestra historia de vida cómo le hacemos. Cómo podemos vivir con tanta felicidad y alegría en medio de tantas pruebas. Qué me ha ayudado a salir adelante. Cómo me he reconstruido desde las cenizas. Cómo puedo mantener mi vocación al amor para ayudar a las almas siempre joven. Cómo hago para que no se seque esa llama que algún día sentí. Qué he hecho en momentos de profundo dolor. Puedo sufrir y seguir siendo feliz, seguir viviendo en plenitud mi vocación a la felicidad, a la donación, a la entrega. Cómo hago para perseverar en la tormenta. Cómo podemos tenernos tanto amor mi marido y yo, y llevarnos tan bien ¿Cómo el dolor no ha destruido mi matrimonio. Cómo le hemos hecho con mis hijos, para que el dolor no los haya afectado de una forma irremediable. Pero sobre todo, la gran pregunta de mi vida ha sido cómo el dolor no nos ha robado el amor.

Durante todo este camino, nos ha servido mucho tratar de entender no solo a nivel espiritual lo que hemos pasado sino también a nivel psicológico en cada uno de nosotros para poderlo manejar y salir adelante renovados y motivados. Hemos desarrollado e incorporado herramientas para vivirlo día a día. La comunicación en familia ha sido clave. El poder hablar de lo que hemos vivido, de lo que nos pasa. De cómo nos sentimos. El conectar de manera sana con esos sentimientos humanos de miedo, de angustia, de incertidumbre en familia nos ha ayudado a apoyarnos mutuamente y a canalizarlos sanamente.

El poder tener un enfoque "psicoespiritual" del hombre como un ente formado por un cuerpo y por un alma, donde pueden trabajar juntos y de forma armoniosa para poder salir adelante en cualquier situación de vida también ha sido clave en todo este camino. En mi caso, he experimentado un cuerpo muy frágil y muy débil, enfermo, pero una mente sana, fuerte y positiva y un espíritu lleno de fe y de amor para dar. He vivido con una completa integración de mi alma y mi mente en este cuerpo enfermo. Vivir en unidad, para que todos estos hechos de dolor, no nos desintegren como personas y a la vez, como familia.

Cuando perdemos la salud, cuando salimos de nuestros países y dejamos a nuestras familias, amigos, planes, proyecto de vida, cuarto, cama, peluches, paños de cocina, un hobbie, algo muy preciado, una parte de nosotros mismos. Cuando perdemos la seguridad afectiva o incluso la seguridad que nos daban las personas. Un líder. Un jefe. Un cambio de ciudad. Una casa donde viví toda la vida. Una mascota. Un amigo que se va. La estabilidad económica. La confianza. La seguridad personal. La estabilidad emocional. La estabilidad familiar, experimentamos muchos síntomas que nos pueden llegar a robar la paz interior, sobre todo, si ese dolor es constante y profundo.

Desde hace 20 años lo que hemos vivido es perder un poco de la salud todos los días, también la estabilidad económica y familiar. Un día, el dolor puede desdibujarnos la mirada, la sonrisa, incluso el propio ser. El dolor sino lo sabemos manejar puede robarnos el amor. Y de repente, no nos reconocemos. Ya no somos los mismos. No sabemos en qué parte del camino nos perdimos. Nos sentimos en un hueco profundo de desamor donde no vemos ninguna salida. La desesperanza y el desasosiego invaden el interior.

Las pérdidas pueden dejar una huella muy profunda sino las afrontamos de manera adecuada. Muchas veces creemos que solo con el rosario en la mano saldremos únicamente adelante. Si es cierto que la fe es lo que te da la fuerza y el sentido a un dolor constante y profundo, es lo que de base nos sostiene siempre, pero hay veces en la vida que sufrimos acontecimientos atroces y sentimos que las circunstancias nos aplastan y no sabemos que hacer. El sentirnos así no es falta de amor a Dios, de voluntad, es simplemente que necesitamos ayuda porque somos seres humanos y no hay que perder de vista que Dios fue Él quién nos creó con esta psicología femenina o masculina que tenemos que entender para poder canalizar. También recordar, que Dios no quiere que nos deshumanicemos. Él mismo envió para redimirnos a su hijo Cristo, con un cuerpo humano pero Divino. Él sufrió, se preocupó, le dio miedo y lloró sangre. Se sintió solo. Se cayó tres veces, se sintió traicionado por sus mejores amigos. Se quedó a solas con Dios.

Tenemos que avanzar en ese camino de dolor que Dios ha permitido en nuestra vida. No podemos eternamente seguir con el corazón sangrando porque comenzamos a perder muchas cosas valiosas en el camino. Hay un dicho coloquial que dice que no hay mal que dure cien años, pero considero que tampoco hay un cuerpo que lo resista.

El dolor hay que enfrentarlo. Pero sobre todo, hay que tomar la decisión para con ello, poder canalizarlo y tratarlo. Hay que optar, pues esto es como una encrucijada. Es vivir o morir. Pero ya quizás no físicamente, sino en el espíritu. Y esto no significa que el problema o la situación que nos causó ese dolor se hayan solucionado, sino que podamos aprender a caminar con un profundo amor por esa prueba y que podamos encontrarle el sentido.

Si hemos experimentado un dolor constante por tanto tiempo, o de alto impacto en poco tiempo, podemos caer en un estado de crisis interior. Podemos "temporalmente" desorganizarnos afectivamente y trastornarnos emocionalmente de manera importante experimentando una profunda incapacidad o fracaso para manejar situaciones particulares "nuevas" utilizando los métodos que siempre hemos utilizado en la solución de problemas. Entro en crisis interna y me desorganizo porque intento resolver la situación con los recursos personales que tengo e intento resolverlo sin éxito. Fracaso en mi intento porque me sigo sintiendo igual o peor. Si lo hubiera podido resolver, no estaría en crisis y no llegara a sentirme tan mal.

Cuando entramos en una crisis interior, podemos comenzar a sentir amargura, desilusión, desesperanza, desconfianza, enojo, apatía espiritual, sequedad, ira, odio y profunda tristeza, hasta depresión. Ocurre una alteración de los patrones de vida cotidiana, porque hemos fracasado en nuestro intento de seguir viviendo en nuestra rutina de la misma manera, pero nos sentimos desorganizados internamente. No podemos cubrir nuestras necesidades sin auxilio externo.

La palabra crisis en chino "Weijji" significa "peligro u oportunidad". Y en griego la palabra "krinein" significa "decisión o cambio". Si nos ubicamos en este contexto, los momentos de crisis personales se convierten en oportunidades donde podemos construir o destruir una nueva identidad de mi ser. Es una oportunidad para mejorar o para empeorar. No hay términos medios. Y si tenemos una profunda fe, si sabemos que Dios permite las pruebas en nuestras vidas para nuestro bien y que no permitirá ninguna cruz que no podamos cargar, entonces podemos optar para hacer de esas pruebas una oportunidad para crecer, para crear una nueva identidad de nuestro ser sin lo que perdí y con lo que gané.

La identidad es aquello que nos permite diferenciarnos de los demás, es lo que nos otorga autenticidad. La identidad nos diferencia individualmente, pero también nos ubica dentro de un grupo específico. Podemos decir entonces, que la identidad cumple una doble función: indicarnos a qué grupo no pertenecemos y a cual sí.

En medio de una crisis no tenemos claro estos conceptos sobre quiénes somos, esto refuerza el problema de la identidad. Por lo tanto, no logramos proyectar esa imagen de ese conjunto de ideas que los demás perciben de lo que somos o de cómo somos y eso es lo que nos otorga una personalidad. Incluso, una personalidad que asumimos ante el dolor. Y quizás, un rol de víctimas de la vida. De las circunstancias. De las personas. De las situaciones que sucedieron.

Cuando no aceptamos el sufrimiento, podemos caer en una crisis espiritual y podemos tener como consecuencia una crisis de identidad. No sabemos quiénes somos. No sabemos dónde estamos. En qué parte del camino nos hemos perdido. Nos desconocemos completamente y desconocemos el lugar donde estamos. No reconocemos nada. Ningún elemento nos es familiar. Y sentimos que la vida ha perdido sentido.

La manera como un hecho traumático, una enfermedad, una tragedia, una pérdida o un hecho doloroso en la vida nos afecten, va a depender en primer lugar de la fe que tengamos. Y la fe, no cae del cielo por si sola, es un don que debemos de pedir, pero además, cultivar. A nivel "psicoespiritual" hay otros factores que influyen para determinar el impacto de la crisis.

Los recursos personales que tengamos al momento de vivir esta crisis juegan un papel muy importante. Es decir, la experiencia que tengamos en la exposición al dolor. Son todos aquellos resortes personales y espirituales que tengamos disponibles internamente a la hora del hecho traumático o que el dolor se presenta en nuestra vida.

Todos nacemos con resortes internos para salir de la crisis. No solo por el don de la fe que hemos recibido, pero que tenemos que pedir y que dependerán de un aprendizaje espiritual. Existen en nuestra psicología recursos y resortes que traemos de manera innata por el simple hecho de que Dios nos creó a su imagen y semejanza y nos creó con todo.

Si tenemos fe, para pensar que Él no nos mandará nada que no podamos cargar, por lógica debemos de pensar también que Él nos ha dotado en la creación, de esos recursos internos para cargar esa cruz con alegría. El problema es si los he activado, los he puesto en práctica o están dormidos. La razón más común en este mundo hedonista, es encontrarnos con que no los puse en práctica nunca porque crecí y viví en un constante parque de diversión. O simplemente, porque tuve una vida muy sana, sin contrariedades y no tengo práctica, no sé cómo hacerle. O por el contrario, he vivido una vida de mucho dolor que me ha llenado de profundas heridas y no se cómo hacerle para poder salir adelante porque he vivido con las consecuencias de esas heridas sin resolver toda mi vida. Entonces muchos se encuentren congelados interiormente, llenos de dolor. Es como cuando te revuelca una ola del mar que intentas levantarte, pero te ha agarrado una tras otra y no logras levantar la cabeza.

La pregunta que debemos hacernos es si tengo habilidades o pautas para resolver mis problemas o actúo como una persona con poca capacidad emocional.

He partido en mi vida personal por la experiencia que he adquirido por el camino del dolor y que he extrapolado a mi ámbito como psicóloga, que la práctica hace al maestro. Tantas veces practicas que terminas dominando la situación.

Por eso he podido ya dominar un ambiente hospitalario sin que me afecte o me deprima. Por eso es que cuando me diagnostican el quinto síndrome no reaccioné de la misma manera que cuando me diagnosticaron el primero. Pero no se logra esto, si no pasamos por un proceso de comprensión a nivel psicológico de lo que ha pasado y de aceptación por medio de la fe.

A veces he pensado que esto de aprender a sufrir, de aprender a llevar con alegría una cruz, es como cuando aprendimos a montar bicicleta sin rueditas. Al principio montamos con rueditas y nos consideramos unos expertos ciclistas. Luego, queremos lanzarnos a montar sin rueditas, porque ya dominamos y nos sentimos seguros. Después que nos sentimos seguros y aprendimos a manejar con destreza, nuestros papás decidieron quitarnos las rueditas; quizás una primero, quizás otra después. Fue bastante normal, el que ya sin rueditas, nos cayéramos. Quizás, lloramos con los raspones en los brazos y rodillas, pero como con las rodillas rojas nos volvimos a montar y lo seguimos intentando hasta que un día, no supimos cómo, pudimos no solo mantener el equilibrio, sino que luego comenzamos a superar obstáculos, a ir a otra zona y salir de aquella donde nos sentíamos seguros. Incluso, a poner rampas de madera fabricadas caseramente para intentar dar saltos o meternos en el bosque a montar en una superficie irregular y poco familiar, a tirarnos por bajadas esquivando el palo del árbol o algún animal, pasar por el hoyo lleno de agua y que ésta nos salpicara o pasar por el puño de hojas de los árboles. Y cómo nos sentíamos felices y en libertad. Porque el dolor, puede hacernos esclavos de nuestras emociones y no dejarnos salir de nosotros mismos a volar. A explorar otros terrenos, otros caminos. Sino que nos ata a esas emociones profundas que se entrelazan y que experimentamos. Y que nos impide lograr alcanzar todo aquello que Dios tiene planeado que alcancemos.

Otro aspecto que ayuda a matizar el impacto de una crisis ya sea causada por una enfermedad, o por una tragedia familiar, una muerte, una mudanza, la pérdida de un trabajo o de alguna seguridad personal, dependerá también de los recursos familiares. Si provengo de una familia unida donde recibí mucho amor y estabilidad emocional o si provengo de una familia disfuncional donde carecí de afecto y amor. Y no solo si provengo, sino si en el momento de la crisis mi círculo familiar inmediato estaba unido y estable o si estaba desunido e inestable.

La pregunta aquí es si hemos vivido con estabilidad o disfuncionalidad. Cómo crecí. Vengo de un hogar que fue disfuncional. Y no quiero decir que haya faltado un padre o una madre, sino si crecí con falta de amor, con falta de atención, con un huequito en mi interior.

Podemos preguntarnos por qué esto es tan importante a la hora de salir adelante en un momento de crisis. Porque en el momento de la crisis pueden abrirse de nuevo, esos círculos que en el pasado no fueron cerrados de forma adecuada, por lo que el impacto de la crisis se acentúa. O por el contrario, si no tengo círculos pasados que cerrar, pero el seno de la familia donde ocurre la crisis no funcionaba adecuadamente, entonces la familia no tiene fortaleza para soportar y afrontar juntos el impacto emocional que la misma tiene.

Muchas personas no logran salir adelante cuando el dolor toca a su puerta, porque están llenos de heridas del pasado. Estas heridas son como piedras que vamos metiendo en una mochila durante el paso de la vida. Llega un día que no tenemos fuerza para caminar más. Para tolerar un dolor más porque venimos cargando con hechos de dolor del pasado que no pudimos resolver e integrar a nuestra vida. Y hay una ley de vida muy sencilla: lo que no se integra en el presente, a mediano y largo plazo nos desintegra como personas.

Por esta razón, es muy importante resolver los hechos de dolor que hayamos experimentado en la vida. Afrontarlos, buscar ayuda, hablarlos para que no continuemos la vida como si nada hubiera pasado. El poder encontrarle un sentido a nivel racional nos ayuda a integrarlo a nivel emocional. El poder identificar nuestros sentimientos, el por qué creemos que las cosas sucedieron. Cómo nos afectaron. Para poder encontrarle luego, un sentido en nuestra vida y así podamos integrarlo a nuestra psicología como un hecho del pasado. Porque si reprimimos los hechos de dolor, estos se quedarán en nuestra memoria afectiva quizás inconsciente, como un recordatorio constante que afectará toda mi vida y la percepción de la misma, sobre todo de los acontecimientos de dolor.

Es importante preguntarnos cuáles fueron nuestras heridas en el pasado. Cuáles fueron nuestras necesidades emocionales no satisfechas o lo que podemos llamar esas inconsistencias. Qué me hubiera gustado escuchar de mis padres, mis hermanos, mi familia. Mis compañeros y mis amigos. Qué me hubiera gustado recibir. Qué creo que necesité y no recibí. Cuál fue el dolor más grande que experimenté y por qué. Estas preguntas podrían ayudarme con una guía a intentar comprender cuáles fueron mis hechos de dolor del pasado y si pude afrontarlos o simplemente los reprimí en mi mente y seguí caminando la vida. Pues sino lo hacemos, no solo no podremos vivir una vida en plenitud, sino que podremos estar heredando en los propios hijos biológicos o espirituales, todas esas inconsistencias o heridas. Aquí es cuando hacemos un círculo vicioso donde se trasmite todo de generación en generación. Cuando en realidad, tenemos en las manos la potestad de parar esa herencia y cambiar con ello, el destino de la propia familia y del entorno que nos rodea.

Qué importante ha sido para mí, el poder contar con un matrimonio sólido y una familia estable para poder matizar el impacto que cada crisis de salud ha tenido en mi vida. Mi marido ha sido mi bastón y el sostén donde he podido apoyarme. En muchas ocasiones, cuando ni siquiera podía apoyarme en él, porque no podía levantarme, como el me cargó y me abrazó y me dijo "mi amor, vamos a salir de aquí" y me dio todo su amor y su promesa de que estaría a mi lado para acompañarme el tiempo que fuera necesario. Estoy segura que no estaría aquí hoy, escribiendo este libro sino fuera por el amor de mi marido y la alegría de mis hijos. Ellos son mi principal motivación para seguir luchando con alegría. Su amor, me obliga a levantarme cada mañana y cargar el peso de la cruz. Su amor hace mi carga ligera porque puedo compartirla con ellos y con mi mayor amor: mi Buen Pastor.

El amor de la familia está llamado a ser como el amor de Dios. Un espejo del amor de Dios. Y es que así es el amor de Dios: incondicional. Nos ama siempre. Nos ama aunque no le hayamos amado. Nos ama incluso cuando hemos hecho cosas malas. No nos ama más aunque hayamos hecho cosas buenas. Nos amó desde siempre y nos amará por siempre. Es un amor que siempre está allí, disponible para nosotros. Que nos perdona siempre. Por esto es que la familia cristiana está llamada a ser como una familia de Nazaret.

Así era la Sagrada Familia. Una familia que se comportaba como una familia cualquiera, donde el Niño Jesús nació, creció y fue descubriendo en medio del amor de su familia, la misión que tenía en la vida: ser el salvador, el Mesías que vendría a abrirnos las puertas del cielo para que accedamos a la vida eterna.

Dios Padre pensó en que Jesús naciera en el seno de una familia como cualquiera para poder llevar a cabo su misión. Y esto fue muy importante para la vida del propio Niño Jesús. El crecer en esta familia, llena de amor donde se sentiría amado como niño, como ser humano, amado de la misma forma como Dios nos ama: con un amor incondicional, por lo que somos, nunca por lo que hacemos. Valorado. Sentirse importante para sus padres. Experimentar ese amor que nos ama incondicionalmente.

Pienso como psicóloga qué importante fue para el Niño Jesús haber nacido en el seno de una familia cualquiera que lo amó desde el mismo momento que su madre recibió el anuncio del ángel. También desde el momento que José aceptó ese plan de acompañar a la Virgen en ese plan divino, incomprensible a la razón. Una familia cualquiera, con las vicisitudes que vivimos a diario. Su papá trabajando como carpintero para poder llevar el pan a la mesa. Su mamá cuidando de ellos, cocinando, educando y formando al Niño Jesús con paciencia y amor. Cuidándolo cuando se enfermó o se cayó jugando. Brindándole las bases afectivas que son tan necesarias recibir desde que nacemos para poder desarrollarnos adecuadamente en el futuro. La solidez que da el sentirse amado desde pequeño. Una vida sencilla. Quizás llena de esas alegrías de jugar, reír, amar. Y también de esas tristezas que de seguro también vivieron. Pero todo vivido juntos, en unión. Con amor.

Dios Padre pensó en esto para que todos nos sintamos identificados de la manera más cercana con Jesús. No pensó que Jesús naciera y llevara a cabo su misión solo, con su divinidad "todo poderoso", sin la necesidad del amor de su familia, sino todo lo contrario. Es por esto que Jesús vivió 30 años impregnado de ese amor de familia, que creo se inhalaba en el ambiente. Ese amor de familia es lo que lo sostuvo en su parte humana para poder llevar a cabo su misión a plenitud. Y el amor de Dios Padre, lo sostuvo con la gracia esa parte divina de su ser.

En la Sagrada Familia encontramos el ejemplo perfecto que como cristianos debemos imitar en nuestras propias familias cualquiera que ésta sea. Una familia directa, extendida, adoptiva o incluso una familia fraterna espiritual o de un grupo que estén llamados a estar unidos por un mismo ideal: el del amor. Pero el del amor de Dios que infunde en los corazones de cada miembro de esa propia familia y no por relaciones de interés de algún tipo.

Ese amor es lo que hace que podamos intercambiar no solo ideales profundos de vida sino experiencias de alegrías, también de tristezas. Apoyarnos en las buenas y las malas. Ser fieles en ese amor que es un don y un tesoro para nosotros mismos y para los demás. Pero no con patrones emocionales superficiales donde se viva todo desde relaciones poco significativas, sino desde relaciones que se construyan de manera profunda, que ayude a comprendernos unos a otros. Donde fomentamos el diálogo. Donde podamos apoyarnos cuando un miembro se siente triste o cuando tiene un problema. Una familia que como equipo, se une y saca al caído adelante. Siendo siempre fieles.

La Sagrada Familia era una familia como cualquiera en su forma de vivir. Sencilla, alegre, unida. Que trabajaba por suplir sus necesidades básicas. Que sufría y luchaba. Se divertía. Lloraba y reía. Ellos fueron descubriendo mientras Jesús crecía su misión. Y lo fueron acompañando durante 30 años hasta que llegó el momento de salir a su vida pública. Que hermoso ejemplo nos han dejado. Es por esta fidelidad en el amor al plan de Dios sobre su hijo, que hoy podemos llamarlos "La Sagrada Familia". La familia no solo es la base de la sociedad. Es el principio y fundamento que permite y da la solidez para que cada miembro se realice, alcance el éxito profesional, sea feliz; sino para que cada miembro llegue y alcance la vida eterna.

Ojalá y nosotros podamos brindarnos la compañía necesaria para poder cumplir todos nuestra misión en la vida. Sostenernos mutuamente con el amor de Dios que se derrama en cada corazón para luego ser derramado sobre los corazones de los demás que conforman mi grupo familiar. Para que podamos no solo ser exitosos o llegar a tener muchas cosas materiales, sino para que podamos cumplir con nuestra misión más grande, profunda y definitiva en la vida de todos como cristianos, que es llegar al cielo y ayudar a todos los miembros de ella a alcanzar de igual forma la vida eterna.

Los recursos sociales con que cuente la persona son muy importantes para salir de una crisis. Estos recursos están representados en quién brinda la ayuda en el momento en que experimento la crisis. Un sacerdote amigo, un psiquiatra, un buen psicólogo. Una buena amiga. Dependerá mucho de la persona que brinde la ayuda en un momento de crisis como abordaremos la situación no solo en el momento presente sino en el momento futuro.

Esto es un poco como cuando ocurre un tsunami o un terremoto. Llegan las personas encargadas de ayudar: bomberos, cruz roja, rescatistas. Si llega una señora que tiene a su hija en el edificio, la forma como la persona afrontará la resolución del conflicto no solo dependerá de lo que ella traiga: es decir sus recursos personales, su dimensión espiritual, etc. Sino como sea el tipo de ayuda que la persona que la acompañe en ese momento le brinde. Si esa persona la acoge con cariño y le habla de Dios y le da consuelo espiritual, sin importar el desenlace, esa señora probablemente buscará a Dios. Si su hija está muerta, seguramente le dolerá pero incorporará esta dimensión espiritual a su dolor. Si no cree en Dios seguramente se unirá a Él. En cambio si nadie la ayuda o si quien la ayuda le da un mal consejo, ella tomará decisiones de vida fruto del dolor y no con un fundamento.

La mente asume como una especia de "impronta" del dolor heredada un poco por la perspectiva o el abordaje que otros nos den en el momento en que estamos viviendo una crisis o un hecho de dolor. Es como una huella indeleble que deja en mi propia psicología y que me dictará un poco la forma como reaccione ante esta situación por el resto de la crisis.

Qué importante es que las personas que nos brinden apoyo tengan un basamento espiritual para que de esa forma, la ayuda vaya fundamentada en lo que nos sustenta que son los cimientos de la fe. Por esta razón, es muy importante seleccionar cuidadosamente a las personas que nos brindan ayuda en un momento de dolor, porque nos encontramos vulnerables afectivamente y somos presa fácil de manipulaciones. En vez de ayudarnos, nos pueden llegar a destruir.

La dimensión espiritual está demostrada que pesa mucho más que otras dimensiones como la conductual, la cognoscitiva, la afectiva, la somática o la interpersonal. Sin embargo, muy pocos esquemas, abordajes o terapias la considera en sus valoraciones de pacientes y en mi caso, es lo primero que tomo en cuenta o valoro, porque para mí es el motor que mueve todo: la fe y la confianza en Dios. Con eso, todo lo demás tiene arreglo y es más fácil para la persona encajar muchas cosas que el sufrimiento le ha traído a su vida.

La dimensión espiritual es el eje principal donde reposan todas las demás. Creo que por más estudios que tenga o haya tenido, por más experiencia profesional que haya acumulado, lo que ha sostenido toda mi barca en tiempos de tormenta ha sido mi fe. El tener esta dimensión espiritual y esta visión de mi persona como hija de Dios y como víctima feliz de su amor, es lo que le ha dado sentido a todo lo demás. El tener un sentido valioso a los ojos de Dios, me ha hecho unirme al sacrificio de Cristo redentor y con ello, el saber que me uno a Cristo y Él a mi; y su vez, a toda la iglesia, la da un sentido que en si mismo me ayuda a sostenerme.

Hay diferentes etapas en el camino del dolor que debemos de enfrentar para sanar, para poder llegar al final. Y llegar al final es únicamente sentirnos otra vez como antes. Es sentir de nuevo que podemos continuar con las mismas fuerzas que teníamos antes de tener estas grandes pérdidas. Es llegar al final de cada etapa y sentir que ya todo ha pasado. Que forma parte del pasado. Es sentirnos de nuevo y renovados por dentro. Es volver a sonreír dentro del corazón. Es ya no tener que practicar en el espejo una sonrisa. Es volver a amar, es seguir amando. Es ya no tener amarguras en el corazón. Es dejar de sentirnos tristes y víctimas de la vida. Es dejar de extrañar y de recordar con dolor lo que perdimos o a los que perdimos. Es sentir que vamos por buen camino y que la vida tiene un sentido. Es dejar que Nuestro Señor nos sostenga y nos indique el camino. Es ponernos en manos de Dios sin tantos cuestionamientos. Es vivir en paz, llevar la paz a los demás. Es ya no hacer alianzas para fomentar mi dolor. Es ya no actuar como adolescente rebelde que todo lo cuestiona y que nada le parece. Es dejar de emitir tantos juicios y disculparme por hacerlo. Es dejar de usar el reclinatorio donde se supone que debo de agradecer y pedir perdón, para disculparme por tanto enojo. Es ver todo con el cristal de la fe y el amor. Es volver a confiar.

Muchas veces cuando perdemos algo valioso para nosotros o cuando tenemos un dolor constante por mucho tiempo, experimentamos síntomas de un duelo, que son el conjunto de pensamientos, sentimientos, estados de ánimo y reacciones fisiológicas que experimentamos cuando perdemos algo significativo.

Este duelo está conformado por varias etapas que tenemos que enfrentar como si fuera un viaje por el cual tenemos que pasar para llegar al final. Es como un Vía Crucis personal. Cristo, no podía pasar del Monte de los Olivos directo al Calvario. O pasar del Monte de los Olivos a encontrarse con los discípulos de Emaús. Hubiera sido extraño que después que lo apresaron hubiera sido clavado en la cruz. Hay todo un Vía Crucis que recorrer. Hay todo un camino por el cual pasar, por el cual hay que purificar, para luego resucitar.

Lo que más me ha servido en esos momentos que viví tan oscuros y de tanto dolor, fue el pensar que todo era temporal; es decir, que algún día todo mejoraría. El tamaño de lo "temporal" no iba a depender de mí, sino del tiempo de Dios que no era mío solo de Él.

Eso es el duelo. Eso es pasar por ese proceso de dolor. Me tocó experimentar todos esos síntomas. Son todas esas etapas por las que tenemos forzosamente que pasar para llegar a ese final, para volver a estar bien. Si no lo hacemos, no podemos continuar avanzando y es por eso que nos quedamos como coloquialmente llamamos "pegados" en algunos sentimientos que pueden ser de odio, de rencor, de desconfianza, de dolor. Por eso es que no podemos entre muchas cosas "pasar la página" de manera pragmática e ir a un nivel superior que no significa que el problema se haya solucionado, sino que aprendimos a vivir serenamente dentro del problema, pero con una gran fe y esperanza de que un día nos sentiremos mejor, con una gran estabilidad emocional, organizada y en paz.

Llegar al final en nuestro idioma significa "resucitar", pero para ello hay que consumar como Cristo todo en la cruz. En psicología significa una "resolución de conflicto". Que para mí, es volver a sentirse en paz, estar felices desde el fondo del corazón, tener planes para el futuro, para nosotros mismos y para las almas, saber que Dios tiene planes maravillosos para nosotros, tener esperanza en el futuro, tener el alma abierta para que Él nos regale tantas gracias que quiere regalarnos, saber que Él solo me puede salvar con mi colaboración y que respeta profundamente mi libertad. Dejar de llorar, dejar de extrañar, dejar de sufrir, dejar de agredir pasivamente, dejar de criticar, de cuestionar. Es tener la confianza extrema de que su voluntad nos llevará solo a donde la gracia pueda sostenernos. Es volver a amar.

¿Qué pasa cuando no enfrentamos el dolor de forma adecuada? Podemos pasar años o incluso toda la vida atrapadas en esos sentimientos de odio, de rencor, sentimientos dolorosos de profunda pérdida, sin llegar al final del túnel y de volver a ver la luz de nuevo.

Cuando hemos sido diagnosticados de una enfermedad, se nos ha muerto repentinamente un familiar, hemos vivido una tragedia o nos han dado una muy mala noticia, o hemos perdido la empresa, o caímos en quiebra, la primera reacción de la mente es negar la situación. Negar no significa únicamente que no podamos creer lo que ha pasado, sino que podemos experimentar una gran dificultad para aceptar una realidad que nos duele, que es desagradable vivirla y que no quisiéramos que fuera así. Evadimos y no aceptamos los síntomas que este hecho nos ha causado, culpando quizás a otros por lo que nos pasa.

Podemos soñar que un ser que se ha ido está vivo. Soñar que convivo con la persona que ha partido. Soñar que los lentes que perdí los encontré de nuevo. Pero de golpe caemos en cuenta que la realidad es otra. Nos damos cuenta que esa persona que se ha ido, ya no está. El dolor se presenta de forma demoledora en el interior.

También podemos caer en negación cuando no queremos reconocer nuestros sentimientos; es decir, que nuestra pérdida nos duele, cuando estamos enojados y justificamos nuestro enojo, o cuando experimentamos sentimientos de culpa de que pudimos haber hecho algo, o un miedo al futuro que se te presenta sin esa persona o sin eso que perdimos. Negamos los sentimientos que nos produjo la pérdida bien porque no sabemos qué nos está pasando o porque pensamos que ignorarlos o reprimirlos nos harán sentir mejor.

Lo malo de todo esto es que aunque los ignoremos o reprimimos esos sentimientos buscan manifestarse y se manifiestan. Muchos en forma de agresión pasiva (enojo encubierto) con comentarios tipo "puntas" o con una rebeldía de adolescente donde todo se cuestiona o en forma de tristeza o en forma de aislamiento o en forma de apatía a todo aquello que antes me apasionaba.

Los cristianos y los que tenemos fe, corremos el riesgo de confundir o de pensar que Dios nos ha abandonado. De interpretar el silencio de Dios como señal de abandono. La negación es como una "olla express" que no se abre a tiempo y se deja por más tiempo de lo debido en la estufa. Y no me refiero, a que el dolor por la pérdida haya sido muy grande, continuo o muy fuerte, sino que lo haya reprimido, negado e ignorado todos esos sentimientos que la pérdida me ha causado por mucho tiempo.

Cuando estamos en negación se experimenta trastornos en el sueño como dormir mucho, pesadez o no poder dormir de forma normal. Trastornos en los hábitos alimenticios y de repente comienzan a comer demasiado o a no tener hambre. Muchas personas, al dejar que este patrón alimenticio se altere comienzan a adelgazar y caen en la anorexia. Comienzan a aislarse de la gente que los quiere o somatizando esos sentimientos que se tienen reprimidos y hay personas que se enferman a cada rato sin ninguna base fisiológica aparente. O simplemente al alma la invade una tristeza muy profunda.

También podemos estar en negación cuando decimos: "Ya pasó, ya no me duele, ya lo superé". Y tengo la intención de pasar la página pero me comporto de una manera agresiva, diferente o aislada. Podemos racionalizar; es decir, dar explicaciones lógicas del hecho pensando inconscientemente que eso aliviará el dolor: "No vale la pena sufrir por esto". Es muy común justificarnos: encontramos todas las semanas un argumento para estar tristes o enojadas con alguien o con algo.

Podemos correr el peligro también cuando estamos en negación de sentir una paz falsa que nos da el habernos convencido de que no estamos sufriendo y nos decimos frases donde buscamos confirmar el que al parecer no nos duele el hecho cuando ni siquiera nos hemos dado la oportunidad de conectar con esos sentimientos que hemos experimentado por la situación en cuestión.

Todo lo que podamos decirnos es cierto, como por ejemplo: "todo nos pasa para nuestro bien" o la que más he escuchado en mi camino de dolor: "Cristo no manda cruces que no podamos cargar" si ni siquiera nos estamos dando la oportunidad de reflexionar y hacer consciente en cómo esos hechos de dolor nos han afectado. Por esto, las frases de éste tipo no deben ser el argumento único para salir del duelo y afrontar la pérdida. Muchas veces estos argumentos son utilizados para negar esos sentimientos y en vez de afrontarlos, terminamos espiritualizando todo sin darnos cuenta que hay veces que necesitamos hacer consciente eso que nos causó dolor, hablarlo y encontrarle un cauce. Y eso no es falta de amor, no es falta de fe, al contrario, necesitamos vivir amando a Dios con la mirada puesta en el cielo y con los pies en la tierra. Humanos, pero con el amor divino.

La negación es la primera reacción ante la nueva realidad de dolor que estamos experimentando. Muchas personas se quedan allí en esa etapa y es por eso que no logran pasar a otras etapas del duelo. Tarde o temprano esos sentimientos por más que los reprimamos van a salir y quizás no de la mejor forma. Mientras más tarde sea, más dolorosos serán esos sentimientos y será más difícil llegar al final del camino del duelo.

Tenemos que identificar qué sentimientos se han producido tanto dolor. Identificar qué mecanismos de negación interna he implementado en mi misma.

Cuando perdemos algo o a alguien en alguna medida sentimos ira o indignación. Cuando se pierden las llaves del coche en mi casa, el que necesita salir se enoja y mucho y buscamos culpar siempre a mi hijo. Siempre que se nos pierde algo nos enojamos. Y si hemos perdido algo más valioso que los lentes, nos sentimos con ira.

Sentimos ira porque el dolor se puede convertir en frustración y la manera como se manifiesta esa frustración es que nos sentimos enojados con alguien. Tenemos que sacar ese enojo culpando a alguien, teniendo un foco a quien culpar. Me siento frustrada y agredo a un foco que percibo como de menor poder y no me refiero a poder económico. En el entorno de una familia con seis hijos, puede ser el hijo del medio que no es deportista sino intelectual, o al hijo más pequeño, o a la doméstica de la casa o la suegra.

En ese momento la mente busca culpables porque es una necesidad imperante ponerle como una especie de "fachada" para que tengamos una cara a quién culpar y así poder canalizar todo nuestro enojo y frustración interior. Pareciera que necesitamos alguien a quién culpar.

Cuando un familiar se muere en una operación, sacamos el enojo con el doctor. O cuando nos enfermamos, buscamos sacar el dolor y la frustración con Dios. Hay muchos ejemplos de cómo el dolor se puede convertir en enojo.

El enojo es un sentimiento muy difícil de afrontar en cualquier proceso de dolor por el que estemos pasando, pues nos sentimos culpables de estar enojados: con Dios, con nosotros mismos, porque nos cuestionamos si pudimos o no hacer algo, con aquella persona buena que culpamos de nuestro dolor.

Aquí hay otro punto que hay que tener en consideración. Muchas veces, no solo no reconocemos el enojo en este proceso de dolor, sino que justificamos ese enojo con elementos racionales donde los nutrimos con esos argumentos del por qué lo experimento o de por qué tengo razón para experimentarlos. Esto sostiene mi propio estado emocional porque todos los días me levanto a repasar en mi mente la "evidencia" de que tengo razón de sentirme de esa manera. Y así, esto nunca acaba.

Muchas veces ocurre lo que los psicólogos sociales llamamos sesgo confirmatorio. Esta es una forma de distorsión perceptiva, donde se altera la manera de percibir la realidad porque la mente se enfoca a percibir solo la evidencia que confirme sus creencias o expectativas y descarta o no le da peso a la evidencia que confirma lo contrario. Es por ésta razón, que terminamos percibiendo de manera distorsionada la realidad porque solo estamos filtrando de ella, las cosas o eventos negativos y desechamos y no le damos peso a lo que confirma lo contrario o lo positivo.

El punto no es si tenemos o no razones objetivas para estar enojadas. El punto es que no vamos a avanzar en ese proceso de dolor y salir de ese agujero, si no resolvemos sanamente la ira y el enojo, si no tocamos de fondo con el dolor que lo origina, con la razón que lo ocasionó.

En mi caso me enfermé objetivamente por varios doctores que se equivocaron de una manera importante conmigo y uno que pensé era un fisioterapista. Opté como una encrucijada en mi vida: opté por perdonar. Al primero si lo tuve que perdonar, a los otros tres ya no tuve que hacer un ejercicio de perdón, pues Dios me ha dado la gracia para saber que todo viene de su mano amorosa. Y que de todo mal, Él puede sacar siempre un inmenso bien.

Recuerdo ese primer acto de perdón cuando estaba en Manila de reposo en mi casa después de haber sido diagnosticada y mi marido me estaba secando después del baño. Recuerdo cuando comencé a reclamarle que no me estaba secando bien la espalda, mientras él estaba arrodillado tratando de hacerlo.

En ese momento donde estaba muy enojada por todo lo que me estaba pasando, mi marido con mucho amor levantó la mirada y me dijo: "Merce, mi amor, donde te has metido. Ya no te reconozco. Estoy aquí contigo porque te amo como estés. Estoy aquí a tu lado y no te dejaré sola". En ese instante, tuve una fuerte conmoción interior. Me di cuenta que me estaba dejando consumir por el enojo que tenía hacia mi doctor, al que culpaba por lo que me estaba pasando. Me di cuenta, que no solo me estaba destruyendo a mi misma, además estaba destruyendo a lo más importante de mi vida que era el amor por mi marido y a la vez, mi vocación de amor a Dios.

En ese instante y como dicen los mexicanos "me cayó el veinte". Los psicólogos de la Gestalt lo llaman "insight". De repente la percepción hace una reorganización de pensamientos y une conexiones que allí estaban, pero que nos las había percibido en conjunto. Kholer descubrió esto con su mono Sultán. Él estaba en una jaula con una caja, un palo y una banana colgada afuera de la caja. El mono lo intentaba una y otra vez; y de repente, dejaba de intentarlo desanimado. Hasta que un día, el mono se levantó con decisión, tomó el palo, se subió a la caja y alcanzó la banana. Ocurrió un "insight".

De repente cuando esto pasa entendimos todo. Lo llamo la gracia de Dios que "de repente" nos permite comprender. Sentimos la gracia de Dios que irrumpe en nuestra alma como un huracán. Conceptualizamos todo. Integramos todo a nuestro ser, a nuestra mente, a nuestra psicología, a nuestro espíritu. Comenzamos a tomar decisiones importantes en la vida. Comenzamos a movilizarnos. A salir de esta situación en la que estábamos estancados.

Es importante preguntarnos en un proceso de dolor si tenemos que buscar a quién perdonar pues a veces no tenemos claro a quién debemos de perdonar. Porque el sentimiento de culpa no nos deja reconocer que si sentimos enojo. Para los que tenemos fe, el sentimiento del perdón una vez reconocido es más fácil de afrontar porque podemos trascender al lugar de la fe y entender que Dios lo ha permitido porque tiene un perfecto plan diseñado para cada uno de nosotros, pero que no podemos comprenderlo en ese momento.

Así fue que pude perdonar a mis doctores. Entendí que esos errores humanos habían sido permitidos por Dios para mi bien. Pero para llegar a este punto, tuve que pasar primero por la etapa de negación y luego reconocer esta ira y este odio que justificaba porque los doctores si se equivocaron objetivamente hablando, pero a quién le estaba haciendo daño era únicamente a mí. Me di cuenta que quizás hubiera sido más fácil aceptar que me había enfermado porque simplemente me dio una enfermedad, que tener que aceptar que me había enfermado porque un doctor se había equivocado. Pero al final, era exactamente lo mismo. El plan de Dios era el mismo. Daba lo mismo si había ocurrido por una razón u otra.

Me ayudó a perdonar pero no solo a mis doctores, sino a mucha gente que por ejemplo me trató de hipocondríaca. También perdonar a personas cristianas como yo, que se supone por caridad pudieron haberme acompañado en el hospital y no lo hicieron porque estaban muy ocupados en la ciudad en la que viví por doce años. Perdonar cuando me tuve que quedar durmiendo sola en los hospitales, no una sino muchas veces. Perdonar a los que comentaban que era una mujer muy negativa sin saber realmente que estaba ocurriendo y lo que estábamos pasando. Desde la comodidad de sus casas, la excelente salud que vivían, en medio de una holgadez económica se atrevían a criticar nuestras vidas y la forma como estábamos asumiendo y enfrentando tanto dolor. Me ayudó a perdonar también el ver el testimonio de esos pocos pero dedicados amigos y ángeles que hemos tenido en el camino, que se tomaban muy en serio acompañarnos porque se daban cuenta de la realidad que vivíamos y ver que estábamos muy solos. Perdonar a aquellos que nos avisaron que no podrían seguir siendo nuestros amigos, porque era demasiado costoso acompañarnos.

Yo perdoné. Y esto ya forma un hábito en mi vida. No tengo que hacer procesos de perdón, porque no tengo nada que perdonar. Siempre busco ver al fondo del alma y comprender. Intento no tomarme las cosas nunca a personal. Y es que siempre pienso que todos hemos sido creados a imagen y semejanza de Dios. Por ello intento ver en el fondo del alma de cada uno, ese rostro de Cristo que se encuentra allí tatuado y busco ver con la misma mirada que Dios nos tiene, incluso a la persona que me ha juzgado sin saber o que me ha propiciado un mal. Ese fondo del alma que un día Él me hizo ver de mi novio que estaba perdido, para luego convertirse en todo un hombre de Dios. En ese fondo del alma donde todo es sano y santo, y como explican los padres espirituales, donde el pecado no lo ha corrompido todo, donde somos depositarios de ese amor de Dios. Donde llevamos su sello de marca de origen.

Al verlos con la mirada con la que Cristo nos ve a cada uno comprendo que todos somos hijos de Dios y eso me ayuda a perdonar. Ver a cada uno con la mirada que Dios nos ve y comprender también que todos tenemos una libertad personal que ejercer como don de Dios. Mi libertad termina donde comienza la libertad de otras personas para optar. Si esas personas están decidiendo optar por infringirme un mal o por dejar de hacerme un bien, me da mucha paz saber que cada quien tiene ese don para ejercer y que por parte mía, solo me queda perdonar y dejar pasar. El tiempo luego se encarga de acomodar cada cosa en su lugar.

Me ha ayudado mucho pensar que no debo de impartir una justicia humana cuando estoy viviendo muchas injusticias por parte de otras personas. Pues allá arriba hay un Dios y entre el cielo y la tierra no hay nada oculto. Muchas veces, cuando dejamos pasar las cosas, el tiempo hace mostrar esa verdad de quien vive de cara a Dios. También si pensamos que en el otro todo está perdido, entonces también le estamos robando la posibilidad de recibir y ser tratado con misericordia. Con esa misericordia de Dios que está disponible para todos. Si creo que los demás no pueden cambiar, entonces les estoy robando en mi mente esa posibilidad de que la gracia los transforme. Muchas veces no perdonamos, porque pensamos que eso es claudicar a mi derecho de tener justicia ante una injusticia humana. Pero perdonar no es claudicar a ese derecho. Es dejar el derecho de impartir justicia a Dios obviamente cuando han sido actos que no pueden ser juzgados por la ley.

Me sirvió mucho el pensar que seremos juzgados por el amor. La medida de ese amor es "Como a ti mismo". Ama. ¿Hasta cuándo? como a ti mismo. Perdona. ¿Hasta dónde? como a ti mismo. Como a ti mismo quiero que ames. Como a ti mismo quiero que perdones. No solo como yo te perdono sino como tú también te perdonas a ti mismo. Esa es la medida. Además de 70 veces 7 como dice el evangelio, perdona como te perdonas a ti mismo. Ni más ni menos.

Y pensaba ¡Señor, cuántas veces me habías perdonado! No importa el tamaño de mis faltas. Siempre me has perdonado. Entendí que debía pedirle a mi Señor, que me cubriera con un manto de misericordia y perdón. Misericordia para mi, misericordia para esos doctores que se habían equivocado y que además me habían incluso engañado.

Creo que la peor experiencia que he tenido en referencia a este tema es cuando en dos oportunidades le he pedido disculpas a dos personas. Con una de ellas pude tener una conciencia clara de mi falta. A la otra, solo lo hice por inspiración pues no tenía una conciencia clara de mi falta. La experiencia fue el sentir que ninguno de los dos aceptaron mi perdón. El sentimiento interno es terrible. Pensaba que duro es llegar a tener un corazón así "de piedra" e incluso tan poco coherente a lo que el Señor nos enseño en la cruz.

Me ha ayudado mucho en mi vida el plantarme ante Dios y ante los hombres como una criatura pecadora e imperfecta. Llena de errores pero con amor para dar. El Señor de la Misericordia en una visión a Sor Faustina le dijo que lo que más le dolía de los corazones de los hombres no eran sus imperfecciones, sus debilidades, sus limitaciones y sus defectos; sino su desánimo y la inquietud del corazón.

Él conoce nuestros corazones profundamente, porque fue Él quien nos creó. Lo único que a Él le importa es que en el fondo de ese corazón queramos ser como Él. Si nos inquietamos por nuestras caídas o debilidades, es porque en el fondo confiamos mucho en nosotros mismos y menos en Dios. Necesitamos experimentarnos débiles pues es la manera de poder a la vez experimentar la misericordia y el amor de Dios que viene siempre a rescatarnos.

Todas las mañanas mi propia imperfección me da una inmensa seguridad de que voy por buen camino. Pues al verlo le digo: "Señor, necesito de ti. Mira lo pobre y necesitada que estoy de ti". Si nos sentimos muy seguros de nosotros mismos, lo que le estamos diciendo es "ocúpate de otros, que tengo todo bajo control. No te necesito". Si nos experimentamos pobres y débiles, cuando caemos, no caemos desde la altura de la autosuficiencia o el orgullo, sino desde una altura muy pequeña, porque pequeños nos consideramos y así nos situamos ante los ojos de Dios. Pero qué importante es pedir perdón y además, sentirnos perdonados. Por Dios y por los que hemos ofendido.

Ese día en que mi marido me secaba después del baño en Manila, ocurrió el milagro. Perdoné. Dejé de estar enojada. Comencé a adentrarme en un nuevo mundo, un paraíso lleno de tantas cosas hermosas que no estaba siendo capaz de ver porque el dolor me había comenzado a robar el amor. Ese amor que un día, había sido sellado con una hermosa vocación como cristianos para servirlo donde Él nos necesitara por medio de nuestro matrimonio. Ese amor tan grande entre mi marido y yo.

A partir de allí, comencé a agradecer y a amar mi enfermedad. No solo es resignarnos, sino aceptarlo con amor y como un bien para mi vida, para luego amarlo. Hoy puedo decir con una profunda paz y alegría que no solo pasé de aceptar mi enfermedad y todo lo que ella ha conllevado día con día, sino a agradecerla, para luego amarla. Ahora no solo convivimos en el mismo cuerpo de forma armónica, sino que nos llevamos muy bien. Hasta hemos llegado a querernos. Muchas veces pienso cómo será llegar al cielo y vivir sin ella. Cómo será el vivir sin experimentar a diario algún dolor. Eso, no me lo quiero perder.

Cuando pasamos por un proceso de dolor, también podemos caer en la tentación de negociar. La mente busca negociar con Dios y con los demás, siempre ante poniendo un "hago esto si". También podríamos negociar con Dios, con los demás, con los amigos, con la pareja o incluso negociar con quien sea mi guía espiritual.

La razón por la que buscamos siempre negociar, es porque todavía en el inconsciente creemos que podemos evitar nuestro dolor o corregir el destino de los acontecimientos.

Hacemos todos los intentos por negociar. Intentamos negociar porque suponemos que tener el control sobre lo que está sucediendo, cambiar las cosas, o hacer que los otros cambien de opinión va a sanar mi dolor. No está mal querer hacer cambios en nuestras vidas, en nuestras familias, pero no como el único recurso para sanar un trance de dolor. Son muy necesarios para corregir los vicios en las relaciones y errores que hemos cometido en el pasado, pero si nos dan la oportunidad a la vez de tratar de fondo nuestro dolor.

Cuando se perdió algo, se perdió y el negociar no hará que se restaure aquello que he perdido porque lo que sucede es que en algún momento después de haber hecho todos los intentos de negociación la cruda realidad toca a la puerta y nos coloca con firmeza en el pavimento duro de la nueva realidad que experimentamos al vivir con aquello que perdimos.

Vemos que no podemos cambiar la realidad con un chasquido de dedos. Porque además cuando estamos negociando queremos soluciones inmediatas, respuestas inmediatas. Queremos un recetario para salir de la crisis. Para ya no sentir dolor. Queremos, como muchos que me han pedido "herramientas", una lista de cosas que se tienen que hacer para salir del estado de tristeza donde nos encontramos y corregir lo que a simple vista se percibe imperfecto.

El factor tiempo es algo esencial en la fe y para mi ha sido particularmente importante cuando estoy pasando por un trance de dolor. No es nuestro tiempo, sino el tiempo de Dios. El que no logre pasar por la prueba del tiempo no tiene verdadera fe.

Cuánta sabiduría y cuánta hermosura hay en este canto de alabanza del profeta Habacuc que menciono en otro capítulo de este libro. "Esperaré tranquilo". Tenemos que esperar tranquilos los tiempos del Señor. Qué actual y cierto es cuando estamos pasando por un trance de dolor esperar tranquilos. Cuando la humanidad nos pide a gritos soltar el peso del dolor, es un acto profundo de confianza en Dios, en sus planes, lo que hace que podamos confiar hasta el extremo y esa confianza hace tan ligera la espera y la prueba, que llegamos a sentir un gozo interior muy profundo, una alegría que no se sabe explicar. Algo que va más allá de la razón.

Lo que es, es. Solo nos queda seguir adelante, debemos de proseguir incluso permitirnos llegar si es necesario a la tristeza a ese dolor del alma.

El dolor se presenta primero con aires de tristeza como el olor a carne asada del vecino. Pasamos algunos días tristes y otros días contenta. Luego, nos va ocupando más espacio en el interior y un día comenzamos a vivir casi todos los días tristes. Hasta que caemos en ese dolor profundo que ocupa tanto espacio en nuestro interior y en nuestra mente que podemos caer en depresión.

Cuando experimentamos este dolor tan profundo, la mente desea regresar a la etapa de enojo y de retroceder para intentar de nuevo negar la realidad. Cuando sentimos ira nos hace sentir fuertes porque en el sentido práctico "nos hace hacer algo" por cambiar la realidad. Es como la ira de los leones, nos hace sentir muy fuertes y escudar el dolor y nuestros sentimientos en ella.

En cambio la tristeza nos hace sentir tan vulnerables y tristes como hormigas. Indefensos como un pequeño gatico y se nos generan muchos sentimientos de desconfianza. Ya no confiamos en nadie. Percibimos el mundo amenazante y nos sentimos muy indefensos como para defendernos de algo o de alguien y preferimos escudarnos en la desconfianza, en la soledad, en el silencio del interior. En la soledad del dolor sintiéndonos víctimas de la vida y de las circunstancias que nos envuelven.

Qué destructivo es para una persona y para cualquier ser humano albergar un sentimiento de odio en el interior. Y qué destructivo y contradictorio es aún más, para una persona que desea vivir cristianamente y luchar por una vida de santidad, experimentar un sentimiento de odio. Lo peor del asunto es que este sentimiento de odio se alterna con un sentimiento de culpa, pues no estamos totalmente cegados ante nuestra realidad y nos damos cuenta de que no estamos viviendo de forma cristiana.

Sumado a ello, cuando experimentamos odio también tenemos que cargar con otra consecuencia y es el rechazo que esta actitud genera en nuestro entorno familiar y social. Nadie quiere rodearse de personas que estén viviendo bajo el sentimiento de la ira. Nadie. Ni si quiera los más santos. Es tóxico vivir y convivir con alguien que experimenta odio o rabia en el interior. Entonces no solo tenemos que vivir con ese sentimiento de ira y odio, sino de rechazo y eso nos sume en una soledad aún más grande. Nos aferramos al odio quizás por miedo a tener que tratar con el dolor.

Qué destructivo que es para un corazón no tratar los sentimientos de ira y odio. Somos humanos y si los experimentamos tenemos que tratarlos, trabajarlos. El odio y la ira son el mazo que nos terminan de hundir.

Lo más fácil, lo más cristiano y lo más sano, sería que nunca abriéramos el cerrojo interior para dejarlos entrar. Nos convertimos en incubadoras de malos sentimientos o pensamientos. Pero hay veces en la vida, que a pesar de nuestros buenos deseos e intentos, se nos cuelan y sin darnos cuenta. A veces también nos rodeamos de cizaña, que nos llena de malos pensamientos y sentimientos y nos intoxica. Prestamos no solo nuestro oído a una "mala escucha" sino que le abrimos la mente y el corazón. Y en vez de lograr dominarlos, nos llenamos de mucho más odio de forma exponencial. Terminamos hablando "agrio sajón". Un idioma "ácido" de rabia y de odio interior. Tan contradictorio a lo que estamos llamados a ser y practicar en nuestra vida de cristianos.

Si hemos caído, la mejor manera de solucionar el problema, es no negarlos, sino reconocerlos para trabajarlos. Porque si los negamos, estaremos peor después. No solo terminamos odiando, sino viviendo muy contrariamente al sentido que tiene la vida, que es dar y recibir amor. Y no solo terminamos dando un muy mal testimonio, sino un testimonio anticristiano donde lo esencial se termina perdiendo: el amor y la caridad. Y termínanos yendo a misa todos los días, confesándonos y hablando de Dios, pero viviendo muy contrariamente a como Dios nos enseñó por medio de su hijo. Viviendo con una gran falta de coherencia cristiana.

Lo mejor es continuar y enfrentar nuestros sentimientos de dolor. Dios hizo el cuerpo perfecto pues el llorar profundamente después de un dolor liberamos muchas toxinas que nos hacen sentir después renovados por dentro e incluso más motivados para luchar con lo que nos ha sucedido. En cambio, sino enfrentamos con valentía nuestros sentimientos, es posible que podamos enfermarnos somatizando todo aquello que cargamos por el simple hecho de que no lo estamos haciendo consciente.

Cuando experimentamos un dolor profundo en el alma, se generan y despiertan muchos sentimientos que hay que aprender a canalizar. Esos sentimientos son universales; es decir, todos los seres humanos los tenemos. También pertenecen al mundo subjetivo de cada uno y esto no quiere decir que no sean verdaderos, sino que pertenecen al interior de la persona y que incluso hasta un mismo dolor es experimentado por las personas de una misma familia de manera diferente.

Es difícil a veces comprender que sentimientos está experimentando una persona cuando pasa por un trance de dolor. Qué importante es la capacidad de empatía. El tratar de pensar que puede estar sintiendo esa persona en ese momento. El tratar de comprender qué sentimientos nos ha generado ese dolor por el que estamos pasando.

Los sentimientos están llamados a ser neutros. Deben de ser neutros. Ni buenos ni malos, pero cuando no los sabemos canalizar ¡cómo pesan! También debemos de aprender a no vivir de los sentimientos, porque estos serían como un barco sin vela: a donde sopla, iremos nosotros con el viento. O si dejan de soplar nos quedamos en medio de la bahía varadas. Experimentar un sentimiento positivo es muy placentero interiormente y lo debo de disfrutar pero no depender de ellos porque si me acostumbro a vivir de un sentimiento positivo cuando no lleguen puedo desplomarme, me desanimo y me desmotivo a continuar. Debemos de hacer las cosas por convicción y con decisión, pero no porque sentí bonito o porque estoy condicionada. Los sentimientos negativos nos hacen infelices y nos carcomen por dentro, hasta que nos terminan robando el amor.

Los sentimientos si los trabajamos son transitorios o temporales. Es decir, algún día desaparecen porque logramos canalizarnos. Dejarlos que fluyan y al canalizarlos ellos se desvanecen.

Muchas veces he pensado que esos sentimientos negativos que no afrontamos son como todas aquellas cosas que metemos en el baúl de madera que heredamos de la abuela y que lo llevamos al sótano de la casa. Allí solemos meter todo aquello que no podemos acomodar en algún espacio de la casa en la vida presente. No sabemos que hacer con eso, quisiéramos tirarlo a la basura, pero hay algo que nos ata. Lo deseamos pero no sabemos cómo. Entonces la mente utiliza un recurso muy sencillo que es reprimir todos esos sentimientos que el dolor nos ha causado y la manera de hacerlo es metiendo todo eso en ese baúl que llevo al sótano de la casa y seguir o pretender seguir viviendo la vida como si nada hubiera pasado. Pues no solo no sé cómo ordenarlos, sino cómo integrarlos a mi vida presente porque siento que no hay espacio para ellos en mi casa. Pero lo que no sabemos, es que todo lo que no se integra, a mediano o largo plazo desintegra.

También podemos proyectarlos en otros, atribuyéndoles la culpa de experimentarlos. O buscando argumentos racionales para experimentarlos y hacer con ello que se mantengan siempre vivos en mí de una forma poco sana.

De igual forma, la mente muchas veces busca evadir esos sentimientos y buscamos ocuparnos y distraernos en muchas cosas para no pensar en aquello que nos duele. Muchas mujeres trabajan largas jornadas laborales de mucho más allá de 8 horas, porque necesitan estar ocupadas y no pensar en aquello que les duele. La mente piensa que es mejor estar distraídas que afrontar ese profundo dolor, esa dura realidad, aquello que no sabemos cómo solucionar.

Otras mujeres se van de compras porque están deprimidas. Obteniendo de esas compras una felicidad muy momentánea e efímera, que justo cuando van a estrenar algo de esas compras, ya se sienten tristes de nuevo. Porque hemos sido creados con un alma, con un espíritu y con una mente que es más profunda que un objeto material y que no se llena con cosas poco trascendentes, sino con soluciones profundas e yendo al fondo de ellas dando lo que necesitan. Como intentar solucionar una falla cardíaca con una aspirina.

La idea no es sobrevivir. La idea es aprender a vivir y ser feliz, incluso en medio de las dificultades, porque esa es la paradoja de la cruz. Que mi gozo pueda más que mi dolor. Que mis sentimientos no se levanten como un monstruo que me termina comiendo la mente. Que se apoderen de todo mi ser, hasta llegar a un punto que no sé dónde me he perdido. Tenemos que aprender a identificar qué mecanismos de defensa nos impide aprender a vivir en dolor. Con el dolor. Por medio del dolor. Y tengo que en libertad optar por enfrentar esos sentimientos. El proceso puede ser doloroso, pero necesario. Porque no es un paliativo lo que necesitamos para sanar, es mucha fe, pero también acompañar la fortaleza que nos da la fe con un acto de profunda voluntad interior para tomar la decisión de sentarme a abrir ese baúl que tengo en el sótano cerrado con doble candado a ver cada cosa que hay allí guardada, lo que significó para mi y porque terminó allí.

Para hacer una verdadera remodelación interior, tenemos que pasar por este proceso de dolor. De afrontar el dolor desde la raíz. Esa es la única manera como estaremos bien después y de seguro nos podremos levantar desde las cenizas. Hay que ir a fondo y a veces ese proceso toma tiempo.

Para poder remodelar el sótano de la casa, necesitamos deshacernos de aquello que quizás por muchos años hemos tirado en su interior. Quizás el sótano esté oscuro, polvoriento, las escaleras para bajar sean muy empinadas y estrechas, quizás ni haya pasamanos para agarrarme al bajar y tengo miedo de tropezarme en el camino. Pero qué necesario es hacer este proceso, para poder vaciar ese sótano de todas esas cosas que no me permiten remodelarlo con una nueva luz, quizás un nuevo color de pintura de la pared, quizás unos nuevos muebles. Para que todo en mi casa, tenga un lugar donde lo haya podido integrar a mi vida actual, a aquella nueva identidad que necesito construir sin lo que perdí y con lo que gané.

Si hemos pasado por alguno de estos sentimientos en el proceso del dolor, los hemos hecho conscientes y los trabajamos, podremos saber que estamos llegando al final de la resolución de nuestro dolor y que no necesariamente significa que el dolor haya desaparecido, sino que hemos aprendido a vivir con él sanamente, lo hemos comprendido, lo hemos hecho parte de nosotros mismos, lo hemos integrado a nuestra realidad como persona.

A veces, solo necesitamos que nos den esta explicación para integrar ciertos elementos que no logramos integrar y llegar hasta el final. Cuando llegamos a esta resolución, pensamos mucho menos en el suceso que vivimos o pensamos poco en las personas que se fueron o aquello que perdí. Un síntoma, es que quizás dejo de narrarle a las visitas con tanto detalle aquello que me pasó. De nuevo como un milagro del cielo, tengo otra vez ganas de conocer a nuevas personas, hacer cosas nuevas, de disfrutar de nuevo las actividades que antes disfrutaba. Ya no experimento tantas ganas de llorar o tengo menos ganas de llorar.

Cuando hemos llegado aquí, no tenemos la misma reacción emocional de tristeza, culpa, coraje o nostalgia, sobre todo cuando escuchamos hablar de esa persona que se fue o que nos hirió o cuando recuerdas el hecho que causó tanto dolor o el día de la partida lo logras narrar sin un nudo en la garganta y sin lágrimas en los ojos. Pensamos más en el presente y en el futuro que en el pasado. Tenemos una profunda paz interior y comenzamos a encontrar el lado bueno de lo que nos pasó. Incluso, empezamos a agradecer lo que pasó porque además asumimos con fe que de seguro Dios esta trayendo o traerá cosas buenas de lo malo que nos pasó. Santa Catalina de Siena decía: "Sin guerra, no hay paz, sin combate no existe la victoria".

Este combate es justamente el lugar de nuestra purificación, en nuestro crecimiento espiritual. Es en donde aprendemos a conocernos en nuestra debilidad y a conocer a Dios en su infinita misericordia. Aprendemos que Dios nos llevó al Gólgota, pero que ahora se nos transfigura.

Llega esa vía unitiva que describe San Juan de la Cruz y que comenté anteriormente. Recobras una nueva identidad del yo y estamos dispuestos a colaborar en reconstruir esa nueva identidad de mi entorno familiar, social y a veces hasta laboral. Recuperamos nuestra vida, pero parece que somos capaces de ver los beneficios que tanto sufrimiento nos ha traído. En mi caso, sé que nunca sería le persona que hoy por hoy soy, sino me hubiera enfermado. Nunca podría estar hoy aquí escribiendo todo esto pero no desde la teoría sino desde la experiencia de vida sino hubiera experimentado tanto dolor.

En este final del camino del dolor, de aceptación, generamos pensamientos que llegan y cobran mucho sentido, se convierten en convicciones profundas que curan nuestras heridas. Podemos afirmar con convicción que todo lo que sucedió es para bien, nos damos cuenta que Dios es sabio y que necesitábamos ese sufrimiento porque palpamos los grandes beneficios que nos trajo como consecuencia.

Algunas personas no llegan a esta etapa porque se quedan atoradas en otras y muchas veces no es falta de fe, o falta de generosidad, sino que no sabemos como hacerle con ese dolor tan profundo que nos oprime el corazón.

Solos no podemos cargar y resolver un dolor. Pero si se permiten vivir, sentir y hacer lo que sea necesario para seguir adelante, para abrir su corazón para sanar, la gracia de Dios les traerá esa paz que anhelan. Pero Nuestro Señor no puede regalarle la paz, a un corazón que tiene el cerrojo por dentro puesto. Él necesita que le abramos el corazón para que pueda actuar.

San Francisco de Sales decía que las enfermedades del cuerpo y del alma llegan a caballo y al galope, pero se van a pie y de paso. Curar las heridas toma tiempo. Hay que dedicarle tiempo. Pero curar las heridas no es igual a pretender que lo que pasó no nos afectó. Es un error pensar que superaremos algo ignorando que sucedió. En este caso, lo que hemos vivido necesitamos resurgir de las cenizas. Necesitamos volver a construirnos en nuestra propia identidad personal y grupal en el entorno familiar. Hay un dicho que dice "el tiempo cura las heridas". Si, pero cuando se ha pasado por todo el proceso para curar las heridas. Cuando no se ha hecho nada sino negar, reprimir, evadir, justificar o proyectar, el tiempo no cura las heridas, el tiempo infecta las heridas.

El primer paso para poder llegar y pasar por las etapas de dolor es identificar cuáles son los sentimientos que ese dolor nos han causado: ira, odio, amargura, desconfianza, tristeza, traición. Es ponerle etiquetas a esas piedras que he estado cargando en la mochila. Es sentarse en una silla, bajar la mochila que hemos estado cargando por años e ir sacando todas las piedras que fuimos guardando. Es poner la mochila en el piso, abrirla y poco a poco y con mucha serenidad ir tomando en la mano cada piedra, no importa el tamaño de la misma e ir en un acto de amor, pero sobre todo de perdón lanzando la piedra fuera de mi mochila. Es hacer todo lo que tenemos que hacer para dejarlas ir. Para lanzarlas fuera de nuestro sistema, de nuestras almas, de nuestro ser. Para que no nos ocupen más el interior de dolor y para que dejen surgir el amor.

En ese proceso no debemos de preocuparnos si surgen muchas emociones o sentimientos entrelazados. Todo tiene solución. Me acuerdo cuando estudiaba psicología que comenzamos a ver las patologías y un profesor nos dijo sabiamente: "no se espanten si descubren que ustedes tienen todo". Todos tenemos un poco de todo. Lo importante es aceptarnos en nuestra debilidad y emprender el camino para sanar.

También es importante identificar cuál es el mecanismo que en mi caso particular he aplicado en ese momento de profundo dolor. Si los he estado evadiendo, reprimiendo, proyectando, consintiendo, justificando o negando. Hay mecanismos de defensa un poco más complejos, pero estos que he explicado de manera sencilla, puede ayudarnos mucho. Los mecanismos de defensa son como los soldaditos que encubren nuestros sentimientos. La realidad es tan dolorosa para la mente, que los soldados se levantan en la mente para protegernos de sufrir más. Pero resulta que de esa manera estaremos sufriendo más y no resolveremos el dolor en nuestro interior. Hay que desenmascarar esos mecanismos de defensa para poder sacar del inconsciente todos esos sentimientos de dolor que tengo escondidos en el baúl del sótano de la casa.

Una vez identificados esos hechos que nos causaron dolor y que nos generaron profundos sentimientos podemos hacer varias cosas con ellos. Podemos desahogarlos con alguien objetivo y capaz de escucharnos. Esto es solo sacarlos de nosotros, sacarlas de ti. Liberarlos, expulsarlos de nuestro sistema. Ya sea por el llanto o hablar con alguien de ello. El desahogo es muy bueno y necesario. Y debemos de cuidar el caer en los extremos: callar y guardar todo porque algún día tarde o temprano explotaré. O vociferar en todos los foros y lugares, e incluso por internet todo lo que siento.

Cuando estaba en esta reflexión, estudié un documento que me gustó muchísimo y es sobre el discurso privado y el discurso público. Es cuando digo algo diferente a lo que pienso y cómo en mi mente al escuchar a otra persona estoy siempre negociando que decir. Sucede que llega un día que este discurso privado que me callo y me reservo es tan antagónico con el discurso público, que termino explotando y tomando decisiones drásticas de vida, lastimando a otras personas, incluso a los que más quiero. Haciendo algo muy diferente a lo que le dije a las personas el día anterior. Cuando manejo estos dos discursos termino forzosamente haciendo una "implosión" interior. Explotando internamente.

Esto sucede con los empleados cuando eres jefe. Esto puede suceder con la familia o los amigos, o quien se supone funge como mi "jefe", incluso con la pareja.

Lo adecuado es buscar siempre ser coherentes en mi discurso privado con el público. Aquí el público no me refiero a un grupo de personas, me refiero a alguien externo a mí. No solo debo de ser coherente con ese discurso que expresa mis sentimientos, coherente entre lo que siento y lo que expreso, sino que debe de ser a la persona indicada en el momento indicado. Es decir, con prudencia. Qué pasa cuando vocifero: "desparramo" y hago mucho daño porque puedo llegar a escandalizar y robarle la paz a los demás y dañar la reputación de otras personas. Nuestro Dios es un Dios de paz y de amor. Debemos de ser instrumentos de esa paz siempre, independientemente del dolor que estemos experimentando.

También podemos transformar esos sentimientos que significa cambiarles la forma como si fueran una plastilina. Es buscar otros puntos de vista. Escuchar a otras personas que nos digan desde otra óptica que ven ellos. Es cambiarle la carga. Es como verlos por otro lado. Es como darle la vuelta a la moneda. No es bajo ningún concepto tapar el sol con un dedo, sino verle quizás lo positivo. Es ser muy optimista. Es ver con objetividad la situación, pero abordarla desde el cristal del optimismo.

Qué importante ha sido el optimismo y ser positivos en mi vida en el manejo de mi enfermedad. Una enfermedad que no se cura, sino que se aprende a vivir con ella. La forma como mi esposo y yo hemos aplicado a nuestro camino de dolor y enfermedad este principio que he expresado en algunas páginas de este libro, lo hemos titulado "La vida es bella" debido a esa hermosa película donde un papá lo ponen preso en los campos de concentración nazi y por descuido él logra colar al hijo a su celda. El papá le hace todo un juego al niño en el campo de concentración, le hace creer que están jugando. Hasta cuando van a fusilarlo el papá juega con el hijo y trata de hacer de una realidad muy cruda de vida, un paraíso. Trata de hacerle ver que la vida es bella y que merece ser vivida con optimismo.

He escuchado muy frecuente un slogan que dice: "en el hoyo y cavando". Cuando escucho a alguien decir eso, le contesto: "sacúdete y súbete".

"Se cuenta de cierto campesino que tenía una mula ya vieja. En un lamentable descuido, la mula cayó en un pozo que había en la finca. El campesino oyó los bramidos del animal y corrió para ver lo que ocurría. Le dio pena ver a su fiel servidora en esa condición, pero después de analizar cuidadosamente la situación creyó que no había modo de salvar al pobre animal y que más valía sepultarla en el mismo pozo. El campesino llamó a sus vecinos y les contó lo que estaba ocurriendo y los enroló para que le ayudaran a enterrar la mula en el pozo para que no continuara sufriendo. Al principio, la mula se puso histérica. Pero a medida que el campesino y sus vecinos continuaban paleando tierra sobre su lomo, una idea vino a su mente. A la mula se le ocurrió que cada vez que una pala de tierra cayera sobre su lomo, ella debía sacudirse y subir sobre la tierra. Esto hizo la mula palazo tras palazo. ¡Sacúdete y Sube. Sacúdete y sube. Sacúdete y sube! Repetía la mula para alentarse a sí misma. No importaba cuan dolorosos fueran los golpes de la tierra y las piedras sobre su lomo, o lo tormentoso de la situación, la mula luchó contra el pánico y continuó "sacudiéndose y subiendo". A sus pies se fue elevando de nivel el piso. Los hombres sorprendidos captaron la estrategia de la mula y eso los alentó a continuar paleando. Poco a poco se pudo llegar hasta el punto en que la mula cansada y abatida pudo salir de un brinco de las paredes de aquel pozo. La tierra que parecía que la enterraría, se convirtió en su bendición, todo por la manera en la que ella enfrentó la adversidad".

Esta es una forma de pensamiento ideal donde estamos transformando un sentimiento. Ésta ha sido la manera como he podido caminar con 22 años desde que me enfermé con una enfermedad que no se cura y 20 años de haber sido diagnosticada. Es como mi razón me ha ayudado junto con la gracia a perdonar. Como he podido incluso llegar a amar mi enfermedad.

Los sentimientos también podemos "transmutarlos" como decimos los psicólogos. Como psicóloga católica considero que trasmutar es "trascender": elevar a un nivel superior todo el dolor que una pérdida ha producido y está produciendo. Es hacer algo muy útil con ese dolor. Es buscar el sentido cristiano a aquello que nos ha pasado y buscar la voluntad de Dios en ello. Es darle un sentido superior trascendente que nos ayude a canalizar positivamente todo lo que nos ha pasado en algo positivo que beneficie a otros.

Para mí, ha sido ofrecer mi enfermedad y los peores momentos de mi vida por otras personas. Es saberme muy amada por Dios. Es sentir que mi sufrimiento si vale la pena. Es elevar la mirada al cielo a pesar de que el cuerpo me pide a veces tener una existencia rastrera. Es agarrar el corazón lleno de dolor con la mano y ver a mi Sagrado Corazón y saber que no estoy sufriendo más que mi Señor. Es ofrecer todo por un sentido de cara a la eternidad. En mi caso, escribo libros después de experiencias profundas de dolor. Todo lo que he escrito en este libro, ha sido una manera de trascender mi dolor.

Recuerdo que una vez siendo directora de la Fundación me llegó el directorio del centro mexicano para la filantropía (Cemefi). En seguida me puse a ver a los fundadores o directores de muchas organizaciones no gubernamentales y asociaciones civiles que conocía y me di cuenta que muchos habían creado su organización por alguna tragedia personal que los presidentes o fundadores habían vivido en primera persona y convirtieron su dolor en una bendición para otros. Ellos decidieron hacer algo trascendente con su dolor.

También es sacarle una experiencia o un elemento positivo, a alguna situación negativa que vivamos. Pues todas las situaciones o experiencias que vivamos en la vida, por más malas o dolorosas que sean tienen algo de positivo que dejarnos y del cual podemos aprender. Es solo cuestión de girar la "pelota" que nos caiga en la mano y tratar de verle el lado contrario que no alcanzamos a ver o que el dolor no nos permite ver.

Cuando estamos experimentando un dolor profundo, es muy bueno combinar las tres herramientas. Pues el desahogo te hace sentir libre luego que lo experimentas pero no nos hace crecer y si solo optamos por el desahogo no aprenderemos nada, no creceremos, no nos dejará ningún aprendizaje ni estaremos resolviendo el problema de fondo.

Es muy importante minimizar el impacto que el dolor puede causar en las relaciones dentro del seno familiar. Pues es normal que nos pongamos irritables, que se exacerben nuestros sentimientos, que nos sintamos más vulnerables y que le asignemos una carga negativa excesiva a las situaciones que vivimos. La cotidianeidad se vuelve un problema. Relaciones que fluían con tranquilidad, de repente se ponen ásperas pues se siente el nerviosismo en los miembros de la familia.

Es necesario mientras pasamos por el trance de dolor, ceder en las cosas que son de forma y dialogar las cosas que son de fondo o trascendentes. Hay que ceder. Eso es lo que mi marido y yo hacemos a diario en nuestra relación, pero aún más cuando estamos por un proceso de dolor. Hay batallas que debemos de luchar y otras que no merecen la pena luchar pues no estamos en condiciones normales para librarlas. A veces nos enfrascamos en cosas tan de forma, tan tontas y eso nos degasta más y más. Ceder y tener paciencia en las de forma y también tener paciencia para que sucedan las de fondo.

Cuenta Robert Shuller que un invierno su padre necesitaba leña, así que buscó un árbol muerto y lo cortó. Pero luego, en la primavera, vio desolado que al tronco marchito de ese árbol le brotaron retoños.

Su padre dijo: "Estaba seguro de que ese árbol estaba muerto. Había perdido todas las hojas en el invierno. Hacía tanto frío, que las ramas se quebraban y caían como si no le quedara al viejo tronco ni una pizca de vida. Pero ahora advierto que aún alentaba la vida en aquel tronco".

Y volviéndose hacia mí, me aconsejó: "Nunca olvides esta importante lección. Jamás cortes un árbol en invierno. Jamás tomes una decisión negativa en tiempo adverso. Nunca tomes las más importantes decisiones cuando estés en tu peor estado de ánimo. Espera. Sé paciente. La tormenta pasará. Recuerda que la primavera volverá".

Qué importante ha sido para mí en los momentos de profundo dolor, tener la certeza de que pasaremos por el frio de la noche y de la aurora, pero que al tercer día resucitaremos. Recordar que el viernes santo también fue muy largo, pero que al tercer día hubo resurrección.

Por eso, no debemos tomar decisiones trascendentes si estoy en algún proceso de dolor. No hay que hacer mudanza en tiempo de crisis. En momentos de crisis y de dolor no se toman decisiones de vida porque estoy en un proceso de crear esa nueva identidad, ese nuevo yo, solo lo puedo hacer sin dolor. Es como si una pareja decide divorciarse después que se les ha muerto un hijo cuando antes de eso no tenían ningún problema en su relación de pareja, porque no saben que hacer con su dolor y porque su dolor les introduce tensión en el matrimonio.

Hay que esperar a que el dolor pase, a que podamos resolverlo para poder pensar con objetividad y ver la situación en perspectiva. Recordarme, que puedo confundir los síntomas de dolor, con certezas de vida. Y eso es muy grave. Porque cuando pasa el período de dolor nos damos cuenta que quizás perdimos mucho la perspectiva de las cosas y magnificamos afectivamente algunos aspectos que antes parecían pesar, pero que ahora no.

La sensación en que muchas veces la mente nos introduce es parecida a la que he experimentado en un sábado santo. Sentimos la atmósfera densa internamente, estamos en un estado intermedio porque vivimos todo el Vía Crucis con Cristo. La crucifixión ocurrió, pero tampoco ha llegado la resurrección. Entonces sentimos que no podemos aún gozar o alcanzar esa felicidad profunda que nos trae el experimentar que hemos resucitado, pero vemos atrás y tampoco sentimos que estamos siendo crucificados. Es como una experiencia interna intermedia. No experimentamos el shock de lo ocurrido pero tampoco la felicidad de saber que todo ha pasado.

Los apóstoles nos dieron un gran ejemplo. Ellos estaban muy turbados porque su maestro los había dejado solos, no se había defendido y había muerto como un mendigo, cuando les había dicho que era un rey. El desconcierto de los apóstoles no los llevó a perder su fe, sino a esperar. Ellos a pesar de que no entendían lo que acababan de vivir y de experimentar, si tenían la certeza de que algo iba a pasar porque tenían la promesa de su maestro. Solo que no sabían qué ni cómo pasaría. No hay que desesperarse.

Con una profunda paz, hay que experimentar todo lo que tengamos que humanamente experimentar, pero sabiendo que la recompensa interior, si nos mantenemos fiel, llegará.

Después de que hemos logrado enfrentar cada uno de nuestros sentimientos, una manera muy adecuada de canalizarlos es intentar comenzar a ponerlos en el pasado. Mies Van Der Rhode decía que es imposible avanzar hacia delante y mirar hacia atrás. Esto es como intentar caminar hacia adelante con la cabeza viendo hacia atrás. Quien vive en el pasado no puede avanzar en este proceso de dolor hacia el futuro.

Hay dos formas en la que podemos intentar poner ese hecho doloroso en el pasado. Existe la concepción lineal de la historia que supone que hay un pasado, un presente y un futuro. Como podemos ver la historia de la humanidad por ejemplo, existió una edad antigua, una edad media, una edad contemporánea. Presente, pasado y futuro. Antes de Cristo o después de Cristo. Este enfoque lineal es utilizado mayormente por las civilizaciones del occidente.

Otra manera de poner un hecho doloroso en el pasado, es utilizar la concepción cíclica de la historia. En ella comprendemos que todas las civilizaciones tienen un origen, un apogeo, su "época de oro" y luego en decadencia. El círculo, en su mayor apogeo humano comienza la decadencia. Un ejemplo de esto, es cuando la civilización Griega decae dando inicio a la civilización romana. Luego comenzó Roma y tuvo su círculo, llegó hasta su apogeo y decae por los bárbaros y la corrupción tomando control Constantino. Inicia el imperio romano de oriente. Este método lo utilizan mucho las civilizaciones de oriente. Lo importante de esta concepción es el comprender que el fin de algo es el principio de otra cosa mejor.

Si unimos esta concepción a nuestras creencias cristianas pensaremos que después de una profunda pasión, resucitaremos. Podemos obtener una fortaleza psíquica al comprender que aquello que nos ha sucedido y nos ha causado tanto dolor, pasará y que me traerá un nuevo amanecer, un estado superior y más elevado de mí ser.

Cuando podemos dar este paso y ponemos el hecho doloroso en el pasado, la historia te da una visión crítica del presente y te puede proyectar al futuro. No es un pronosticador del futuro pero es un medio que te ayuda al futuro cuando aprendemos de esta experiencia dolorosa y vemos que si ya ocurrió en el pasado, aprenderemos mucho lo que viene.

Por lo tanto, es ideal poder utilizar el método que más me guste para poder hacer un intento interior de poner el hecho en el pasado, aún cuando quizás el problema o lo que lo detonó no se haya resuelto. Es aprender incluso, a vivir de forma estable en una situación de crisis familiar o social. Es cuando después de 22 años, aprendí a vivir de manera estable con una enfermedad que no se cura. Pero solo podremos poner el hecho de dolor en el pasado, cuando nos atrevemos con valentía a sacar cada una de las piedras de la mochila. Ponerles nombre. Ver cómo nos afectó. Buscar ayuda si es necesario hacerlo. Identificar cada uno de nuestros sentimientos y encontrarles una explicación racional del por qué pasó y de cómo afectó.

Qué sucede cuando hemos padecido un gran sufrimiento. Caemos en algo que los psicólogos llamamos "desesperanza aprendida". Termino creyendo con una gran convicción de que nada de lo que haga puede cambiar mi situación. Estoy demasiado en el hoyo como para poder hacer algo. No tengo ya más fuerzas para continuar. Mejor ya no hago nada más. Esto es demasiado costoso. Esto no vale la pena. Es un alto precio el que estoy pagando. Porque en realidad, me convenzo de que nada va a cambiar mi situación y entonces no me movilizo a buscar una solución.

Las prioridades comienzan a cambiar y de repente las muchas cosas que eran importantes en mi vida ya no tienen tanto sentido. De repente nada tiene sentido. Me invade una gran sequedad. Nada de lo que haga o hagamos va a cambiar esta situación. Me sumo a no hacer nada más. Aprendo a estar desesperanzado y peor aún, no emprendo ninguna acción para estar mejor porque siento que todo está perdido. Es como ir en automático o con el piloto automático puesto. Uniendo mí espiritualidad a la psicología me atrevería a afirmar que es la gran estrategia del demonio: no solo dividir y vencer, sino sembrarnos en la psicología la seguridad de que nada de lo que haga va a cambiar nuestra situación.

Sucede que no damos espacio a la gracia de Dios ni a los tiempos de Dios que todo lo puede. En los peores momentos de mi vida, cuando he pensado que todo se ha perdido sale milagrosamente una solución. No podemos dejar a Dios obrar dentro de nosotros mismos si hemos perdido la esperanza de que Él pueda ayudarnos a transformar todo ese dolor. Es como decirle que no confiamos en Él, o que Él no es capaz de hacer nada al respecto. Es como decirle a Dios, que no es Dios. Estoy demasiado "adolorido" como para poder hacer algo. Mejor ya no hago nada más. Esto está demasiado costoso. Esto no vale la pena. Es un alto precio el que estoy pagando.

Una mañana las prioridades comienzan a cambiar y de repente todo aquello por lo que luchaba ya no tiene sentido. De repente mi sacrificio ya no tiene sentido. Mi trabajo ya no me gusta. Me siento vacía por dentro. Me invade una gran sequedad.

De repente un día vivir con desesperanza termina siendo un hábito de mi mente. Es como cuando aprendemos a cepillarnos mal los dientes. Tanto lo hacemos, que lo terminamos haciendo sin darnos cuenta y termínanos creyendo que así es como está llamado a ser. Si pensamos siempre en negativo, terminaremos viviendo siempre en negativo y destruyéndonos a nosotros mismos.

Termínanos creyendo y convencido que hemos perdido algo esencial y que sin eso que nos falta, nuestro progreso espiritual está truncado y se nos ha sido negado. No tengo salud entonces ya no puedo hacer más ni por mi, ni por los demás.

En mi vida ha sido lo contrario gracias a que he perdido la salud, es que Él ha podido hacer más por las almas que cuando estaba sana. Pensamos cosas como: "me siento tan mal que ya no podré salir de ésta. O no tengo las cualidades, los dones, las virtudes para poder realizar algo bueno en el plano de la vida cristiana. No me siento favorecido en mi relación con otros. No embono. No encajo. No estoy satisfecha con mi vida, mi persona, mis condiciones y mientras las cosas sean así, me será imposible vivir a plenitud y ser feliz, en medio del dolor que he experimentado".

Tengo el sentimiento de: "la verdadera vida está en otra parte, ajena a mi" y me término convenciendo de que esta vida, la actual, no es una verdadera vida porque a causa de esos sentimientos y limitaciones que experimento no puedo tener las condiciones necesarias para que progrese espiritualmente y además con ello, poder entregarme a los demás. Poder embonar en mi vida familiar, en mi vida laboral de nuevo.

Estoy concentrada en lo negativo de mi situación. En lo que me falta para ser feliz y eso me hace descontento y descorazonado y me estanco.

A veces comenzamos a volar como un gran molino de viento por los sentimientos. A veces, solo necesitamos una mirada diferente, una mirada de confianza y de esperanza sobre mi situación. Basado en la certeza de que me podrán faltar muchas cosas, incluso, aquello preciado que perdí, pero si me uno a Dios con verdadera humildad podré apreciar que nunca perderé lo necesario y lo suficiente, porque eso ha sido su promesa.

Muchas veces vivimos a menudo la ilusión de que si las cosas cambian, si las circunstancias cambian, si regresa lo que perdimos, volveré a ser feliz y me iría mejor. Pero esto es un error porque no son las circunstancias externas las que deben de cambiar, es nuestro corazón el que tiene que cambiar aceptando con amor aquello que pasó, aquello que no puedo cambiar pero si la actitud con que decida vivirlo. Si me abro a la esperanza aun cuando experimente una pérdida profunda de la noción de adueñamiento de la propia vida y aunque sienta quizás que me estoy condicionando a vivir en un hábito en contra de mi propia voluntad, ocurre de repente un milagro. La gracia de Dios irrumpe en el alma de una forma sutil pero contundente y le hace no solo sentir al alma su presencia, sino su amor y comprende que todas aquellas circunstancias que antes quería cambiar, ahora son su mayor bendición. La gracia llega al alma e irrumpe y nos hace sentir su presencia sin violencia y respetando nuestra libertad. La libertad es la que le da el banderazo de salida a la gracia y la esperanza la que le abre el cerrojo.

Muchas veces, el tener demasiadas opiniones personales de lo que está bien y de lo que no está, nos roba la capacidad de tener suficiente confianza en la sabiduría y el poder de Dios. No creemos que Él sea capaz de utilizar todo incluso permitir lo que no comprendemos, aquello negativo y duro para nuestro propio bien y que jamás en cualquier circunstancia nos dejará de faltar lo esencial: su presencia, su misericordia, su asistencia y todo lo que Él disponga para llevarme más a su amor.

Si cultivo peras, obtendré peras. Si cultivo manzanas obtendré manzanas. Si cultivo odio, obtendré odio. Si cultivo amor, obtendré amor. Si cultivo esperanza se me abrirá todo un mundo nuevo de posibilidades. Cosechamos lo que sembramos, pero no solo en el exterior sino en la propia mente. Si cultivas pensamientos negativos, obtendrás actitudes negativas y formas de comportarte negativas.

Debemos por tanto cultivar la esperanza no solo teologal, sino psicológica. La esperanza es creer por sobre todas la cosas de que las cosas estarán mejor y podrán estar mejor. Aristóteles decía que la esperanza es el sueño del hombre despierto. Esta esperanza, proviene de nuestra razón que se conecta con ese nuestro núcleo del alma que fue creada a imagen y semejanza de Dios y que nos hace creer por sobre todas las cosas de que todo puede estar bien.

Para poder recuperarnos de un gran dolor, tenemos que dejar ir. Dejar ir no significa dejar de amar o de querer lo que perdimos o a quien perdimos. Cuando se entierra a un familiar no se deja de querer, pero para poder continuar la vida hay que dejar ir a esa persona que se fue. Es como cuando preparas a unos papás para deshacer el cuarto de su hijo muerto, regalar la ropa y convertir el cuarto en un estudio u otra cosa. Cómo pueden recuperarse de un duelo unos padres que conservan el cuarto intacto de su hijo fallecido por muchos años. Es como echarle vinagre a la herida todos los días por años. Es vivir el duelo a diario. O una esposa que no se recupera de su divorcio, porque está todo el tiempo pendiente de lo que hace su ex marido. A veces tenemos que dejar ir también un hecho doloroso en la vida y dejar también que las otras personas opten por su felicidad o incluso, que descansen en paz.

Sirve mucho también como menciono anteriormente, para recuperarnos de un gran dolor, no hablar "agrio sajón". Es decir, un lenguaje amargo, ácido, negativo, que se acostumbra a quejarse de todo, a ver el mal en todos y en todo. A enfocarse a ver el frijol negro de la pared. En aquello doloroso pero que pierde de vista lo hermoso que la vida aún tiene para ofrecernos. Si nos acostumbramos a hablar "agrio sajón" cuando estamos pasando por un momento de dolor, esto no nos ayudará a salir adelante, a continuar.

Cuando estamos en un profundo dolor, es posible que tendamos a establecer relaciones adictas a lo negativo. Alianzas donde nos alimentamos el odio o el dolor. Cuando estamos en ira, necesitamos alguien con quien aliarnos fomentando o alimentando ese odio. Si hablo "agrio sajón" en un proceso de dolor, es probable que no me ayude a caminar para salir de él, sino que me hunda más. No significa que no externe mis sentimientos para que haya una coherencia en mi discurso privado y el público, pero con la personas indicadas o con las personas designadas de la manera adecuada. Si hablo "agrio sajón", no solo estaré exponiéndome a pecar, a caer, a vivir muy alejado del ideal de vida al que Dios me llamó como cristiana, sino que estaré haciendo algo peor que es robándole la paz a las demás personas que seguro están también luchando por encontrar esa paz. A veces solo necesitamos conseguir a una persona. Un ciego no puede guiar a otro ciego. Sino una persona que me ayude a superar de manera positiva y trascendente el dolor. Que me ayude a encontrar a Dios en esas circunstancias de vida. Hay personas que por su forma de ser negativa, intoxican a otras. Y eso nos sume en un mayor dolor.

Es muy importante saber diferenciar entre lo que es "sentir" un dolor y "consentir" un dolor. Hay una gran diferencia en sentir dolor y sobar el dolor. Tenemos que darnos permiso a sentir un dolor, pero para trabajarlo y canalizarlo. En este proceso de dolor corremos el riesgo de sentarnos a compadecernos y eso nos hunde más en nuestro dolor. Por eso, debemos de incorporarnos poco a poco pero con metas precisas, no abandonándonos al dolor. El sentarnos a vernos sufrir, a pensar tanto en mi dolor, el ocio lo que hace es precisamente volcarnos más en nosotros mismos y ensimismarnos. Yo, mi, me, conmigo. Y funcionar en base a como me siento hoy, nos hace sentir el ombligo del mundo. Cuando sufrimos una pena por mucho tiempo, podemos correr el riesgo de caer en dos extremos: el no enfrentar los miedos, los temores, aquello que nos duele ignorándolos y negándolos y el otro extremo es paralizarnos en el dolor. Los dos extremos son malos, uno porque no nos permiten entender y trabajar lo que estamos sintiendo negando una realidad y el otro extremo es hundirme en esos sentimientos y paralizarme. No hago nada porque estoy mal. Y como los dos terminan explotando de mala forma, hay que buscar ayuda si creo que lo necesito. Cuando estamos en un gran dolor, tenemos que ser nosotros los que tomemos la decisión de hacer algo para salir de esa crisis.

Me ha servido mucho por el camino del dolor, poner en practica lo que significa el equilibrio. Soy fan de esa palabra. Todos los días hacer algo más. Ponerme tiempos y fechas, sino creo que todavía estaría tirada en una cama llorando. Recuerdo que en los hospitales mi gran reto era intentar pasar de utilizar la bata clínica a la pijama. Después de unos días, pensaba qué día iba a intentar vestirme con unos pants de deporte. Estando en mi casa, me ponía fechas para intentar vestirme con ropa casual. Y así, sucesivamente hasta que llegaba el día en que tenía que vestirme elegante para ir a trabajar. Creo que sino me hubiera puesto estos pequeños retos, todavía estaría tirada en una cama en pijama, deprimida en mi dolor. Por eso, es tan importante exigirnos salir adelante, sobre todo cuando el dolor es muy abrumador, con metas cortas a la altura de mis fuerzas, reales, pero precisas.

Me ha ayudado mucho siempre el fortalecer mi voluntad con cosas positivas y fortalecer a otros. Lo que me guste, lo que me motive mucho hacerlo. Lo que más me gusta es ayudar a la gente, dar platicas, escribir y meditar. Nunca dejé de ayudar. Ni siquiera en los peores momentos de mi vida, dejé de ayudar. Recuerdo repartiendo volantes de la fundación en los hospitales, incluso mis habitaciones se convertían en un consultorio de psicología donde terminaba desde la cama intentado ayudar a las enfermeras con sus problemas y al final al escuchar tantas historia de dolor, eran ellas las que me ayudaban a mi. Porque el dolor, cuando es compartido es que es comprendido pero no solo por la persona que lo escucha, sino para el que lo sufre.

Hay que tomar el espíritu con la mano. A veces siento que meto la mano dentro de mi corazón y lo acaricio para que se ponga a latir de nuevo. Cuando estamos bloqueados por un gran dolor que nos cayó encima, uno de los síntomas de la depresión, es que nada nos motiva, ni siquiera aquello que antes nos encantaba hacer.

Rodearnos de gente positiva, de gente que quiera salir adelante. Hay gente que es tóxica y que nos afecta y nos hunde más. Hay que hacer una muralla interior en el sentido de protegernos de aquello que nos puede hundir más.

No ser egocéntrica, sino Cristo-céntrica buscando aquello que me ayude a salir de mi misma. Cuánto me ha ayudado intentar ayudar a los demás. Me hace no pensar en mí, en mis problemas, en mi enfermedad, en los avances, las probabilidades y las estadísticas, sino en las necesidades de los demás. Y esto ayuda a ver las cosas con perspectiva.

Cuando estamos mal tendemos a compadecernos de nosotros mismos y hundirnos en un hueco oscuro de pesimismo y desamor. Dándole vueltas y vueltas a mi dolor. Recuerdo cuando llegaba a la fundación en silla de ruedas, con un gran dolor. A veces, temblaba en la silla cuando escuchaba a otra persona, pero escuchaba tantas historias de dolor, que eso me ayudaba a continuar y sentía que mi dolor no era tan grande, tan fuerte, que en el mundo había gente que estaba peor.

Nunca debemos de aislarnos en nuestro dolor. En los hospitales en las noches, oía el ruido del pasillo y el silencio de mi habitación. Sentía que el mundo no le importaba mi dolor. Pasaban días, semanas y seguía allí tirada en la cama. La vez que pasé cien días en un año en el hospital, en vacaciones nadie se acordaba que estaba allí. Me sentía muy sola. Me vi todas las películas del club de video del hospital, me conocía el menú con mi esposo. Era una soledad tan grande. Allí he sacado las gracias más grandes de mi vida porque me quedé "a solas con Dios" pero sin perder las perspectivas. Es tan importante no romper la comunicación. Es decir, necesitamos al menos una persona con quien hablar para salir adelante y cuánto daño nos hace encerrarnos en nosotros mismos.

Hay que buscar en el pasado solo razones que me ayuden a entender el presente pero solo para construir el futuro de nuevo. Hay que reconciliarse con el pasado. No hay que cavilar sobre el futuro. ¿Qué pasará? ¿Cómo le haré? Hay que poner todos los medios para estar bien y dejarle a Dios, ser Dios. Hay que pedir misericordia para el pasado, que descubramos su voluntad para el presente y confiar en su providencia para el futuro.

Es muy común cuando estamos pasando por un hecho de dolor, que proyectamos el futuro como un "Everest" y al vernos tan vulnerables nos sentimos como hormigas. Pensamos que no tenemos capacidad de enfrentar eso que proyecto en mi mente y resulta que esto lo que ocasiona es que me llenó de un profundo miedo interior. Proyectar el futuro en la mente, me paraliza y me roba las pocas fuerzas que tengo. Me llena de un profundo miedo interior. Y resulta que solo podremos enfrentar –valga la retórica- lo que tenemos "en frente" y no una situación que está a días, meses o años de llegar porque eso es como si fuéramos Don Quijote peleando con los molinos de viento en posición de pleito ante una situación que aún no llega y por lo tanto, que aún no existe.

Muchas veces sentí que había perdido mi capacidad de sonreír. Por eso, es muy importante practicar y ejercitar las sonrisas en el espejo. Recordar siempre lo que sentimos en los buenos momentos de felicidad. Buscar experimentar el amor de Dios reflejado en lo bueno que ese dolor o esa tragedia que me haya traído: un par de amigos, el consuelo de un sacerdote, un excelente médico compasivo, o el dinero para pagar la cuenta del hospital. Tratar de encontrar de nuevo esa razón para amar, en mi mente y en mi corazón.

Los venezolanos somos por naturaleza muy alegres. Nos gusta bailar salsa y merengue y hacer muchas bromas. Así que me paraba en frente al espejo del baño y del coche a sonreír, aunque el corazón estuviera sangrando de dolor, buscaba sonreír. Se requieren aproximadamente solo 7 músculos para sonreír y para enojarse; y para estar tristes se requieren 34 músculos. Estamos diseñados para sonreír la mayor parte de nuestra vida, no para estar tristes. Muchas veces, parecía una niña cuando iba con el chofer y bajaba el espejo del copiloto para ir sonriendo. Muchas veces el chofer me preguntaba cuando paraba en el semáforo y me veía sonreír que si estaba bien cuando me descubría haciendo este esfuerzo incluso hasta cuando parecía Robo Pop. Sonreír libera toxinas y endorfinas que están asociadas a la felicidad. Además de eso, cuando la gente nos ve sonreír, se quiere acercar a nosotros y con ello podemos recibir amor y también porque no, darlo.

Siempre hay que buscar conservar el buen humor hasta en los peores momentos. A veces un poco de sarcasmo ayuda. Y no como un medio de evasión de la realidad, sino estando consciente de esa realidad buscar también sonreír. Esto nos ayuda a recuperar nuestra capacidad de maravillarnos de las cosas que nos rodean. A vivir y ser feliz. Muchas veces bailo con mis audífonos. Bailo sola en mi cuarto y eso me ayuda a estar feliz.

Cuando estamos inmersos en un gran dolor, perdemos la capacidad de maravillarnos de las cosas pequeñas o grandes que nos rodean. Hay que recuperar esa capacidad de maravillarnos de las pequeñas obras que Dios hace a nuestro alrededor, por que Él, continúa actuando, somos nosotros los que no somos capaces de verlo. Cuando comenzamos a reír, todo a nuestro alrededor también sonríe. Es un efecto exponencial. Es como un contagio. Un buen contagio.

Es muy bueno vivir la vida agradeciendo. En el año 2011, mi año "sabático" me dediqué todo el año a agradecer. Agradecer a Dios y a quien sea por todo lo que me ha permitido vivir, por estar hoy aquí. La salud física y mental es un don que no agradecemos y que nos damos cuenta que tenemos cuando lo perdemos. Damos por sentado tantas cosas. Para mi es tan suficiente amanecer, que eso es ya para agradecer. Cuando estoy bien y puedo ir en la bici lo que hago es agradecer. Agradezco el paisaje, agradezco mi casa, agradezco a mis amigos, agradezco a mis pacientes su confianza. Agradezco a Dios el haberme llamado a esta vida. Agradezco a Dios el don de la fe.

Es bueno escribir cartas para agradecerle a la gente sin una razón particular. La reacción que causamos es buenísima; "gracias porque hace 10 años me peinaste en el hospital", "gracias porque hace 15 años me diste kleenex cuando estaba llorando", "gracias porque me vino a confesar cuando estaba grave", "gracias por ser mis amigos". Le agradezco a mis hijos el haber nacido: "gracias por haber nacido", "gracias por ser mi hija". ¡Qué fácil es agradecer! nada cuesta y cuánto ayuda.

Tenemos que lanzarnos para que el paracaídas se abra. Es como el alpinista que se quedó en una nevada colgando y sentía que Dios le decía: "Suéltate. Suéltate". Le dio tanto miedo soltarse a confiar que lo encontraron colgando en la cuerda a un metro del piso congelado. Prefirió quedarse colgado en la cuerda porque le daba seguridad que soltarse a confiar. Esto significa salir todos los días un poco de mi área de confort. Es decir, salir de mi área donde me siento segura emocionalmente y siento que no corro riesgos a explorar otros lugares como otras áreas, otros rincones de mi ser que el miedo me ha impedido recorrer. Muchas veces caminamos con el paracaídas colgado en la espalda y resulta que un paracaídas no se puede abrir desde el piso, es necesario que me lance incluso al "vacío", que me lance a confiar.

Después de un período de dolor, es normal que pensemos que no somos capaces de salir y avanzar porque tenemos un profundo miedo. Quizás, en mis cuatro paredes me siento segura. No logramos percibir que el miedo nos paraliza. Salir de una situación a la que conocemos y estamos acostumbrados aún cuando no somos felices, es más fácil que arriesgarnos a salir de esa situación aunque no nos sintamos seguros y aunque tengamos miedo.

Muchas veces cuando pasamos por una experiencia de dolor físico o moral, cuando hemos perdido algo en el camino que pensábamos era muy importante, nos paralizamos porque no sabemos como continuar viviendo sin eso que hemos perdido. El miedo, nos hace meternos en una cueva de seguridad emocional donde creemos que dentro de ella, no correremos peligro, no tendremos que salir de esa zona "segura" donde nos hemos introducido por miedo a enfrentar la vida, un trabajo, una nueva relación, sin aquello que perdí, sin exponer de nuevo mi corazón, el volver a confiar en aquel o aquellos que me han herido.

El lanzarme de nuevo a la vida confiando en mis fortalezas y en Dios que me ayudarán a salir adelante. Es precisamente lo que tenemos que hacer. Intentar poco a poco salir de esa cueva donde nos hemos sumergido. Muchas veces cuando estamos intentando salir, la tensión emocional nos paraliza, pero si intentamos dar pasos pequeños podemos ir conquistando pequeños terrenos y así nuestra confianza se va alimentando de nuevo. Pequeños pasos nos dan grandes trechos.

De repente un día, nos damos cuenta ya no estamos más metidos en esa cueva inicial en que nos protegimos, sino que estamos dando pasos grandes, avanzando mucho en nuestros logros personales. Ese día, vemos esa nueva identidad sin lo que perdí y con lo que gané con esta situación de dolor que viví en mi vida. Reconocemos que era necesario que viviéramos lo que vivimos para salir de esa situación de seguridad emocional donde un día nos metimos, porque hemos logrado grandes cosas y porque nos vemos más capaces, más seguros, más plenos. Hasta llegamos a agradecerle a Dios lo que permitió en nuestra vida porque reconocemos que sino lo hubiéramos vivido, no nos hubiéramos atrevido a ir más allá. A partir de esta experiencia, la tensión motivacional surge y aparece ese flujo motivacional que nos impulsa a diario a ir por más. A veces un gran dolor en la vida, puede ser el motor que nos impulse a ir a más allá.

Imagínense un hombre primitivo que se le aparece un oso. De inmediato, el cuerpo le manda todas las señales para avisarle "corre". Gracias a esas advertencias, supera obstáculos y corre para salvar su vida llegando al fin a su cueva donde queda agotado. Descansa, se relaja.

En nuestra vida actual, hay pocas probabilidades de que se nos aparezca un oso. Sin embargo, el peligro se disfraza como "y si...". Intentamos escapar de ese miedo y nos terminamos haciendo dependientes de esas distracciones para escapar de él. Necesito controlar para sentirme segura y porque creo que así no tendré miedo. Necesito ejercer control sobre todo lo que nos rodea. Terminamos caminando con el paracaídas en la espalda, el cual no puede abrirse para jalarnos al cielo, más arriba, hacernos volar a otros alturas porque no nos lanzamos.

Las mujeres somos mucho más controladoras que los hombres y buscamos controlar para sentirnos seguras. Lo paradójico es que el miedo es porque proyectamos nuestros pensamientos en una situación futura e imaginaria. No hay forma de que podamos hacer frente a una situación que no existe. Que no ha llegado aún. Que no sé si llegará así como la imagino. Siempre, al pensar en esto, me recuerdo cuando me diagnosticaron en Manila y el doctor me dijo que sólo tendría diez años de vida útil. "Envejecerán tus órganos antes de tiempo". Esto se convierte en un fantasma mental que nos paraliza. Lo único que debemos de enfrentar en este momento son esos "y si..." que me construyó en mi mente como una proyección imaginaria que hago del futuro y que me paralizan.

Debemos de preguntarnos más bien qué problema tengo hoy y atenderlo hoy. No que problema tendré en dos meses. Si escasamente puedo cargar con mi cuerpo hoy, cómo voy a cargar con lo que creo que me pasará en unos meses. Así no podemos vivir.

Solo podemos enfrentar el ahora, pero no el año, dos años, cinco años. Nuestros recursos personales correctos estarán listos para enfrentar hoy no un antes ni un después en mi cabeza.

El colocar la felicidad en el futuro al decir "voy a ser feliz si..." es una quimera, es un espejismo, es contrario a lo que Nuestro Señor quiere y nos pide a diario. Esto se convierte en una carrera en busca de la felicidad y se nos va la vida intentando encontrarla. He aprendido con mi enfermedad, que solo tengo el hoy. Vivo hoy. Disfruto hoy. Lo exprimo al máximo hoy. Hay que dejar el futuro en manos de Dios y hacer lo que tengo y deba de hacer hoy para vivir un mejor presente sin dolor. No tengo control de mi enfermedad, pero si de cómo me relaciono con ella. De cómo actúo ante un diagnóstico. De qué sucede cuando comienzo a devolver en un restaurant. De qué sucede cuando me da una infección. No tengo un control sobre su evolución, pero ella no maneja mis sentimientos y mis actitudes ante la vida. Vivo con una gran confianza el hoy y una gran esperanza en el mañana.

Los pensamientos de ayer crean mí hoy y mis pensamientos de hoy crean mí mañana. Cuando hacemos una lista de "y si..." nos damos cuenta de que esos temores y miedos que nos roban la paz, han sido creados por la mente y no solo no es seguro que se vuelvan realidad, sino que si se llegan a volver, no nos causa tanto impacto como lo proyectamos en la imaginación. Vivimos con una ansiedad tal, como si estuviéramos viviendo un ataque terrorista, un tsunami, un temblor o una guerra. Este miedo se presenta como incomodidad, preocupación, ansiedad, nerviosismo, tensión, temor, fobia, enfermedades.

"Señor, dame serenidad para aceptar las cosas que no puedo cambiar, valentía, fortaleza y coraje para cambiar las que si puedo y sabiduría para reconocer la diferencia". Cuando hacemos esta lista de las cosas que no puedo cambiar y las que si, vemos como el dolor nos ha cegado la razón porque cuando estamos sumidos en un gran dolor, la mayoría de las personas colocamos en la columna de las que no puedo, cosas que si pueden cambiar. No puedo curarme, pero si puedo decidir cómo vivo y con la actitud con la que vivo todos los días.

Cuando nos recuperamos de un gran dolor, tenemos que aprender a vivir el día. Si nos situamos en frente a una pirámide y veo hacía arriba el punto más alto y no tengo fuerzas, pues es normal que experimente un bloqueo. Si me siento debajo de una pirámide es normal que me sienta incapaz de caminar. Si me hubieran dicho hace 20 años todo lo que iba a tener que vivir "me congelo". Me frustro, me pongo a llorar.

Vivir el día es la mejor herramienta que un rehabilitado de alcohol o drogas tiene. Vivir el día. Hoy estaré sobrio. Hoy no beberé. Hoy no hablaré "agrio sajón". Hoy no me quejaré. Hoy cederé. Hoy me esforzaré. Hoy agradeceré por algo. Hoy buscaré ver que de positivo y bueno tiene mi vida. Y por eso es tan sabio ese refrán popular "a cada día le basta su afán".

La mente tiene un gran poder y si la sumamos al poder de la oración todavía es mayor. Debemos crear hábitos positivos de la mente. "Me permito vivir y ser feliz". "Dejo el pasado en manos de Dios". "Nada ni nadie me robará nunca la paz". "Recupero le alegría de servir a los demás", "lo que siento es temporal". Si educo mi mente a pensar en positivo, generaré sentimientos positivos y a la vez tendré una conducta positiva que me lleve a la acción de superar mi dolor. En cambio, si fomento pensamientos negativos, generaré sentimientos negativos que me llevaran a paralizarme y a no fomentar una acción que me ayude a salir de mi misma sino a hundirme más en mi dolor. La mente forma hábitos de pensamientos: positivos y negativos, somos nosotros los que formamos esos hábitos a veces sin darnos cuenta.

Tengo que pensar que la crisis personal en la que estoy sumida en un proceso de dolor es "temporal". Para ello, debo de desarrollar mi capacidad de adaptación a un proceso. Es un proceso; es decir que va en "vías de", "hacia", "camino a". No puede estar todo resuelto porque sino no estaríamos en un proceso y no experimentaríamos sentimientos de estar en una crisis personal.

Un matrimonio cuando se casa sufre un proceso. Pasamos años en acoplarnos, nos equivocamos, aprendemos a convivir. Un proceso es un ensayo y error. Habrá cosas que sepamos y le atinaremos y habrá otras que no sabremos las respuestas aún. Acertaremos y cometeremos errores. Es un descubrir en el camino lo que debemos de llegar a ser, lo que estamos llamados a ser. Esperar pacientemente a que las cosas vayan encajando. Asumir que no tenemos todas las respuestas aún. Que nos equivocaremos y que se equivocarán con nosotros porque estamos en un proceso.

A mi me da mucha paz saber que lo único que Él me ha pedido es tener un corazón puro y no significa no equivocarme o saber siempre que hacer, o incluso siempre actuar de manera adecuada o perfecta, significa únicamente el querer solo hacer mi voluntad una con la de Dios.

Tener un corazón sencillo para dejar a Dios que me muestre el camino. Es esperar serenamente. No desesperándome. No impacientándome. Es no tener un amor a Cristo agitado, inquieto sino sereno. He sentido años de mi vida, que voy caminando en medio de un incendio con mucha serenidad y paz. La gente corre en sentido contrario y me dice: "A dónde vas. Estas caminando en sentido contrario. Acaso no ves que los edificios se están quemando. El polvo te va a asfixiar, a quemar. Vas a morir sepultada".

En un proceso de dolor, no podemos tener todas las respuestas. De hecho, no podemos tener respuestas inmediatas a todo. Porque es un caminar y justamente si las tuviéramos no estuviéramos pasando por una crisis de dolor. Tenemos con mucha paciencia que ir descubriendo poco a poco lo que hay de fondo. Y esto, siempre toma tiempo.

Por tal motivo, en un proceso para salir de mi dolor, cualquiera que haya sido la causa que este lo haya causado, es bueno no asumir posturas inamovibles. Aflojar la rigidez mental que no permite adaptarnos a esos cambios.

El ser humano está creado a imagen y semejanza de Dios. Él, en su infinito amor nunca permite que vivamos algo que no podemos superar y nos regala su gracia para sostenernos. Quien se reconoce tan amado por Dios, no hace sino corresponder con la vida entera. El Señor no da cosas, no regala cosas, se nos da Él mismo. Se nos dona entero. Él nunca quiere destruirnos, todo lo contrario, construirnos pero desde nosotros mismos. Él es el Buen Pastor que siempre quiere sacar un bien incluso de las cosas malas que nos suceden. Solo hay que abrirle las puertas del corazón de par en par para permitirle que su gracia entre y nos transforme por dentro.

En mi corazón, Él cuenta con una morada para descansar. De esa manera, intento verme con los ojos que creo Él siempre me ve. Con esa misma mirada de amor con la que un día vio a Zaqueo. Esa mirada que me penetró y me robó el corazón. Entonces descanso también en Él. Ambos compartimos el peso de la cruz y nos consolamos mutuamente.

Acabamos de terminar el año de la fe. Su Santidad el Papa Emérito Benedicto XVI nos ha pedido compartir nuestra fe. Al pensar en todo lo que he sufrido por amor, esta frase que un día escuché hace un gran eco en mi interior: "No es olvídate de lo que has vivido, sino acuérdate cuanto te he amado" y eso es lo que me ha regresado y reforzado mi identidad como hija de Dios. Como un ser amado de una forma privilegiada y única. Una forma especial y plena de amor. La más plena de todas. Pero esto no está reservado solo para mi, o solo para unos pocos. Está disponible para todos.

He escrito este libro para ofrecerle al mundo lo que llevo por dentro. Mi amor a Cristo. Mi gratitud por todo el amor que Él me ha mostrado a través de mi sufrimiento. Lo he escrito solo para compartir lo que Él me ha enseñado en este paso por la vida terrena de camino a la eterna.

He probado de su amor y quiero más. No me quiero conformar. Quiero que mi vida sea un consuelo para otros. Sé que su fidelidad es la que me ha sostenido. Lo único que he hecho, es confiar. Tengo fe de que todas esas gracias que se han desprendido de mi sufrimiento, han hecho un eco en el cielo y han ayudado a otros a perseverar. Creo firmemente por mi fe, que la intención que he ofrecido por más de 20 años como imitación del Cordero, ha sostenido en la fidelidad a muchos sacerdotes y vírgenes consagradas.

El día que parta a la casa del Padre, solo quiero ser recordada por el amor que fui capaz de entregar a los demás. No quiero ser recordada por los logros profesionales que obtuve o por las conferencias que di, incluso por los tres libros que escribí. Solo quiero ser recordada por la estela de amor que pude dejar a mi paso por este mundo en nombre de mi Señor.

Mi Cristo, el Buen Pastor me robó el corazón desde el primer momento en que lo conocí. Permanece en Él, para que Él pueda permanecer en ti. Así, tú podrás adquirir un poder ilimitado en su corazón y Él lo adquirirá en el tuyo. Su amor nunca nos puede dejar indiferentes. Su amor nunca permitirá que el dolor nos robe el amor.

"El Señor es mi pastor; nada me falta: en verdes praderas me hace reposar, me conduce hacia las aguas del remanso y conforta mi alma; me guía por los senderos de justicia, por amor a su nombre, aunque vaya por un valle tenebroso, no tengo miedo a nada, porque tú estás conmigo, tu voz y tu cayado me sostienen. Me preparas una mesa ante mis enemigos, perfumas con ungüento mi cabeza y me llenas la copa a rebosar. Lealtad y dicha me acompañan todos los días de mi vida; habitaré en la casa del Señor por siempre jamás! Salmo 23

Para Gloria de Dios

Un mensaje para el ser humano

¿Quién eres? ¿De dónde vienes? ¿Para qué estas vivo?
Seguramente te haces estas preguntas a menudo. Yo me las hacía. Pero finalmente he encontrado la respuesta a todas y cada una de ellas: Cristo Si, Cristo es la razón por la cual me despierto todas las mañanas y la respuesta a todas mis preguntas. Te preguntarás cómo llegué a esta conclusión...

Bueno, pues me he topado con Él. Si, así como lo escuchas.
Hace tiempo que Él está aquí conmigo, más bien siempre. Pero estaba cegada por las cosas, ya sabes, las de hoy. Pero, ¿sabes algo? Quiero que tú también lo encuentres.

Es muy fácil, yo me di cuenta un día casual, cuando usualmente me estaba haciendo estas preguntas y fue cuando comencé a verlo: en un atardecer, en mis papás y mi hermano, en mis amigas, en mi perro, en el cielo, en la infinidad del mar, en la belleza del sonido de un violín ...

Y comprendí que me ama tanto, como yo nunca podré amar a nadie en este mundo y he descubierto este amor tan grande y perfecto que arde dentro de mí, en mi corazón y en mi alma y que está dispuesto a que también esté en ti.

A veces no entiendo cómo se puede despreciar. Pero lo bueno es que Él nunca se cansa y tengo la esperanza de que algún día veré un mundo bueno, justo. Y que ame, que ame tanto como Cristo me ama a mí.

Andrea Gutiérrez Vallenilla
15 años / 2014

Mercedes Vallenilla de Gutiérrez

Nace en Caracas Venezuela en el año de 1969. Es de nacionalidad mexicana por naturalización. Es Licenciada en Psicología con especialidad en Psicología Social por la Universidad Central de Venezuela.

Ha sido asesora durante más de 18 años en diferentes obras sociales en el medio de la filantropía y apostólicas al servicio de la Iglesia Católica en Venezuela, Filipinas y México, así como en otros países.

Ha publicado dos libros sobre espiritualidad y mística todo enfocado en el tema del sufrimiento y del dolor desde su propia experiencia de vida. Este es su tercer libro.

Ha impartido conferencias y cursos en México, Estados Unidos, El Salvador, Colombia, Filipinas e Italia entre otros.

Ha sido invitada a varios programas de radio y algunos programas católicos de Televisión en México y Estados Unidos respectivamente.

Se desempeño durante 7 años como Directora General de una fundación en México orientada a la prevención y atención de mujeres de escasos recursos donde coordinó la operación de un centro de llamadas para brindar asesoría psicológica virtual. Debido al impacto social de este programa, pudo establecer alianzas estratégicas con empresas transnacionales para la prevención y atención de las problemáticas de la mujer trabajadora, además de participar como asesora de algunos programas de prevención de grupos vulnerables de la mujer con el gobierno mexicano.

Actualmente vive en Cancún, México donde ejerce su profesión como psicóloga a través de un consultorio de psicología católica virtual. De igual forma, imparte conferencias y cursos de prevención compartiendo sus experiencias de vida por medio del dolor a diferentes foros debido a que padece una enfermedad desde hace 20 años. Ha sido invitada como asesora de diferentes comunidades cristianas.

Su práctica como psicóloga está sustentada en un modelo de atención donde combina la psicología y la espiritualidad. El mismo esta basado en su experiencia como profesional, así como su experiencia personal por el camino del sufrimiento y del dolor.

Ella se define como una "pastora" de almas, como una misionera de "asfalto" pues ha dedicado toda su vida a brindar consuelo a las almas que sufren en nombre de Cristo, el Buen Pastor por medio del acompañamiento psicoespiritual. Y lo hace a través de la donación de su vida y de sus talentos al servicio de Dios y de los hombres por medio de conferencias que imparte en eventos católicos a lo largo del mundo y de sus escritos que publica en su blog:

www.psicologiacatolicaintegral.com

Está felizmente casada desde hace 23 años.
Tiene dos hijos de 23 y 17 años.

✝ Psicología Católica
INTEGRAL

Por Mercedes Vallenilla de Gutiérrez
Psicología Católica Integral®
www.psicologiacatolicaintegral.com
mvallenilla@psicologiacatolicaintegral.org
Facebook: Psicología Católica Integral
Linkedin: Mercedes Vallenilla
twitter: mvallenilla1

Algunas de las conferencias que imparte el autor:

- Que el dolor no te robe el Amor: herramientas psicológicas y espirituales para sobrellevar un sufrimiento
- Desde la Inteligencia Emocional hasta San Juan de la Cruz
- Corazón sin barreras: la Libertad Afectiva
- La Resiliencia
- Sentir lo peor esperar lo mejor: la esperanza cristiana
- La creatividad: un don de Dios
- ¡ No más olvidos! La memoria: como potenciarla
- Madres Formadas, hijas felices
- Las distorsiones perceptivas
- La razón: ¿ Amiga o Enemiga?
- Procastinar
- Don Quijote y los molinos de viento: los miedos cómo afrontarlos
- Hasta 70 veces 7: el perdón.
- La traición: cómo afrontarla
- El perfeccionismo: ¿ Defecto o Virtud?
- El Buen Pastor: Modelo de acompañamiento
- Las crisis: ¿ Peligro u Oportunidad?
- La rigidez mental: qué es, cómo afecta y cómo tratarla
- ¿Jefe o líder? El liderazgo cristiano y la inteligencia emocional